GESTÃO DO RELACIONAMENTO COM O CLIENTE

Dados Internacionais de Catalogação na Publicação (CIP)

```
G393    Gestão do relacionamento com o cliente / Fábio Gomes
        da Silva, Marcelo Socorro Zambon (organizadores). -
        3. ed., rev. - São Paulo, SP : Cengage, 2019.
        292 p. : il. ; 23 cm.

        4. reimpr. da 3. ed. rev. de 2015.
        Inclui bibliografia.
        ISBN 978-85-221-1933-2

1. Marketing de relacionamento. 2. Clientes - Contatos. 3.
Satisfação do consumidor. 4. Marketing digital. I. Silva, Fábio
Gomes da. II. Zambon, Marcelo Socorro. III. Título.


                                                    CDU 658.89
                                                    CDD 658.812
```

Índice para catálogo sistemático:

1. Marketing de relacionamento   658.89

(Bibliotecária responsável: Sabrina Leal Araujo - CRB 10/1507)

FÁBIO GOMES DA SILVA
MARCELO SOCORRO ZAMBON
(organizadores)

GESTÃO DO RELACIONAMENTO COM O CLIENTE

CENGAGE

Austrália • Brasil • México • Cingapura • Reino Unido • Estados Unidos

CENGAGE

Gestão do relacionamento com o cliente – 3ª edição
   Fábio Gomes da Silva e Marcelo Socorro Zambon (orgs.)

Gerente editorial: Noelma Brocanelli

Editora de desenvolvimento: Viviane Akemi Uemura

Supervisora de produção gráfica: Fabiana Alencar Albuquerque

Copidesque: Cristiane Mayumi Morinaga

Revisão: Flavia Okumura e Edson Oliveira Junior

Diagramação: Alfredo Carracedo Castillo

Capa: Cynthia Braik

Imagem da capa: Africa Studio/Shutterstock

Pesquisa iconográfica: Anaue Iconografia – Alexandre Baptista

Especialista em direitos autorais: Jenis Oh

© 2015, 2011 Cengage Learning
© 2016 Cengage Learning Edições Ltda.

Todos os direitos reservados. Nenhuma parte deste livro poderá ser reproduzida, sejam quais forem os meios empregados, sem a permissão, por escrito, das editoras. Aos infratores aplicam-se as sanções previstas nos artigos 102, 104, 106, 107 da Lei nº 9.610, de 19 de fevereiro de 1998.

Esta editora empenhou-se em contatar os responsáveis pelos direitos autorais de todas as imagens e de outros materiais utilizados neste livro. Se porventura for constatada a omissão involuntária na identificação de algum deles, dispomo-nos a efetuar, futuramente, os possíveis acertos.

As editoras não se responsabilizam pelo funcionamento dos links contidos neste livro que podem estar suspensos.

Para informações sobre nossos produtos, entre em contato pelo telefone
0800 11 19 39
Para permissão de uso de material desta obra, envie seu pedido para
direitosautorais@cengage.com

© 2016 Cengage Learning.
Todos os direitos reservados.
ISBN 13: 978-85-221-1933-2
ISBN 10: 85-221-1933-3

Cengage Learning
Condomínio E-Business Park
Rua Werner Siemens, 111 – Prédio 11
Torre A – Conjunto 12 – Lapa de Baixo
CEP 05069-900 – São Paulo – SP
Tel.: (11) 3665-9900 – Fax: (11) 3665-9901
SAC: 0800 11 19 39

Para suas soluções de curso e aprendizado, visite www.cengage.com.br

Impresso no Brasil
Printed in Brazil
4. reimpr. – 2019

Sumário

Introdução xi
Sobre os autores..xiii

Capítulo 1 – Entendendo o significado da palavra cliente......................1
Fábio Gomes da Silva e José Eduardo Azevedo
Introdução 1
Tipos de clientes enquanto destinatários de produtos..............................2
Cliente: mais que um destinatário dos produtos 8
Resumo...11
Referências 14

**Capítulo 2 – Segmentação de mercado e identificação
de clientes-alvo** 15
Cristiane Betanho
Introdução 15
O que é segmentação de mercado?..16
O processo de segmentação de mercados 17
Segmentação de mercados de consumo 19
Segmentação de mercados organizacionais 21
Análise de agrupamentos de clientes coletivos.......................................23
Nichos de mercado: a segmentação dentro do segmento......................25
Vantagens da segmentação 26
Desafios da segmentação 27
Como identificar se a segmentação é válida?..29
Considerações finais..30
Resumo...31
Referências 32

Capítulo 3 – Atributos valorizados pelos clientes 37
Fábio Gomes da Silva e Marcelo Socorro Zambon
Introdução 37
Necessidades, desejos, expectativas e atributos.....................................37
Usuais necessidades e desejos dos clientes...40

Necessidades e desejos dos clientes conforme seus diferentes tipos e papéis 45
Atributos valorizados pelos diferentes tipos de compradores 46
Atributos valorizados pelos diferentes tipos de usuários 48
Atributos valorizados pelos diferentes tipos de pagantes 50
Resumo 51
Referências 53

Capítulo 4 – Priorização dos atributos valorizados pelos clientes 55
Manuel Meireles
Introdução 55
Análise de preferências (*conjoint analysis*) 62
Escala de Thurstone 62
Técnicas projetivas 63
Matriz *trade-off* 64
Cálculo da relação *trade-off* 68
Análise dos resultados 70
Resumo 74
Referências 75

Capítulo 5 – A necessidade "operacional" de se conhecer os clientes ... 81
Fábio Gomes da Silva e José Eduardo Azevedo
Introdução 81
Os processos organizacionais e os requisitos dos clientes 82
As pessoas e as organizações por processos 87
Resumo 88
Referências 89

Capítulo 6 – Instrumentos para "ouvir" o cliente 91
Cristiane Betanho e Fábio Gomes da Silva
Introdução 91
Pontos de Percepção da Qualidade (PPQs) 92
O processo de "ouvir" os clientes: pesquisa de marketing 97
Ferramentas para ouvir os clientes 99
Ferramentas indiretas para ouvir os clientes 106
Ferramentas virtuais para ouvir os clientes 108
Resumo 111

Referências 112

Capítulo 7 – Cuidados ao "ouvir" os clientes.. 117
Fábio Gomes da Silva e Marcelo Socorro Zambon
Introdução 117
O risco de não saber ouvir: miopia de marketing 118
Os clientes não sabem tudo o que querem 121
Os clientes são diferentes entre si e suas percepções são mutáveis 125
Considerações finais.. 127
Resumo... 128
Referências 130

Capítulo 8 – Selecionando clientes que interessam 133
Marcelo Socorro Zambon e Taciana Lemes de Luccas
Introdução 133
O porquê da seleção de clientes 134
Como selecionar clientes 141
Técnicas de seleção 143
Defesa de seleção 146
Resumo... 147
Referências 148

Capítulo 9 – Relacionamento com os clientes 151
Maria Rosa Sequeira de Velardez e Fábio Gomes da Silva
Introdução 151
A necessidade da disponibilização de canais de relacionamento 152
Canais de relacionamento... 155
Tratamento das manifestações dos clientes... 158
Qualidade do atendimento... 160
Resumo... 163
Referências 164
Sites.. 165

Capítulo 10 – Tecnologias de acompanhamento de relacionamentos: CRM e Big Data.. 167
Marcelo Socorro Zambon
Introdução 167

CRM 168
Definições e entendimentos de CRM 171
Vantagens mercadológicas da implantação do CRM 174
Riscos do CRM 178
Tipos de CRM 179
CRM e o retorno sobre o investimento (ROI) 180
Big Data 181
Volume, velocidade, variedade, veracidade e valor no Big Data 183
Considerações finais 184
Resumo 185
Referências 186

Capítulo 11 – Era do (e-)relacionamento e as regras da economia 189
Marcelo Socorro Zambon
Introdução 189
Entendendo a gestão do relacionamento com o cliente:
e-relacionamento 191
"Novas" regras da economia que norteiam o relacionamento
entre organizações e clientes 192
Eficiência no relacionamento com o cliente: fale a língua dele 203
Considerações finais 204
Resumo 205
Referências 206

Capítulo 12 – Satisfação e insatisfação de clientes 207
Manuel Meireles
Introdução 207
Satisfação 208
Insatisfação 209
Reclamações 210
Índices de satisfação 211
Pesquisas de satisfação e insatisfação do cliente 216
A pesquisa de satisfação e insatisfação 218
Considerações finais 221
Referências 221

Capítulo 13 – Modelo de Kano para identificação de atributos 225
Manuel Meireles

Introdução 225
Operacionalização do modelo de Kano... 226
Considerações finais.. 236
Referências 236

Capítulo 14 – Compra racional *versus* compra por impulso e a dissonância cognitiva 237
Marcelo Socorro Zambon

Introdução 237
Conceito de dissonância cognitiva.. 239
As organizações frente à atitude de compra e à dissonância cognitiva .. 241
Três abordagens de compra impulsiva.. 242
O cliente durante o processo de decisão de compra 244
A dissonância cognitiva pode ser eliminada? 247
O que fazer quando a dissonância cognitiva ocorre 248
Resumo.. 251
Referências 252

Capítulo 15 – Ativismo digital e os não clientes 255
Marcelo Socorro Zambon

Introdução 255
Abordagem do não cliente 256
Marketing digital 258
Redes sociais na internet... 260
Ativismo digital.. 261
Considerações finais.. 264
Resumo.. 265
Referências 265

Capítulo 16 – Clientes internos 267
Fábio Gomes da Silva e Marcelo Socorro Zambon

Introdução 267
Quem são os clientes internos 268
Necessidades e desejos dos clientes internos 272
Necessidades de áreas ou processos internos...................................... 273

Necessidades de pessoas ou grupos de pessoas 278
Satisfação e insatisfação dos clientes internos 279
Considerações finais 280
Resumo 281
Referências 281

Capítulos disponíveis em pdf na página do livro no site da Cengage

Capítulo 17 – Avaliação da satisfação de clientes na indústria de manutenção e reparação de veículos na cidade de Pirassununga/SP ... 283

Nadia Kassouf Pizzinatto e Pedro Tadeu Bertto

Introdução 283
Fatores intervenientes na construção do relacionamento com
os clientes 284
Percepção da qualidade na avaliação da satisfação ou insatisfação
de clientes 286
A avaliação da satisfação, na visão de Parasuraman, Zeithaml e Berry ... 287
Estudos de caso no setor automotivo 288
Metodologia da pesquisa 289
Resultados da pesquisa de campo 291
Considerações finais 298
Resumo 299
Referências 299

Capítulo 18 – Segmentação do mercado de luxo 303

Antonio Carlos Giuliani

Introdução 303
Mercado de luxo 304
Definição de luxo 305
Comportamento do consumidor de luxo 307
Quem compra e por que compra 308
Segmentação do mercado de luxo 309
Estudo de caso Victoria's Secret 310
Resumo 320
Referências 322

Introdução

Nesta terceira edição revisada, as organizações, os clientes e os comportamentos são analisados como pano de fundo para uma preocupação cada vez maior no mundo dos negócios: construir relacionamentos duradouros e vantajosos para todas as partes envolvidas.

Inicialmente, é preciso refletir sobre o que são as organizações (para que elas servem, como, quando e a quem atendem), os clientes (o que querem, quando, por que e em que condições) e os comportamentos (o que cada envolvido – organizações e clientes – diz, como age, por que age de determinada maneira etc.). Em seguida, é necessário refletir sobre o que os clientes dizem querer (necessidades declaradas) e quais são suas necessidades verdadeiras (necessidades reais), além do que isso pode significar para uma organização atenta às oportunidades de mercado.

Partindo dessas preocupações, os profissionais de administração e marketing voltam-se cada vez mais para os estudos do relacionamento entre organizações e clientes, ou seja, para os estudos que procuram explicar como as organizações interagem com os clientes, quais são os resultados dessa interação, quais os potenciais, a durabilidade (longeva ou não), quais os níveis de satisfação das partes e, com relação à comunicação, quando e de que forma uma organização é lembrada pelos clientes.

O que se nota é que as organizações já perceberam a importância do bom relacionamento com os clientes, sejam os que já possuem ou os potenciais. Para praticar uma adequada gestão de clientes, não basta possuir os mais sofisticados softwares de processamento de dados ou hardwares de última geração. Na maioria das vezes, é necessário que haja competente administração e comprometimento efetivo, o que inclui até mesmo a sensibilidade de se colocar no lugar do cliente.

O princípio de bem atender, e com lucro, acabou tornando-se nome de um sistema de gestão empresarial, conhecido como Customer Relationship Management (CRM) – em português, Gerenciamento do Relacionamento com o Cliente. Aliás, nunca é demais destacar que o CRM é fruto da necessidade de relacionar, com a grande quantidade de informações sobre os clientes, o próprio número de clientes cada vez maior e suas preferências.

Todavia, mais importante que qualquer sistema de gerenciamento de relacionamento são as pessoas, os profissionais que conhecem os clientes de perto, que os entendem, sabem ouvi-los e responder a eles. Um bom relacionamento só é possível quando as partes estão interessadas em fazer com que a negociação seja um sucesso, e isso significa muito mais que realizar a venda (ponto de vista da organização) ou realizar a compra (ponto de vista do cliente); significa estabelecer uma relação de confiança entre as partes a fim de gerar satisfação.

Este livro nasceu no contexto de buscar as melhores formas de relacionamento entre organizações e clientes, formas e condições que beneficiem todos os envolvidos e que justifiquem a manutenção de seu relacionamento ao longo do tempo.

Com esse compromisso, o livro busca esclarecer sobre os diferentes papéis dos clientes (consumidor, pagante e usuário); por que os clientes devem ser vistos como início e fim dos processos organizacionais; o que é a segmentação do mercado e a identificação de clientes-alvo; quais são os atributos valorizados pelos clientes; por que é fundamental saber ouvi-los; o que significa a seleção de clientes; quais os canais de acesso oferecidos aos clientes dão resultado; quais são os requisitos exigidos das pessoas que interagem com os clientes; quais são as "novas" regras da economia e quais as novas variáveis tecnológicas que recaem sobre o relacionamento; compreender a compra racional e a compra por impulso; o que é e quais os efeitos da dissonância cognitiva; o digital ativismo dos clientes; a realidade sobre quem são os clientes internos, dentre outros.

Portanto, as preocupações práticas deste livro são chamar a atenção dos profissionais de administração, marketing, economia, contabilidade e áreas afins, além de demais profissionais que atuem com clientes ou que tenham suas atividades relacionadas de alguma forma a eles, para os principais aspectos da Gestão do Relacionamento com o Cliente. Portanto, é dar subsídio para se saber o que é relevante para os clientes, como atraí-los e mantê-los satisfeitos, gerando, com isso, benefícios a todos os envolvidos.

Marcelo Socorro Zambon
Fábio Gomes da Silva

Sobre os autores

FABIO GOMES DA SILVA
Mestre em Administração e bacharel em Ciências Econômicas. Coordenador geral e professor dos cursos de graduação em Administração e de cursos de pós-graduação em Administração (modalidade EaD) da Universidade Paulista (Unip). É consultor em excelência da gestão.

MARCELO SOCORRO ZAMBON
Doutor em Administração, mestre em Administração, especialista em Marketing e bacharel em Administração. Professor e coordenador do curso de Administração e de cursos de pós-graduação, nas modalidades tradicional e Educação a Distância (EaD), na Universidade Paulista (Unip) e no Instituto Superior de Ciências Aplicadas (Isca). Pesquisador na área de marketing de relacionamento com o cliente e consultor.

ANTONIO CARLOS GIULIANI
Doutor e mestre em Administração Escolar, especialização em marketing pela University of California, Berkeley, coordenador e professor dos cursos de mestrado profissional e doutorado em Administração e MBA em Marketing da Universidade Metodista de Piracicaba (Unimep); professor colaborador da Universidade de Sevilla (Espanha), e da Universidade Madero (México), pesquisador na área de Marketing, Estratégia e Varejo. Autor de 22 livros nacionais e internacionais na área de marketing.

CRISTIANE BETANHO
Doutora em Engenharia de Produção, mestre em Administração e Bacharel em Ciências Jurídicas. Professora da Universidade Federal de Uberlândia. Coordenadora do curso de Administração Pública a distância, curso ligado ao Programa Nacional de Formação em Administração Pública – PNAP. Atuação em ensino, pesquisa e extensão com ênfase em mercadologia.

JOSÉ EDUARDO AZEVEDO
Doutor em Ciências Sociais (Política), mestre em Ciências Políticas, bacharel em Administração e em Ciências Sociais. Sociólogo na Prefeitura de São Paulo, professor titular de cursos de graduação; coordenador do curso de Administração na Universidade Paulista (Unip). Pesquisador nas áreas de relações sociais nas prisões e pensamento político da Polícia Militar.

MARIA ROSA SEQUEIRA DE VELARDEZ
Especialista em Marketing, bacharel em Química, professora de Ensino Superior, coach de executivos para exercício do processo decisório, Auditora senior ISO 9000 para serviços hoteleiros. Conselheira da organização não governamental (ONG) CISV, diretora da ONG AAQQ e diretora de treinamento na CJV, para implantação de ferramentas da qualidade em empresas de pequeno e médio porte.

MANUEL MEIRELES
Doutor em Ciências e em Engenharia de Produção, mestre em Administração de Empresas, graduado em Administração com ênfase em análise de sistemas. Coordenador, pesquisador e professor do programa de Mestrado Profissional em Administração do Instituto Campo Limpo Paulista e professor conteudista da Universidade Paulista (Unip).

NÁDIA KASSOUF PIZZINATTO
Doutora, mestre e especialista em Administração, bacharel em Administração e em Ciências Econômicas. Professora do Programa de Doutorado em Administração e do mestrado profissional em Administração da Universidade Metodista de Piracicaba. Pesquisadora, consultora organizacional e autora de livros.

PEDRO TADEU BERTTO
Doutorando em Engenharia da Produção, mestre em Administração, especialista em Administração Pública, bacharel em Administração com habilitação em administração de empresas públicas. Professor do Magistério do Comando da Aeronáutica, na Academia da Força Aérea, em Pirassununga / SP.

TACIANA MARIA LEMES DE LUCCAS
Mestre em Comunicação, graduada em Comunicação Social – Publicidade e Propaganda, especialização em Administração de Marketing e Propaganda. Professora da Universidade Paulista (Unip) e da Faculdade de Administração de Santa Cruz do Rio Pardo (Fasc). Assessora em Marketing e Eventos.

Entendendo o significado da palavra cliente

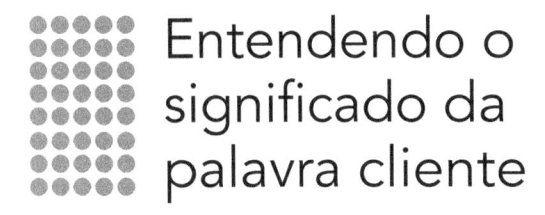

1

Fábio Gomes da Silva
José Eduardo Azevedo

Ao final desse capítulo o leitor deve ser capaz de compreender o significado do termo cliente para diferentes tipos de organizações ou processos organizacionais. O que se verá é que cliente significa muito mais do que comprador ou consumidor.

Introdução

A sociedade conta com inúmeras organizações voltadas para o atendimento das múltiplas necessidades, desejos ou expectativas das pessoas e das próprias organizações. Assim, há na sociedade contemporânea os mais variados tipos de empresas, com ou sem fins lucrativos, instituições governamentais e não governamentais, todas com a finalidade de produzir algo, sejam mercadorias, serviços ou ambos. Elas podem ser agrupadas no termo "organização", que será a terminologia adotada neste livro.

É objetivo das organizações obterem êxito. O êxito, por sua vez, pode depender de muitos fatores, mas um dos principais é simples: as organizações têm de ter clientes.[1] O cliente é uma figura que existe, ou ao menos

---

[1] O êxito organizacional não está relacionado somente à existência de clientes. Esta é somente uma parte do foco gerencial. Para que sejam bem-sucedidas, as organizações também devem saber atender de forma equilibrada às expectativas, desejos ou necessidades das outras partes interessadas, como acionistas ou proprietários, força de trabalho, sociedade e fornecedores, entre outros (Daft, 2008, p. 22).

deveria existir, em toda e qualquer organização. Não há como imaginar a existência de qualquer organização, pública ou privada, com ou sem fins lucrativos, que não tenha clientes.[2] Saber identificar quem são os seus clientes é o primeiro passo para o êxito de qualquer organização. Para tanto, um passo intermediário é requerido: saber qual o significado do termo cliente.

Tipos de clientes enquanto destinatários de produtos

Em uma primeira abordagem, pode-se admitir como cliente aquele que é o destinatário de um produto, entendendo-se como produto o resultado de um processo e entendendo-se como processo um conjunto de atividades inter-relacionadas que transformam entradas em saídas. Um produto tanto pode estar relacionado a uma mercadoria (tangível) como a um serviço (intangível).

Fornecedores ▸ Insumos (entradas) ▸ Processos ▸ Produtos (saída) ▸ Clientes

Assim, por exemplo, pode-se entender como cliente da indústria automobilística o destinatário de um veículo que foi fabricado, ou, como cliente de uma lanchonete, alguém que compre ou consuma um lanche ali preparado. Tanto para produzir o veículo como para produzir o lanche, são necessários processos (atividades inter-relacionadas) que transformem as matérias-primas nos produtos finais, que, por sua vez, serão entregues aos clientes.

Clientes finais e clientes intermediários

O que a definição apresentada não deixa claro é que nem todas as organizações se relacionam diretamente com os seus clientes finais, isto é, com os destinatários finais de seus produtos. Em muitos casos, principalmente no

---

[2] O que normalmente se recomenda às organizações que não conseguem identificar seus clientes é que revejam a necessidade da sua existência.

caso de produtores de matérias-primas industriais e de produtores agropastoris, os produtos, antes de chegarem aos destinos finais, passam por vários clientes intermediários. Assim, saber quem são os clientes intermediários e os clientes finais dos produtos torna-se fundamental para as organizações que desejem identificar seus clientes.

```
Produtor  ▶  Clientes Intermediários  ▶  Clientes Finais
```

Clientes intermediários
São clientes intermediários todas as organizações que adquirem os produtos para revenda, transformação ou distribuição gratuita (sem contraprestação direta). Elas não adquirem os produtos para si, mas sim para repassá-los, transformados ou não. Assim, todas as organizações que se dedicam às atividades comerciais, no atacado ou varejo, são clientes intermediários de algum ou de alguns fornecedores. Os supermercados são clientes intermediários típicos de um número muito grande de itens de alimentação, de higiene e limpeza, entre outros; os Ceasas e as feiras livres são clientes intermediários típicos de muitos produtos rurais; os distribuidores de remédios e as farmácias são clientes intermediários típicos da indústria farmacêutica, e assim por diante. A indústria, por sua vez, também é um cliente intermediário de seus fornecedores de matérias-primas, já que estas, depois de devidamente transformadas, são repassadas adiante até chegarem ao seu destino final (os clientes finais ou consumidores).

Algumas instituições governamentais também podem atuar como clientes intermediários quando adquirem produtos que serão distribuídos à população, como, por exemplo, a distribuição de livros escolares e remédios.

As organizações que dependem de clientes intermediários para que seus produtos possam chegar até os clientes (destinatários) finais devem entender os requisitos destes clientes, sob o risco de seus produtos não serem consumidos.

> Clientes intermediários são clientes que compram produtos para (transformando-os ou não) revendê-los a outros clientes.

Clientes finais

Clientes finais são os destinatários finais dos produtos (mercadorias ou serviços). O grupo principal dos clientes finais é formado pelas pessoas, pelas unidades familiares ou por empresas. Organizações não governamentais (ONGs) e governos também são, muitas vezes, clientes finais.

Neste sentido, quando empresas, ONGs e governos fazem aquisições de bens e serviços que não serão de alguma forma repassados adiante, são considerados clientes finais. Este é o caso, por exemplo, das aquisições de máquinas e equipamentos ou materiais de uso e consumo pelas empresas ou pelas ONGs, assim como aquisições de veículos, computadores, armamentos, combustíveis ou materiais de consumo pelos governos. Em termos da realização de negócios, também é possível considerar que os governos são clientes finais no caso de contratações de obras como estradas, pontes, viadutos, portos e aeroportos, ainda que o beneficiário final desses produtos seja a sociedade como um todo.

Clientes finais			
Pessoas ou grupos de pessoas	Empresas	ONGs	Governos

Os clientes finais constituem o alvo principal da maioria das organizações. Quem produz pneus sabe que seu sucesso depende do sucesso da indústria automobilística na venda de veículos novos e do sucesso das revendas de pneus em relação a pneus de reposição; quem produz embalagens para refrigerantes depende do consumo de refrigerantes para manter uma produção contínua das embalagens. No entanto, atente ao fato de que não estamos dizendo que quem compra automóvel compra pneus, tampouco que quem compra refrigerante compra garrafas plásticas, de vidro ou latas de alumínio. Os clientes compram automóveis (que vêm com pneus) e compram refrigerantes (envasados em garrafas plásticas, de vidro ou em latinhas de alumínio).

Clientes individuais e clientes coletivos

Outra abordagem acerca do significado da palavra cliente diz respeito à diferenciação entre clientes individuais e clientes coletivos, dado que na sociedade existem necessidades individuais e necessidades coletivas.

Cliente individual é aquele cujas necessidades e desejos podem ser identificados ou atendidos individualmente. Pode ser uma pessoa ou um grupo de pessoas, como uma empresa, uma instituição governamental ou qualquer outra organização. As pessoas, por exemplo, são consideradas clientes individuais quando adquirem produtos ou serviços das empresas, quando buscam atendimento médico-hospitalar na rede pública ou quando utilizam serviços de organizações não governamentais que prestam serviços individualizáveis, como, por exemplo, as Associações de Pais e Amigos dos Excepcionais (APAEs). Da mesma forma, as organizações em geral, quando realizam compras, também são entendidas como clientes individuais.

Por outro lado, **clientes coletivos** são aqueles cujas necessidades, ainda que também individuais, são atendidas de forma coletiva, não havendo possibilidade de se definir com clareza o quanto cada integrante do grupo é beneficiado pelo atendimento. Assim, por exemplo, toda sociedade necessita da segurança preventiva proporcionada pela Polícia Militar, mas não se pode dizer quanto cada pessoa ou organização consome de segurança pública. Logo, pode-se afirmar que **clientes coletivos** são aqueles cujas necessidades são chamadas de coletivas, como, por exemplo, necessidades como garantia da constitucionalidade, manutenção da ordem pública, segurança externa, tratamento de esgotos, construção e manutenção de estradas, ruas ou avenidas, disciplinamento do trânsito, limpeza pública (varrição e coleta de lixo), iluminação pública, disposição do lixo, saúde preventiva (combate a epidemias) ou guarda de presos, entre outras.

Normalmente, o atendimento das necessidades coletivas é a principal razão de ser dos governos. Entretanto, outras organizações também se voltam para esse tipo de necessidades, como é o caso, por exemplo, de empresas que cuidam de portarias ou da segurança de condomínios, empresas que cuidam de rodovias (mediante pedágios), empresas que fornecem iluminação pública ou ONGs que se preocupam com a preservação ambiental e a transparência das contas públicas.

Necessidades individuais e coletivas		
Unidades produtoras	Necessidades individuais	Necessidades coletivas
Empresas de saneamento	• Água potável • Afastamento do esgoto • Coleta de lixo	• Tratamento do esgoto • Tratamento e disposição final do lixo • Canalização de águas pluviais
Distribuidoras de energia elétrica	• Energia elétrica	• Iluminação pública
Segurança Pública	• Documentos de identidade • Boletins de ocorrência	• Segurança
Prefeituras	• Aprovação de plantas para construções	• Manutenção das vias públicas • Combate à dengue

Clientes externos e clientes internos

Além de classificar os clientes em finais e intermediários, ou em clientes individuais e clientes coletivos, temos ainda outra classificação possível, que é a divisão dos clientes em **clientes externos** e **clientes internos** às organizações.

Os **clientes externos**, como a própria classificação sugere, são os destinatários dos produtos (mercadorias ou serviços) das organizações e que, no geral, estão fora delas.[3] De maneira genérica, os clientes externos são aqueles que simplesmente chamamos de "clientes", ou seja, são os clientes da empresa (aqueles que vão até a loja ou acessam o seu site, fazem pedidos, compram produtos para si ou para outros etc.). Já os **clientes internos** são, nas organizações, os destinatários internos dos produtos de seus processos ou subprocessos. Porém, quando se trata do assunto "clientes" nas organizações, a referência normalmente envolve os clientes externos; sendo assim,

---

[3] Nada impede que algumas organizações vendam seus produtos para os próprios funcionários. Nesse caso, os funcionários também serão considerados clientes externos.

praticamente tudo do que tratam os estudos de marketing diz respeito a esses clientes. Por outro lado, quando se fala, por exemplo, em processos de manutenção de equipamentos dentro de uma organização, os clientes de tal processo são **clientes internos**.

Muitos dos **processos organizacionais** são voltados para **clientes internos**, como, por exemplo, os processos de recrutamento e seleção de pessoal, destinados a suprir as necessidades internas de pessoal; os processos contábeis, destinados a suprir as necessidades internas de informações sobre receitas, custos, rentabilidade e outras; os processos de limpeza, destinados a suprir as necessidades (coletivas) de condições higiênicas no ambiente de trabalho; os processos de compra, destinados a suprir as necessidades internas de matérias-primas, mercadorias para revenda ou materiais de uso e consumo, e assim por diante – sendo todos esses processos voltados ao atendimento das necessidades de pessoas ou setores internos à própria organização (neste caso, os clientes internos). Nas linhas de montagem, também se tem a figura dos clientes internos, já que cada pessoa ou grupo que realiza uma determinada etapa da produção é cliente interno daqueles que realizam a(s) etapa(s) imediatamente anterior(es). Assim, em uma indústria automobilística, o setor de montagem de carrocerias é cliente interno do setor de estamparia, o setor de pintura é cliente interno do setor de montagem de carrocerias e assim por diante.

A importância do entendimento de quem é o **cliente interno** reside no fato de que as organizações tenderão a ser mais produtivas se os setores responsáveis pelos processos internos souberem com clareza quem são seus clientes (internos) e quais são suas necessidades e desejos – e, de posse de tais informações, os atenderem adequadamente. Saber quem são os clientes internos, todavia, nem sempre é muito fácil.

De acordo com Albrecht (1994, p. 105),

> departamentos de serviços internos muitas vezes têm papéis e relações mais complicadas do que aqueles que trabalham diretamente para o cliente pagante [cliente externo]. Alguns departamentos sabem muito bem quem são seus clientes, enquanto outros não têm tanta certeza. Alguns departamentos têm relações claras com alguns clientes [internos] e relações não tão claras com outros.

A esse respeito, o que o autor sugere (ainda que em tom de brincadeira), a fim de descobrir quem são os clientes de um setor ou departamento, é simples:

> Caso você não saiba quem são seus clientes, existe um teste simples que pode fazer para descobrir. Simplesmente pare de fazer seja lá o que estiver fazendo e observe quem vai reclamar. Este é o seu cliente. Caso ninguém reclame, o melhor é ligar o processador de textos e revisar seu currículo.

A solução proposta por Albrecht, mesmo que jocosa, é séria, pois se o que for feito por um setor ou departamento não tiver utilidade para ninguém além dele próprio, não terá razão de existir. Em outras palavras, organizações que tenham como objetivo otimizar o uso de seus recursos devem saber identificar com clareza os clientes internos e os clientes externos dos seus diferentes processos, sob o risco de arcar com custos inúteis de atividades inúteis. Identificados os clientes (internos ou externos), a questão passa a ser como atendê-los, e isso será tratado nos capítulos subsequentes deste livro.

Cliente: mais que um destinatário dos produtos

A ideia de que os clientes são os destinatários dos produtos (mercadorias ou serviços) pode induzir-nos a pensar que os clientes são os consumidores daquilo que é produzido, isto é, aqueles que utilizam os produtos adquiridos ou se beneficiam dos serviços produzidos, e nada mais que isso. Entretanto, este não é um pensamento adequado. Vejamos, por exemplo, o caso da produção e comercialização de ração para cães. Quem são os clientes? Os cães? Afinal de contas, quem consome a ração são eles. E no caso de um paciente hospitalar que está recebendo aplicação de soro intravenoso, quem é o cliente? O paciente, que está recebendo a aplicação do produto, ou o hospital, que o adquiriu?

Para resolver essas indagações, os estudiosos do assunto clientes procuram entendê-los de acordo com os diferentes papéis que possam exercer em relação aos ofertantes de produtos (mercadorias ou serviços). Para Sheth et al. (2001, p. 30), por exemplo, clientes exercem o papel de:

- compradores;
- pagantes;
- usuários.

Por sua vez, para Bretzke (apud Dias, 2003, p. 38), os clientes podem fazer o papel de:

- especificadores;
- influenciadores;
- compradores;
- pagantes;
- usuários.

Papéis dos clientes
Segundo Sheth et al. (2001, p. 30), os papéis dos clientes podem ser compreendidos como tipos de transações de mercado que podem ocorrer entre demandantes e ofertantes, sendo três os papéis mais comuns (comprador, pagante e consumidor). O primeiro papel se dá na forma de comprador, ou seja, o cliente seleciona um produto entre todas as opções de produtos disponíveis. O segundo se dá na forma de pagante, o cliente paga pelo produto selecionado, porém o pagante e o comprador podem não ser a mesma pessoa, o pagante é quem efetivamente financia a compra. O terceiro papel ocorre na forma de consumidor/usuário, ou seja, o cliente usufrui (consome) o produto que fora selecionado e comprado e, também nesse caso, o cliente consumidor pode não ser o cliente comprador ou o pagante.

> "Cliente" designa uma pessoa ou unidade organizacional que desempenha papel no processo de troca ou transação com uma empresa ou organização. (...) O termo cliente refere-se a pessoas que assumem diferentes papéis no processo de compra, como o especificador, o influenciador, o comprador, o pagante, o usuário ou aquele que consome o produto (Bretzke, apud Dias, 2003, p. 38).

Com essas definições de clientes baseadas nos diferentes papéis que possam desempenhar, fica fácil entender que, no caso da ração para cães, o usuário é o cão (ou seja, o consumidor), mas o comprador é o dono do animal (logo, cliente comprador); no caso do soro hospitalar, o usuário é o paciente, o especificador é o médico, mas o comprador é o hospital, que também exerce o papel de pagante junto aos seus fornecedores.

A importância de entendermos os significados da palavra clientes, sob a ótica dos diferentes papéis que podem ser representados pelos próprios clientes, reside no fato de que, para cada papel, existem necessidades e expectativas diferentes, que devem ser identificadas para ser bem atendidas. O que se quer dizer com isso é que as necessidades do cliente enquanto "comprador" são diferentes das necessidades do cliente enquanto "usuário", que também são diferentes das necessidades do cliente enquanto "pagante". Para o cliente no papel de "comprador", fatores como facilidade de acesso, atendimento, variedade ou informações tendem a ser valorizados; já para o cliente no papel de "usuário", fatores como sabor, caimento (de uma roupa), durabilidade ou facilidade de manutenção são os valorizados. Por sua vez, para o cliente no papel de "pagante", fatores como preço, condições de pagamento ou as facilidades para o pagamento são os que ele poderá valorizar.

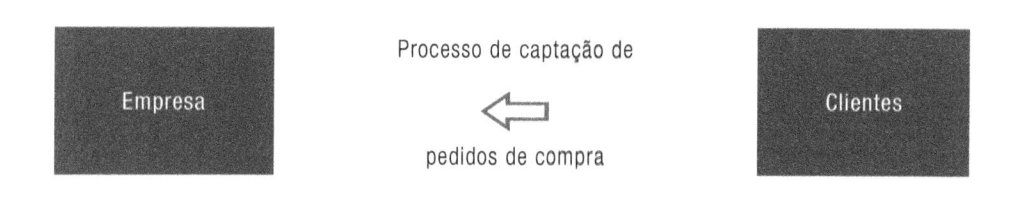

Empresa	Processo de captação de ⇐ pedidos de compra	Clientes

Para uma empresa, principalmente se ela atuar nos mercados mais competitivos, buscar ser mais **atraente** aos olhos dos seus clientes do que seus concorrentes, para assim "capturar" os pedidos de compra destes, é condição fundamental para o sucesso. Ser atraente, por sua vez, significa atrair o cliente nos papéis de comprador, de usuário e de pagante. Ou seja, significa atrair aquele que realiza a compra fazendo-o identificar que as condições são favoráveis, atrair o usuário fazendo-o perceber vantagens em utilizar ou consumir o produto e atrair o pagante ao fazê-lo verificar que o preço que pagará vale o que estará recebendo em troca.

Existe elevada preocupação das empresas com as embalagens dos produtos, com as formas de disposição destes nas prateleiras dos supermercados e, ainda, com as vitrines vistosas, entre outras. Portanto, estas são evidências da tentativa de ser atraente ao cliente enquanto "comprador", já que, sem ele, não há a "captura" de pedidos (isto é, sem comprador, não há venda). Claro que não basta ser atraente ao "comprador". Se a ração animal não for bem aceita pelo cachorro (o usuário/consumidor), de nada valerá o esforço de conquista do comprador, já que ele não retornará para uma nova compra.

Essa questão de ser **atraente** aos clientes, por sua vez, deve levar em conta que os diferentes tipos de clientes (finais e intermediários ou internos e externos) podem exercer diferentemente os papéis de comprador, usuário e pagante. Vejamos:

- Os atacadistas e varejistas, enquanto clientes intermediários, não exercem o papel de usuários: eles são genericamente compradores e pagantes;
- A indústria manufatureira, mesmo que seja um cliente intermediário, pode ser considerada usuária da matéria-prima que utiliza. Obviamente, trata-se de uma usuária diferente dos clientes finais, já que ela transforma a matéria-prima para revendê-la;
- As necessidades e expectativas dos clientes de um mesmo produto, no papel de compradores, são diferentes quando se trata de clientes intermediários e de clientes finais;
- Os clientes internos raramente são pagantes;
- Os clientes coletivos raramente atuam como compradores e nem sempre pagam diretamente pelos serviços recebidos.

Em suma, o significado da palavra **clientes** pode ser diferente para diferentes organizações, e entender isso é fundamental para quem busca um elevado grau de satisfação dos **seus clientes**.

Resumo

Todas as organizações e todos os processos organizacionais têm (ou devem ter) clientes. Esses clientes podem ser **externos** ou **internos**, e podem ser representados por diferentes agentes que, individual ou separadamente, exercem diferentes **papéis**, como os de comprador, influenciador, usuário ou pagante. Os clientes externos podem ser divididos em clientes **intermediários** e clientes **finais**; os clientes finais podem ser clientes **individuais** (pessoas, famílias, empresas, prefeituras) ou **coletivos**. Conhecer quem são seus clientes (tipos) e quem exerce entre eles os diferentes papéis de comprador, usuário e pagante são requisitos essenciais para quem deseja ser bem-sucedido com seus clientes-alvo.

Clientes

Tipos			Papéis		
			Comprador	Usuário	Pagante
Externo	Final	Individual	X	X	X
		Coletivo		X	
	Intermediário		X		X
Interno				X	

Exercícios

1. Sabe-se que tanto um laboratório de produtos farmacêuticos como uma indústria siderúrgica têm seus clientes intermediários e seus clientes finais. O que se pergunta é:
   a. Quem são esses clientes?
   b. É verdadeiro afirmar que a preocupação dos laboratórios farmacêuticos com seus clientes finais é maior que a da indústria siderúrgica, já que esta se preocupa mais com os seus intermediários? Por quê?
2. Os clientes dos serviços de um setor de "recrutamento e seleção" de uma grande loja de varejo são clientes internos ou clientes externos? Por quê?
3. Em um shopping center, quem são os clientes do serviços de segurança prestados pelo próprio shopping? Esses clientes são internos ou externos? São individuais ou coletivos?
4. A tabela a seguir apresenta os clientes típicos de um hospital e suas respectivas necessidades. Identifique os diferentes papéis (comprador, usuário, influenciador, pagante etc.) por eles exercidos enquanto clientes.

Hospital Taquaral

Grupos de clientes	Principais necessidades
Pacientes. São todas as pessoas atendidas por quaisquer serviços oferecidos pelo hospital: emergência, tratamento clínico e cirúrgico, diagnóstico e terapia.	• Qualidade dos serviços médicos e da enfermagem (técnico, científico e relacionamento humano) • Rapidez no atendimento • Qualidade dos serviços de hotelaria • Localização • Preços competitivos • Acesso às informações sobre o paciente • Ampla rede de convênios • Segurança
Familiares. São os parentes e amigos dos pacientes, estejam ou não acompanhando-os no hospital.	• Rapidez no atendimento • Qualidade dos serviços de hotelaria • Localização • Preços competitivos • Acessos às informações sobre o paciente
Médicos. Consideram-se dois tipos de médicos: (1) os que apenas encaminham pacientes, sem se envolverem diretamente nos serviços prestados, e (2) os que vão ao hospital com seus pacientes, participando diretamente das intervenções realizadas, apesar da ausência de vínculo empregatício com o hospital.	• Pacientes satisfeitos • Qualidade dos serviços de enfermagem • Preços competitivos • Localização • Ampla gama de diagnósticos • Rapidez e precisão nos resultados de diagnósticos e análises • Ampla rede de convênios • Equipamentos de última geração
Convênios. Também conhecidos como planos de saúde, são representados por empresas especializadas, cooperativas médicas, bancos ou qualquer outra instituição que administre o próprio plano de saúde. Estão excluídos aqui os seguros de saúde que reembolsam os gastos médicos de seus associados, já que, nesse caso, a relação do paciente com o hospital é a mesma de um paciente do tipo particular.	• Preços competitivos • Ampla gama de especialidades • Facilidade de acesso às informações sobre o paciente

Fonte: Caso para Estudo – Hospital Taquaral (FNQ, 2000).

5. No caso anterior, para quem o hospital precisa ser **atraente** para que seja bem-sucedido? Por quê?

6. Quem são os principais clientes de uma rede aberta de televisão, como a TV Globo (ou outra com negócio similar), e quais suas principais

necessidades e desejos, considerando-se os diferentes papéis (de compradores, pagantes ou usuários) que talvez possam exercer? Na resposta, identifique os produtos oferecidos pela rede de TV, os respectivos clientes-alvo e as diferentes necessidades ou desejos para cada papel (comprador, usuário e pagante) identificado.[4]

7. Quais os principais serviços prestados pelo poderes legislativo e judiciário, nas suas mais diferentes esferas e núcleos? Quem são os clientes desses serviços? Esses clientes são individuais ou coletivos?

Referências

ALBRECH, K. *Serviços internos*: como resolver a crise de liderança do gerenciamento de nível médio. São Paulo: Pioneira, 1994.

BRETZKE, M. Marketing direto. In: DIAS, S. R. (Coord). *Gestão de marketing*. São Paulo: Saraiva, 2003.

DAFT, R. L. *Organizações*: teoria e projetos. São Paulo: Cengage Learning, 2008.

FUNDAÇÃO PARA O PRÊMIO NACIONAL DA QUALIDADE. *Caso para estudo "Hospital Taquaral"*. São Paulo: FPNQ, 2000.

SHETH, J. N. et al. *Comportamento do cliente*: indo além do comportamento do consumidor. São Paulo: Atlas, 2001.

---

[4] Na resposta a esta questão, não há necessidade de um aprofundamento do detalhamento das necessidades e desejos dos clientes identificados, já que esse assunto será objeto dos capítulos posteriores.

Segmentação de mercado e identificação de clientes-alvo

2

Cristiane Betanho

Ao final deste capítulo espera-se que o leitor seja capaz de identificar quem são os clientes-alvo das organizações e como agrupá-los. Para tanto, neste capítulo serão abordados o conceito de segmentação de mercado e as premissas básicas para sua utilização prática.

Introdução

Banco cria cartão de crédito para compras on-line, atendendo à demanda por segurança nas transações por clientes (Alves, 2014). Produtores de hortifrútis orgânicos entregam cestas de produtos nas casas dos consumidores em Uberlândia (MG) (Betanho et al., 2013). Produtora de massas muda formulação para atender ao paladar do público brasileiro (Carvalho, 2014). Loja entende que ser feliz e bonito não é sinônimo de ser magro, e oferta ao mercado *plus size* roupas de moda, inclusive no *e-commerce* (Exame, 2014). Empresa de bebidas cria produto para o público jovem, que não gosta de bebidas amargas (França, 2014). Estes são exemplos da ação de empresas que adaptam ou desenvolvem produtos e serviços a partir do olhar do cliente. Esse olhar é a base do que se denomina segmentação de mercado.

A perspectiva pode parecer óbvia, no entanto, é relativamente recente. Até a década de 1980, auge da abordagem dos mercados de massa, as organizações atendiam a todos os grupos de clientes com uma única proposta de composto de marketing, sem diferenciar produtos e serviços. Mas essa estratégia mostrou-se inadequada em mercados concorrenciais. O aumento do número de ofertas concorrentes e a multiplicidade dos canais de distribuição e comunicação trazem diferentes desafios para as organizações, que precisam produzir valor superior a clientes cada vez mais exigentes e com múltiplos interesses.

A estratégia de segmentar mercados surgiu nos Estados Unidos na década de 1950 e, no Brasil, foi definitivamente reconhecida como opção estratégica na década de 1990. Ela se baseia no entendimento dos desejos e das necessidades dos clientes. Mas, quem são esses clientes? Onde eles estão? Será que eles podem ser atendidos de maneira rentável? O processo de segmentação de mercado ajuda a responder essas questões.

O que é segmentação de mercado?

As organizações possuem diferentes tipos de clientes, que desempenham diversos papéis no processo de compra. Boa parte das organizações investem elevadas somas para identificar esses clientes e suas preferências.

As ferramentas para ouvir o cliente serão tratadas no Capítulo 7. Aqui, é importante salientar que o processo de pesquisa de marketing produz informações que possibilitam o agrupamento dos clientes por meio de preferências e características comuns. Esse processo de agrupamento permite que a organização focalize sua atenção em grupos específicos – aqueles que podem ser atendidos com eficiência, eficácia e efetividade a partir de suas competências.

Quando uma empresa adota a perspectiva do marketing de segmento, ela fabrica produtos e presta serviços dirigidos a esses públicos, e não mais ao cliente médio. Assim, basicamente, a estratégia de segmentação consiste na utilização do marketing diferenciado, isto é, o "uso de ações de marketing projetadas especificamente para cada grupo de clientes identificados" (Churchill Jr. e Peter, 2012, p. 207).

Importante, então, é salientar que o conceito de segmentação está relacionado à compreensão das necessidades e expectativas dos clientes e à definição daqueles para os quais os esforços comerciais da organização estão prioritariamente dirigidos (FNQ, 2008), e não aos produtos em si.

Produtos são a consequência do entendimento dos desejos e das necessidades dos clientes. Segmentos são grupos de pessoas para os quais produtos e serviços são produzidos de forma a atraí-los para a compra e conquistar a recompra. É assim que se devem ser entendidos os exemplos da introdução deste capítulo.

Portanto, a definição adotada para segmentação de mercado é a descrita por Churchill Jr. e Peter (2012, p. 204): "Segmentação de mercado é o processo de dividir um mercado em grupos de compradores potenciais com necessidades, desejos, percepções de valores ou comportamentos de compra semelhantes".

O processo de segmentação de mercados

Deve ficar claro que a atividade de marketing não cria segmentos, mas os identifica (Kotler e Keller, 2012). A organização precisa decidir em quais deles vai concentrar suas atenções. Para isso a organização pode, por exemplo, indagar sobre quem é o cliente que ela pretende atender; além disso, é necessário saber o que esse cliente (ou grupo de clientes) busca e, por fim, conhecer por que tal cliente (ou clientes) quer o que quer. Resumidamente, os gestores podem partir das seguintes indagações:

- Quem a organização quer atender?
- O que ele quer de minha organização?
- Por que ele quer o que quer?

A análise das pesquisas de marketing a partir das três questões fundamentais de Seth e seus companheiros pode trazer uma miríade de oportunidades para a organização e diferentes perspectivas de enxergá-las (Richers, 1991a):

a) Quais são os setores industriais que geram oportunidades;
b) Quais são os grupos de clientes que possuem desejos e necessidades não atendidas ou mal atendidas;
c) Que produtos e serviços podem ser oferecidos para suprir as lacunas nas expectativas dos clientes e quais as características que são valorizadas;

d) Como chegar a esses clientes, ou seja, quais são os melhores canais de comunicação e de distribuição.

Não é demais chamar a atenção para o fato de que as mudanças de mercado podem fazer surgir novos segmentos ou fazer desaparecerem segmentos de clientes identificados anteriormente. Portanto, a pesquisa de marketing precisa ser periódica e a organização deve utilizar toda a sua estrutura interna que convive e se relaciona com clientes para ajudar na detecção de novas oportunidades ou ameaças de mercado. Kotler e Keller (2012) expõem a abordagem de Best (2000)[1] para a análise de segmentos de mercado:

QUADRO 2.1 – Etapas do processo de segmentação.

Etapa	Descrição da atividade
1. Segmentação baseada nas necessidades	Agrupe os clientes em segmentos, com base em necessidades semelhantes e nos benefícios por eles buscados para resolver um determinado problema de consumo.
2. Identificação do segmento	Determine quais características demográficas, estilos de vida e comportamentos de uso tornam o segmento distinto e acionável.
3. Atratividade do segmento	Usando critérios predeterminados de atratividade de segmento (como crescimento de mercado, intensidade competitiva e acesso ao mercado), determine a atratividade de cada segmento.
4. Rentabilidade do segmento	Determine a rentabilidade de cada segmento (análise da demanda, custos e preços).
5. Posicionamento do segmento	Para cada segmento, crie uma proposta de valor e uma estratégia de posicionamento com base nas necessidades e nas características singulares dos clientes referentes a ele.
6. Teste crítico de segmento	Faça pesquisas de marketing para testar a atratividade da estratégia de posicionamento no segmento.
7. Estratégia de marketing mix	Expanda a estratégia de posicionamento do segmento, a fim de incluir todos os aspectos do marketing mix.

Fonte: Adaptado de Kotler e Keller (2012, p. 258).

---

[1] BEST, R. J. *Market-based management*. Upper Saddle River: Prentice Hall, 2000.

Como se percebe, o processo gerará decisões que impactarão também a perspectiva financeira da organização. Adicionalmente, viu-se no Capítulo 1 que as empresas possuem clientes finais e clientes intermediários. A oportunidade de retorno financeiro e as diferenças entre tipos de clientes são pontos focais, que induzem cuidados extras. Os próximos tópicos tratarão do refinamento do processo de segmentação.

Segmentação de mercados de consumo

A segmentação dos mercados de consumo é baseada nas informações obtidas da análise do comportamento de compra do cliente final, isto é, como ele seleciona, compra, usa e descarta artigos, serviços, ideias ou experiências para satisfazer às suas necessidades e desejos.

No processo de pesquisa de marketing, buscam-se informações para descrever o cliente final por meio de cinco grandes grupos de variáveis:[2]

- **Geografia.** Divisão do mercado em unidades geograficamente distintas.
- **Demografia.** Características distintivas básicas de grupos sociais. Podem ser utilizadas em conjunto ou separadamente para entender as orientações atitudinais e comportamentais de grupos de clientes.
- **Psicografia.** Os compradores são separados em grupos com base em características psicológicas.
- **Comportamento.** Os clientes podem ser agrupados de formas diferentes se a atenção do pesquisador de marketing se voltar aos conhecimentos acumulados, à atitude do cliente, ao uso que ele faz dos produtos, às ocasiões de consumo e seu perfil de resposta. Os papéis de compra e a forma como são exercidos podem afetar o comportamento do cliente.
- **Benefício.** Essa variável consiste no agrupamento de clientes de acordo com os benefícios que buscam nos produtos e serviços, enfim, os motivos básicos pelos quais são atraídos por diferentes ofertas.

---

[2] A partir da visão combinada de Kotler e Keller (2012); Churchill Jr. e Peter (2012); Sheth; Mittal; Newman (2001); Hooley; Piercy; Nicoulaud (2013); e Richers (1991a).

O quadro abaixo indica como as variáveis podem ser operacionalizadas no processo de segmentação de mercados consumidores. Importa salientar que a lista não é exaustiva, mas indica formas a partir das quais pode-se distinguir grupos de clientes finais:

QUADRO 2.2 – Operacionalização das variáveis utilizadas no processo de segmentação de clientes finais.

Variáveis	Operacionalização
Geográfica	Blocos econômicos, continentes, países, regiões, estados, cidades, bairros, quadras.
Demográfica	Idade, ciclo de vida, tamanho da família, sexo, renda, ocupação, grau de instrução, raça, geração, nacionalidade, classe social.
Psicográfica	Estilo de vida, personalidade, valores, opiniões, envolvimento com o produto.
Comportamental	Nível de uso, ocasiões de uso, *status* de fidelidade.
Benefícios procurados	Economia de tempo ou dinheiro, serviços agregados, funcionalidade, segurança.

Fonte: Elaborado pela autora.

Os casos abaixo podem exemplificar o uso do conceito segmentação e seus efeitos na satisfação dos clientes finais:

- Existem sorveterias na região central do Brasil que ofertam sabores típicos, baseados em frutas do cerrado. Este é outro bom exemplo do uso da geografia, aliado ao entendimento do comportamento dos clientes e sua busca por benefícios.
- Várias empresas lançaram versões de produtos em embalagens menores. Essas organizações buscaram entender as características demográficas dos clientes em relação à disponibilidade de renda e tamanho de família, e as características comportamentais em relação ao nível de uso para melhorar o atendimento desses mercados.
- Parte dos clientes de hortifrútis orgânicos são das classes sociais mais abastadas (segmentação demográfica). Mas também existem aqueles que buscam o apelo da saudabilidade (benefício). Em função do conhecimento das características psicográficas e comporta-

mentais desses clientes, as organizações buscam criar ofertas que satisfaçam suas necessidades.
- No Escritório de Engenharia Joal Teitelbaum, a segmentação de clientes e mercados é feita baseada no critério renda familiar (características demográficas). Atende-se a um mercado formado pelas classes A e B de Porto Alegre, buscando consumidores que gerem maior fluxo de renda e menor complexidade, visando a aumentar o "valor do cliente" (FNQ, 2010).
- Empresa carioca criou linha de sucos de fruta com a praticidade de uma bebida de caixinha sem perder as propriedades das frutas, atendendo aos clientes que buscam produtos práticos mas saudáveis, sem aditivos. Percebe-se o foco nas variáveis comportamental e de benefício para segmentar o mercado (Portugal, 2014).

Segmentação de mercados organizacionais

Mercados organizacionais são os conjuntos de organizações que elaboram produtos e serviços que são revendidos ou utilizados na produção de outros bens e serviços. No Capítulo 1, denominou-se esse tipo de clientes intermediários.

De forma semelhante ao processo de compra do cliente final, várias influências podem afetar a forma como os fornecedores são identificados, avaliados e escolhidos pelos clientes intermediários. No entanto, é importante ressaltar que a compra organizacional possui um componente racional de decisão mais aguçado. Somado à maior concentração do poder de compra em relação ao cliente final, o processo de compra do cliente intermediário apresenta a oportunidade de estreitar as relações entre cliente e fornecedor, tão necessária à melhoria da situação competitiva em alguns setores industriais.

Os clientes intermediários podem ser segmentados por meio das seguintes variáveis:[3]

- **Demografia.** Setor industrial, porte da empresa, localização geográfica.

---
[3] Bonoma e Shapiro apud Kotler e Keller (2012, p. 255).

- **Operacionais.** Tecnologias usadas pelos clientes, *status* usuário/não usuário, uso (usuários contumazes, medianos e leves), demanda por muitos ou poucos serviços.
- **Abordagem de compras.** Organização de compras centralizada ou descentralizada, estrutura de poder, atenção aos clientes fiéis ou à extensão de nova carteira, critério de compra do cliente (preço, serviço, qualidade), políticas de compra.
- **Fatores situacionais.** Necessidades de atendimentos emergenciais, aplicações únicas ou gerais de produtos, pedidos grandes ou pequenos.
- **Características pessoais.** Similaridade ou não de valores entre comprador e fornecedor, posição do cliente quanto a assumir riscos, fidelidade do cliente.

Exemplos do uso da estratégia de segmentação em mercados organizacionais são:

- Empresa de produtos de beleza populares investe em treinamento e promoção de produtos em pequenos salões de cabeleireiros (Leite, 2002). A organização segmenta seus clientes por demografia.
- Pequena fabricante de produtos alimentícios tem como principal foco de ações promocionais os pequenos varejos, consciente da força do comércio de vizinhança (Furtado, 2002). A organização segmenta seu mercado por características demográficas e usa a similaridade entre comprador e vendedor (segmentação por características pessoais) como forma de aprofundar seu relacionamento com os clientes.
- Empresa do setor químico classifica seus clientes por três critérios: uso que fazem dos produtos, por indústria e abordagem de compra. Clientes estratégicos têm garantia de fornecimento, mesmo o estoque estando baixo. Além disso, clientes menos rentáveis, mas que se predispõem a testar novos produtos da empresa, também recebem tratamento diferenciado (Somoggi, 2005). A organização usa as variáveis demográficas, operacionais e características pessoais para designar seus grupos de clientes.
- Agricultor familiar que produz hortaliças de alto valor agregado, como radicchio, chicória frisé ou endívia, rabanetes coloridos e outros,

atende a supermercados que demandam não somente pelo diferencial dos produtos, mas por pré-processamento – embalagem, higienização e seleção (Bouças, 2007). O agricultor segmenta seu mercado pelas variáveis operacionais e abordagem de compra.
- Companhia Energética do Maranhão segmenta seus mercados conforme os grupos de tensão definidos pelo Órgão Regulador – ANEEL: Grupo A – Alta Tensão e Grupo B – Baixa Tensão (FNQ, 2010). O Grupo A é segmentado conforme demanda contratada (demografia e variáveis operacionais), nas categorias Diamante (maior que 500 kW), Ouro (de 70 a 499 kW) e Prata (de 30 a 69 kW). O Grupo B é segmentado em iluminação pública e baixa tensão, portanto, focalizado nas variáveis operacionais e situacionais.
- Por volta de 70% do faturamento da uma empresa distribuidora de gás natural vêm do mercado industrial. Cada segmento atendido (petroquímica, química, cerâmica, papelão etc.) apresenta especificidades que precisam ser consideradas no relacionamento com os clientes (Comgás, 2014). Portanto, a organização segmenta seus mercados em relação a variáveis demográficas, operacionais, situacionais e pessoais.

Análise de agrupamentos de clientes coletivos

Nunca é demais lembrar que os clientes coletivos também são clientes finais. As mesmas variáveis devem ser usadas para especificar as características dos destinatários dos serviços do primeiro e do terceiro setor:

- O Governo Federal lançou em 2014 uma campanha para vacinar meninas de 11 a 13 anos contra o vírus HPV, responsável pelo desenvolvimento de câncer de útero. O grupo a ser imunizado foi designado por sexo e idade (Brasil, 2014c). Percebe-se o uso de variáveis demográficas na segmentação.
- O programa "Minha Casa, Minha Vida" subsidia a aquisição da casa própria, sonho dos brasileiros, para famílias com renda até R$ 1.600,00 e facilita as condições de acesso ao imóvel para famílias com renda

até R$ 5 mil (Brasil, 2013). Este é outro exemplo do uso das variáveis demográficas no processo de segmentação do público-alvo.
- A Irmandade da Santa Casa de Misericórdia de São Paulo, uma instituição filantrópica particular, constitui-se em um dos maiores centros de referência médica nacional para o atendimento de alta complexidade, como transplantes, cirurgias cardíacas, neurocirurgias, tratamento de tumores entre vários outros (Santa Casa, 2014). Nota-se o uso da variável benefício para segmentar o mercado.
- A Doutores da Alegria (2014) tem como objetivo levar alegria às crianças hospitalizadas. Segundo a instituição, já foram identificadas alterações importantes com relação às crianças hospitalizadas: melhora no comportamento e na comunicação, maior colaboração com exames e tratamentos, diminuição da ansiedade com a internação, entre outros. Destacam-se as variáveis demográfica, comportamental e psicográfica para a definição do serviço prestado pela organização.

Apesar de vistos como uma coletividade, entender os apelos psicológicos e o relacionamento dos produtos com as pessoas é essencial para que os programas sociais e de filantropia sejam efetivos. Esse é um dos motivos em função dos quais alguns serviços são cobrados.

Um bom exemplo é o programa dos Restaurantes Populares. De acordo com o Ministério do Desenvolvimento Social (Brasil, 2014b), o público beneficiário dos restaurantes é formado por trabalhadores formais e informais de baixa renda, desempregados, estudantes, aposentados, moradores de rua e famílias em situação de risco de insegurança alimentar e nutricional. No entanto, existe uma contrapartida financeira, com vistas não à manutenção financeira do empreendimento, mas à valorização, pelo beneficiário, do serviço prestado.

Por outro lado, o Estado também precisa entender de segmentação de mercado se quiser agir em prol da mudança de consciência da população. Identificando os aspectos do hábito de fumar que eram incômodos ou graves (segmentação psicográfica, comportamental e por benefício), foram criadas fotografias e mensagens (por exemplo, "O Ministério da Saúde adverte: fumar causa mau hálito, perda de dentes e câncer de boca") que são obrigatoriamente impressas nas embalagens de cigarros. Outras ações foram pensadas para regulamentar a Lei Antifumo (Brasil, 2014a) e continuar na busca pela diminuição do tabagismo entre os brasileiros.

Nichos de mercado: a segmentação dentro do segmento

O mercado brasileiro é altamente receptivo à estratégia de segmentação, porque a extensão territorial do país, os custos decorrentes da distribuição de produtos e serviços, as grandes diferenças de poder aquisitivo da população, a existência de mercados pouco ou mal explorados, os altos custos de comunicação e as diferenças de hábitos de consumo e valores regionais são oportunidades que podem ser aproveitadas a contento (Richers, 1991b).

Daí vem a "segmentação da segmentação". Em alguns casos, a prospecção de segmentos de mercado por meio de pesquisa pode revelar, dentro dos grupos, subgrupos de clientes que buscam nos produtos ou serviços características ainda mais distintas. Exemplos:

- Dentro do segmento de mulheres que desejam sapatos baratos, mas condizentes com a moda, existe um subgrupo que tem pés muito grandes ou muito pequenos.
- Pessoas que gostam de esportes "comuns" e "radicais" são subgrupos dos amantes de esportes que têm diferentes necessidades de informação e produtos.
- Executivos que não têm tempo de fazer a manutenção de seus carros ou não gostam de fazê-lo podem se tornar clientes de oficinas mecânicas com serviço leva e traz.
- O grupo de pessoas que demandam hortaliças, como descrito anteriormente, também revela um subgrupo de clientes – pessoas endinheiradas, voltadas à saúde e que demonstram prazer na alimentação, além de se preocupar com a praticidade.

Esses subgrupos de clientes com necessidades ainda mais distintas são denominados nichos de mercado. Mais claramente, um nicho é o menor e mais homogêneo segmento dentro de um segmento maior predefinido.

Uma organização que se propõe a atender esses clientes pode ser mais lucrativa: o foco no suprimento de necessidades especiais e, portanto, a entrega de mais valor ao cliente pode gerar um preço prêmio aos produtos e serviços. Além disso, como são grupos menores de clientes, normalmente a concorrência pode ser menos acirrada.

Como nem sempre a estratégia de ocupação de nichos de mercado requer grandes investimentos, ela pode ser uma boa saída para pequenas empresas. Além disso, a estratégia de nichos proporciona o uso mais aprofundado das estratégias de marketing de relacionamento, o que pode proporcionar fidelidade dos clientes.

A abordagem pode ser ainda mais aprofundada e chegar ao "marketing individual", que consiste na entrega de produtos e serviços "sob medida" para as necessidades dos clientes. Nos mercados mais tradicionais, ternos e vestidos podem ser feitos sob encomenda, a partir das necessidades e desejos do cliente; comidas podem agregar ingredientes diferentes ou terem ingredientes suprimidos. Essas pequenas ações aumentam a satisfação do cliente pela agregação de um "toque de personalização" nos produtos e serviços que adquire.

A tecnologia da informação proporcionou a possibilidade de adaptar essa abordagem a outros mercados. Por exemplo, na compra de veículos pela Internet, o cliente pode decidir pela agregação de alguns itens de conforto ao produto básico; as revistas virtuais podem enviar notícias aos clientes em função de suas áreas de interesse em vez de todas que tiver disponíveis. Portanto, alguém que se cadastre e revele interesse por notícias sobre marketing não receberá informações sobre mercado financeiro ou outras, se não as desejar. Essa abordagem também é chamada "customerização", porque combina a customização em massa com o marketing customizado (Kotler e Keller, 2012), dando aos clientes a possibilidade de desenhar o produto ou o serviço de sua escolha.

Vantagens da segmentação

A principal vantagem da segmentação de mercados é a possibilidade de romper com a cultura das ofertas do tipo "tudo para todos" (Semenik e Bamossi, 1995), que possuem imagens confusas para os clientes, e substituí-las por ofertas individualizadas por grupos de clientes. Assim, pode-se criar relações mais fortes com eles.

Além disso, o entendimento das necessidades, dos fatores motivadores, desejos e comportamento dos consumidores fornece o ensejo do aperfeiçoamento contínuo de produtos e serviços, que satisfazem as necessidades específicas. Assim, o processo de segmentação proporciona maior eficiência aos esforços de marketing e melhoria no desempenho da operação empresarial.

Outra vantagem é que a segmentação acrescenta eficiência, eficácia e efetividade aos processos de:

- especificação dos objetivos de marketing;
- entendimento das necessidades e desejos dos clientes e suas motivações;
- alocação dos recursos financeiros e humanos;
- responder rapidamente às mudanças do ambiente externo;
- canalizar as forças da organização para o alcance dos objetivos;
- construção de compostos de marketing que exerçam alta atratividade.

Dados interessantes sobre os efeitos da segmentação no resultado das organizações foram compilados por pesquisa da consultoria Booz Allen com 37 companhias de diferentes setores no Brasil (Somoggi, 2005): empresas com modelos eficientes de segmentação apresentaram crescimento de receita três vezes superior ao do grupo das que mostraram ser menos eficientes. Na comparação entre os grupos, a margem das melhores foi cinco vezes maior.

Finalmente, uma vantagem ao todo organizacional é que, como a segmentação força a empresa a concentrar sua energia em mercados definidos, os tomadores de decisão também concentram seus esforços na busca das informações que afetam as operações da organização, potencializando os efeitos da especialização.

Desafios da segmentação

Para Somoggi (2005) segmentar mercados dá dinheiro, mas poucas organizações sabem fazê-lo. Os principais erros que podem ser cometidos estão ligados a:

- Falta de pesquisa e tecnologia para identificar os diferentes clientes;

- Falhas em compilar e combinar as informações sobre os clientes;
- Não saber quanto os clientes pagariam a mais por um serviço sob medida;
- Ignorar a relação entre o custo e o retorno de cada grupo de clientes;
- Não treinar os funcionários para lidar com segmentos diferentes de clientes;
- Falta de envolvimento da alta administração.

Fica claro que a grande dificuldade das organizações está em estabelecer um bom sistema de inteligência de marketing, hábil em captar informações dos clientes que podem ser transformadas em vantagens competitivas para as organizações.

Complementarmente, as organizações precisam de bons tomadores de decisão, que saibam analisar os dados e combiná-los, de forma a extrair oportunidades para a organização.

As três perguntas de Sheth; Mittal; Newman (2001) para identificar segmentos de mercado foram apresentadas. Agora o leitor conhecerá também como sofisticar o resultado da pesquisa a partir do entendimento das variáveis de segmentação; basta entender o valor das informações levantadas para segmentar mercados de forma efetiva. O processo está sintetizado no quadro que segue.

QUADRO 2.3 – Relevância das informações de tipos de segmentação de clientes.

Questão	Tipo/variável de segmentação	Mensuração	Público-alvo	Diagnóstico
WHAT? O QUÊ?	Comportamental (nível de uso)	Fácil (análise do banco de dados da empresa)	Segmentação de clientes finais e organizacionais	Pobre, mas singular (orienta atendimento dos clientes atuais e a conquista de futuros)
WHO? QUEM?	Geográfica e demográfica	Fácil (Censo do IBGE e dados da empresa)	Segmentação de clientes finais e organizacionais	Pobre e de domínio público (informações do IBGE)
WHY? POR QUÊ?	Psicográfica e por benefício	Mais difícil (aspectos intangíveis)	Mais vantajoso para segmentação de clientes finais (olhar psicográfico e benefício) e menos vantajoso para clientes organizacionais (olhar por benefícios)	Forte, pois orienta o atendimento de clientes atuais e conquistar novos, porém, depende de um sistema de inteligência de marketing.

Fonte: Adaptado de Sheth; Mittal; Newman, 2001.

Hooley; Piercy; Nicoulaud (2013) salientam que os dados obtidos na segmentação demográfica e geográfica são insuficientes para a conquista do posicionamento competitivo. A pesquisa da Booz Allen também aponta a limitação a esses dados como um erro a ser evitado. Assim, são necessárias as informações advindas da segmentação comportamental, psicográfica e sobre benefícios esperados pelos clientes para que a organização possa auferir resultados superiores de seus esforços.

Já foi dito que a pesquisa de marketing é essencial para auxiliar a tomada de decisões. Os caminhos apontados para a pesquisa básica orientada à segmentação por benefício são (Sheth; Mittal; Newman, 2001):

a) levantar benefícios do produto ou serviço por meio de pesquisas focais e profissionais da área;
b) solicitar aos clientes que avaliem esses benefícios em termos de importância para eles;
c) avaliar os dados por meio de modelos estatísticos de agrupamento;
d) avaliar a atratividade dos agrupamentos.

Este último tópico é decisivo: toda segmentação (e sua especialização em subgrupos do tipo nicho ou atendimento individual) deve ser útil em relação à possibilidade de alavancar melhores condições de negociação e de vantagem competitiva para a organização. Esse será o assunto do próximo tópico.

Como identificar se a segmentação é válida?

Tendo em vista que o marketing diferenciado normalmente gera mais custos de pesquisa e desenvolvimento, fabricação, administração, comunicação e estoques, é imprescindível que as empresas tomem cuidado para não segmentar demais, a fim de não atrapalhar as possibilidades de lucratividade da estratégia.

Kotler e Keller (2012) apontam cinco critérios que, atendidos favoravelmente, podem assinalar um processo de segmentação passível de resultados positivos para a organização. São eles:

- **Mensurabilidade.** O tamanho, as características e o poder de compra devem ser passíveis de avaliação concreta.
- **Substancialidade.** O segmento deve ser grande ou rentável o suficiente para ser atendido ou gerar preço prêmio.
- **Acessibilidade.** Deve ser efetivamente possível atingir e atender ao segmento.
- **Diferenciação.** Os segmentos devem ser distintos entre si, isto é, responder a elementos distintos do composto de marketing.
- **Acionabilidade.** Deve ser possível desenvolver programas de marketing específicos para atrair, atender e manter os clientes-alvo agrupados no segmento.

Aliada à análise das oportunidades de mercado e uma excelente gestão das competências organizacionais, a estratégia de segmentação pode ser de grande auxílio para que as organizações (com ou sem fins lucrativos) atinjam seus objetivos, quer sejam financeiros, de posicionamento de mercado ou uma combinação entre eles.

Considerações finais

A estratégia de posicionamento competitivo, de acordo com Hooley; Piercy; Nicoulaud (2013), focaliza a atenção na forma como o cliente percebe as ofertas disponíveis no mercado quando comparadas entre si. Portanto, a ideia básica é que, apesar de posicionamento e segmentação serem conceitos distintos, no final das contas estão conectados pelas necessidades e desejos dos clientes e pelo forte componente de percepção.

Finalmente, outras questões devem nortear a busca dos mercados-alvo além de QUEM, O QUE, POR QUE. Deve-se também refletir PARA QUE o produto ou serviço pode ser utilizado e COMO o mesmo poderá melhorar a vida dos clientes finais, intermediários ou coletivos (QUEM). A melhor forma de segmentação deve focar os benefícios mais importantes para os diferentes grupos de clientes, enquanto o posicionamento mais defensável é o advindo do reconhecimento do cliente quanto ao fato de aquele produto ou serviço específico satisfazer melhor a suas necessidades e desejos do que as ofertas concorrentes – eis os componentes de percepção.

Um bom exemplo de busca de percepção adequada na esfera pública está na aplicação dos resultados de pesquisa desenvolvida pelo Instituto Akatu em 2012, que identificou estabilidade do segmento de consumidores conscientes e aumento do número de consumidores menos conscientes (Akatu, 2013). Se o Estado quiser atuar no aprofundamento de ações de proteção ambiental, como o incentivo à reciclagem, precisará debruçar-se no entendimento do comportamento dos consumidores menos conscientes e desenvolver campanhas que realmente os atinjam e produzam mudanças consistentes de comportamento, o grande desafio de toda política pública.

O marketing socialmente responsável pede uma segmentação que sirva não somente aos interesses da organização, seja ela pública ou privada, e de seus clientes. A busca pela satisfação de ambos deve ser intentada de tal forma que preserve ou melhore o bem-estar também da sociedade. As organizações devem desenvolver reflexões sociais e éticas em suas práticas de marketing, equilibrando objetivos frequentemente conflitantes como os lucros, a satisfação dos desejos dos consumidores e o interesse público, na aplicação dos conceitos do marketing societal (Morgan, 1996).

Resumo

Em mercados altamente competitivos, a estratégia de segmentação de mercados é utilizada com o objetivo de proporcionar aos clientes (finais ou organizacionais) maior satisfação dos desejos e/ou necessidades. Em organizações públicas, a estratégia pode ser útil para produzir mudança de consciência e ação na população. Pesquisas de marketing devem ser elaboradas para descobrir grupos de clientes com necessidades e desejos não satisfeitos ou parcialmente satisfeitos, permitindo às organizações responder com produtos e serviços diferenciados e customizados. A estratégia de segmentação oportuniza maiores retornos financeiros e de imagem para a organização, além de aumentar sua capacidade de responder mais rapidamente às mudanças do ambiente externo e de canalizar suas forças. No entanto, o uso da estratégia de segmentação e as práticas de marketing devem levar em consideração, além das reais necessidades de clientes e da organização, também a ética e o bem-estar da sociedade.

Exercícios

1. Pense em um segmento de mercado e reflita sobre a possibilidade de subdividi-lo em mercados de nicho. Quais são as variáveis que podem ser levadas em consideração para a formação dos nichos? Esse novo mercado passa pelo teste dos cinco critérios para segmentação de sucesso descritos Kotler e Keller (2012)? Justifique.
2. Usando diferentes critérios de segmentação, tanto para o cliente final como para o organizacional, descreva os segmentos que provavelmente serão compradores de hortaliças. Existem possibilidades de nichos de mercado? A partir de que variáveis e por meio da adoção ou supressão de quais características dos produtos?
3. Debata com seus colegas: o marketing de massa está ultrapassado ou ainda pode ser utilizado em alguns mercados? Assuma uma posição e justifique-a.
4. Pense na empresa em que trabalha ou faz estágio e, utilizando as variáveis de segmentação do mercado organizacional, defina os segmentos de mercado em que ela atua. Reflita: existem oportunidades a aproveitar? Quais?
5. Pequenas empresas podem segmentar mercados? Justifique sua posição e sugira processos para segmentar, se necessário.

Referências

ALVES, M. R. Banco do Brasil cria cartão "seguro" para compras online. Disponível em: http://exame.abril.com.br/economia/noticias/banco-do-brasil-cria-cartao-seguro-para-compras-online, 13/08/2014. Acesso em: 15 ago. 2014.

AKATU, Instituto. *Assimilação e Perspectivas do Consumo Consciente no Brasil* – Percepção da Responsabilidade Social Empresarial pelo Consumidor Brasileiro. São Paulo: Instituto Akatu, 2013.

BEST, R. J. *Market-based management.* Upper Saddle River: Prentice Hall, 2000.

BETANHO, C. et al. Os agricultores familiares assentados estão preparados para "superar o plantar" e "passar a produzir" ofertas para os mercados? Desafios para os membros da Associação dos Mandaleiros de Uberlândia. Campo-Território: *Revista de Geografia Agrária*, v. 8, n. 16, p. 229-265, ago. 2013.

BOUÇAS, C. "Hortaliças chiques" atraem paladares de alto poder aquisitivo. Valor Econômico, 4/10/2007. Disponível em: http://www.valoronline.com.br/valoreconomico/285/primeirocaderno/Hortalicas+chiques+atraem+paladares+de+alto+poder+aquisitivo,,,62,4566786.html?highlight=&newsid=4566786&areaid=62&editionid=1859. Acesso em: 10 out. 2007.

BRASIL. Portal Planalto. Saiba como funciona e como participar do Programa Minha Casa, Minha Vida. Disponível em: http://www2.planalto.gov.br/excluir-historico-nao-sera-migrado/saiba-como-funciona-e-como-participar-do-programa-minha-casa-minha-vida, 29/8/2013. Acesso em: 15 ago. 2014.

BRASIL. Portal da Saúde. Ministério da Saúde regulamenta a Lei Antifumo. Disponível em: http://portalsaude.saude.gov.br/index.php/o-ministerio/principal/secretarias/svs/noticias-svs/13080-ministerio-da-saude-regulamenta-a-lei-antifumo, 4/7/2014. Acesso em: 15 ago. 2014a.

BRASIL. Ministério do Desenvolvimento Social. Restaurantes Populares. Disponível em: http://www.mds.gov.br/segurancaalimentar/equipamentos/restaurantespopulares. Acesso em: 15 ago. 2014b.

BRASIL. Ministério da Saúde. Campanha amplia público-alvo da vacinação contra HPV. Disponível em: http://www.brasil.gov.br/saude/2014/01/campanha-amplia-publico-alvo-de-vacinacao-contra-hpv, 29/1/2014. Acesso em: 15 ago. 2014c.

CARVALHO, J. Barilla adaptou sua massa para ganhar o Brasil e se deu bem. Disponível em: http://exame.abril.com.br/negocios/noticias/barilla-adaptou-sua-massa-para-ganhar-o-brasil-e-se-deu-bem, 17/6/2014. Acesso em: 15 ago. 2014.

CHURCHILL Jr., G. A.; PETER, J. P. *Marketing*: criando valor para os clientes. 3. ed. São Paulo: Saraiva, 2012.

COMGÁS. Relações com investidores: segmentação dos clientes. Disponível em: http://www.comgas.com.br/investidores/sobre/clientes.asp. Acesso em: 15 ago. 2014.

DOUTORES DA ALEGRIA. Institucional. Disponível em: http://www.doutoresdaalegria.org.br. Acesso em: 15 ago. 2014.

EXAME. Grife plus size lança loja online. Disponível em: http://exame.abril.com.br/pme/noticias/grife-plus-size-lanca-loja-online, 12/08/2014. Acesso em: 15 ago. 2014.

FRANÇA, Renan. As empresas se adaptam ao brasileiro, da Whirlpool à Barilla. Disponível em: http://exame.abril.com.br/revista-exame/edicoes/1068/noticias/os-clientes-mandam, 02/07/2014. Acesso em: 15 ago. 2014.

FUNDAÇÃO NACIONAL DA QUALIDADE (FNQ). Banco de boas práticas. Disponível em: http://www.fnq.org.br/TribalModules/FnqBancoDePratica/Fnq BancoDePraticaView.aspx?PageID=375&ItemID=436&mID=3325]. Acesso em: 20 abr. 2010.

FUNDAÇÃO NACIONAL DA QUALIDADE (FNQ). Cadernos de Excelência: Clientes. 2008. Disponível em: http://www.fnq.org.br/pdf/CadernosExcelencia2008_03_clientes.pdf. Acesso em: 15 jan. 2009.

FURTADO, J. M. Receita com algo mais. *Exame*, São Paulo, ed. 757, ano 36, n. 1, p. 48, 9 jan. 2002.

HOOLEY, G.; PIERCY, N. F.; NICOULAUD, B. *Estratégia de marketing e posicionamento competitivo*. 4. ed. São Paulo: Pearson Prentice Hall, 2013.

KOTLER, P.; KELLER, K. L. *Administração de marketing*. 14. ed. São Paulo: Prentice Hall, 2012.

LEITE, V. Beleza Pura. *Exame*, São Paulo, ed. 757, ano 36, n. 1, p. 47, 9 jan. 2002.

MORGAN, R. E. Conceptual fundations of marketing and marketing theory. *Management Decision* 34/10, MCB University Press, p. 19-26, 1996.

PORTUGAL, M. A construção de uma marca de sucos do bem. Disponível em: http://exame.abril.com.br/marketing/noticias/a-construcao-de-uma-marca-de-sucos-do-bem?page=2, 10/01/2014. Acesso em: 15 ago. 2014.

RICHERS, R. Segmentação de mercado: uma visão de conjunto. In: RICHERS, R.; LIMA, C. P. *Segmentação* – opções estratégicas para o mercado brasileiro. São Paulo: Nobel, 1991a. p. 14-24.

_____. A segmentação e o mercado brasileiro. In: RICHERS, R.; LIMA, C. P. *Segmentação* – opções estratégicas para o mercado brasileiro. São Paulo: Nobel, 1991b. p. 143-156.

SANTA CASA DE MISERICÓRDIA DE SÃO PAULO. Histórico. Disponível em: http://www.santacasasp.org.br/portal/site/quemsomos/historico. Acesso em: 15 ago. 2014.

SEMENIK, R. J.; BAMOSSI, G. J. *Princípios de marketing*: uma perspectiva global. São Paulo: Makron Books, 1995.

SHETH, J. N.; MITTAL, B.; NEWMAN, B. I. *Comportamento do cliente*: indo além do comportamento do consumidor. São Paulo: Atlas, 2001.

SMITH, W. R. Product differentiation and marketing segmentation as alternative marketing strategies. *Journal of Marketing*, v. 21, p. 3-8, jul. 1956.

SOMOGGI, L. Dá dinheiro. Mas poucos sabem fazer. *Exame*, São Paulo, ed. 846, ano 39, n. 13, p. 66-68, 6 jul. 2005.

Atributos valorizados pelos clientes 3

Fábio Gomes da Silva
Marcelo Socorro Zambon

Ao final deste capítulo, espera-se que o leitor tenha uma visão geral de quais são as necessidades, desejos ou expectativas dos diferentes tipos de clientes, nos seus diferentes papéis (de comprador, de usuário e de pagante) e que se desenvolva a percepção sobre alguns dos principais atributos e os aspectos que podem influenciar os clientes.

Introdução

Todos os clientes têm necessidades, desejos e/ou expectativas que, de alguma forma, podem ser identificados e atendidos. Entendê-los é um passo fundamental para quem deseja estabelecer relacionamentos duradouros com os clientes; nesse sentido, é necessário compreender as diferenças entre os conceitos de necessidade, desejo e expectativa, para que com isso seja possível compreender como tais conceitos se aplicam aos clientes nos seus diferentes papéis (compradores, pagantes e usuários) a fim de, então, procurar oferecer a eles o que almejam.

Necessidades, desejos, expectativas e atributos

Uma forma simples de se entender a diferença entre os conceitos de necessidades e desejos é pensar que todas as pessoas têm necessidade de alimentação, repouso, moradia, relacionamentos ou, ainda, de deslocamento, entre muitas outras. Entretanto, as pessoas têm diferentes desejos no que diz respeito a como se alimentar, descansar, morar e se deslocar. Estes desejos, por sua vez, no mundo contemporâneo, têm a característica de ser crescentes: as pessoas tendem a buscar alimentos cada vez mais requintados, a buscar ambientes de repouso cada vez melhores (camas mais versáteis, lençóis mais aconchegantes, colchões mais confortáveis, dentre outros), a buscar moradias cada vez mais amplas e confortáveis ou a buscar meios de transporte cada vez mais rápidos, seguros e confortáveis.

De acordo com Sheth et al. (2001, p. 59) a **necessidade** pode ser compreendida como uma condição na qual o indivíduo encontra-se insatisfeito com sua situação atual, sendo essa insatisfação uma força propulsora para a ação que buscará tornar a situação melhor o mais rápido possível. Por sua vez, o desejo tem a ver com o afã de ir além de uma situação na qual existe a satisfação, ou seja, o desejo promove a busca de superar a necessidade. Em outras palavras, a diferença entre uma necessidade e um desejo é que a necessidade nasce de um desconforto nas condições físicas e psicológicas da pessoa, enquanto os desejos ocorrem quando e porque os indivíduos querem levar suas condições físicas e psicológicas a um nível além do estado de conforto mínimo.

De acordo com Palmer (2006), a necessidade pode ser entendida como força fundamental que leva o indivíduo a fazer algo (tomar uma providência), por exemplo, fazer uma compra, visando eliminar a sensação de que lhe falta algo.

Por sua vez, o conceito de **expectativa** tem a ver com aquilo que o cliente espera (no sentido de ter esperança de) de uma organização, de um produto ou de um serviço. Por exemplo, ao realizar uma consulta médica, o cliente (paciente) espera um diagnóstico correto de seus males e espera, também, um tratamento adequado que resolva sua enfermidade. Dependendo da gravidade do seu problema, ele espera ser curado (se isso for possível) ou ter seu sofrimento minimizado ao máximo. Tal qual o desejo, a expectativa também tende a ser crescente, ou seja, dependendo do momento da vida, da condição da compra, da relação que se tem com a organização, marca ou produto, maior ou menor poderá ser a expectativa. Vale dizer que as expectativas não atingidas são fontes de desconfortos que podem afastar o cliente.

Segundo Kotler e Keller (2006), o que se sabe a respeito das expectativas é que elas normalmente são formadas pelas promessas das mensagens de propaganda, pelas experiências anteriores de compra, pelas indicações de outras pessoas, pela experiência com produtos ou serviços concorrentes, entre outros fatores. Assim, por exemplo, quando alguém é bem atendido em um hotel, esperará um atendimento com a mesma qualidade em outro hotel de categoria similar; quem é bem atendido em um restaurante em uma determinada ocasião, espera ser novamente bem atendido quando retornar a esse mesmo restaurante; se for mais bem atendido ainda, esperará que esse novo melhor atendimento se repita; quem vê um amigo satisfeito com a aquisição de determinado produto, esperará alcançar o mesmo grau de satisfação se também adquiri-lo.

Essa constatação de que desejos e necessidades são crescentes é bem representada pela hierarquia de valor para o cliente proposta por Karl Albrech (1997). De acordo com o autor, a hierarquia de valor para o cliente possui quatro níveis ou atributos, sendo que cada um deles apresenta um grau de exigência superior ao anterior. São eles:

- **Básico** – corresponde ao nível de atributos tangíveis ou intangíveis vistos como essenciais a experiência.
- **Esperado** – corresponde ao nível de atributos associados à experiência com o qual o cliente se acostuma, considerando-a como condição geral de negócios.
- **Desejado** – corresponde ao nível de atributos que o cliente não espera, mas conhece e gostará se a experiência o incluir.
- **Inesperado** – corresponde ao nível de atributos inesperados pelo cliente, vistos como uma positiva surpresa eles adicionam valor para o cliente além de suas expectativas iniciais

Na abordagem de Albrecht (1997), todos os **atributos** podem ser requeridos quase que simultaneamente em uma mesma transação ou momento. Além disso, essa hierarquia de valor não é estática, visto que um atributo básico, em um dado momento, tende a se transformar em um atributo esperado, um esperado tende a se tornar um desejado e um desejado, um inesperado. Isso faz com que as organizações busquem saber, cada vez mais, o que os clientes gostariam de ter ou receber – ainda que não saibam verbalizar esses desejos com exatidão –, para poder oferecer-lhes os atributos certos no momento e nas circunstâncias corretas.

Hierarquia de valor para o cliente

		Satisfação dos clientes			
		Satisfeito			Muito satisfeito
Atributos	Básicos	*			
	Esperados	*	*		
	Desejados	*	*	*	
	Inesperados	*	*	*	*

Fonte: Elaborada pelos autores, com base em Albrech (1997, p. 106).

Esclarecendo a abordagem de Albrech (1997), além dos conceitos de necessidades, desejos e expectativas, o autor trata do conceito de atributo como fator valorizado pelos clientes na relação com os fornecedores de produtos e serviços. Portanto, um atributo refere-se àquilo que atende a algum desejo do cliente, isto é, algo que representa valor para ele.

O termo desejo tende a ser mais utilizado quando se verifica o que o cliente deseja (afã de ir além); já o termo expectativa tende a ser mais utilizado quando se trata de assuntos mais relacionados à avaliação da satisfação ou da insatisfação em relação àquilo que era desejado pelo cliente.

Usuais necessidades e desejos dos clientes

É sabido que os clientes podem ser internos ou externos, finais e intermediários, individuais ou coletivos, sendo que cada tipo pode ter diferentes necessidades e desejos quando comparados aos demais. Entretanto, isso não impede que se busquem pontos comuns, isto é, fatores geralmente valorizados por todos os tipos de clientes. Para que seja possível identificar tais fatores, é importante ressaltar que os atributos valorizados pelos clientes não se prendem simplesmente a elementos intrínsecos aos produtos demandados. O que queremos dizer é que, por exemplo, quando um cliente abastece seu veículo em um posto de combustíveis, ele não tende a valorizar somente a qualidade do combustível adquirido, mas também outros fatores, como facilidade de acesso, qualidade do atendimento, tempo de espera, facilidade de executar o pagamento, entre outros.

A esse respeito, é válido considerar o conceito de produto apresentado por McDonald (2008), quando ele explica que um produto é a experiência total do cliente ao tratar com uma organização, ou seja, o produto é o conjunto de todas as experiências e percepções inerentes ao processo de ir ao posto de combustíveis para abastecer o veículo e não apenas o combustível em si. Portanto, para o autor, uma empresa que não pensa seu negócio em termos de benefícios para o cliente, mas em termos de produtos físicos, corre o risco de perder sua posição competitiva no mercado.

Na abordagem de Albrech (1994), as necessidades e os desejos compõem o 'pacote genérico de valor para o cliente', responsável por identificar e relacionar aspectos ou variáveis relevantes para os consumidores e compradores. Compõem o pacote de valor para o cliente os seguintes aspectos:

- Ambiental e sensorial;
- Interpessoal;
- Procedimentos;
- Informativo;
- Entregas;
- Financeiro.

Em uma interpretação livre, o que pode ser entendido sobre cada um desses fatores é:

- **Fatores: Ambiental e sensorial**
Trata-se de como os clientes esperam ver o ambiente físico no qual as transações ou os serviços são realizados. Envolve pormenores ligados aos sentidos, como aspectos visuais, auditivos, olfativos e até mesmo táteis.

Por exemplo: os clientes de um hospital (pacientes e acompanhantes) esperam que o silêncio predomine no ambiente; os clientes de um restaurante ou um hotel esperam que os banheiros estejam sempre limpos; os clientes de um shopping center esperam que haja um som agradável nas lojas; em outro extremo, o cheiro de carne deteriorada é exatamente o que o cliente não deseja em um açougue; o calor excessivo não é aceitável pelo cliente de um cinema.

Em outras palavras, nos aspectos ambiental e sensorial, os clientes tendem a valorizar atributos como limpeza, conservação do prédio e das instalações, qualidade dos sons, nível de ruído, decoração, ausência de odores desagradáveis, temperatura ambiente adequada, entre outros.

- **Fator: Interpessoal**

Trata-se de como os clientes esperam ser atendidos pelas pessoas nas organizações, tanto pessoalmente como a distância (por telefone, e-mails, mídias sociais etc.).

Neste caso, dentre os atributos normalmente valorizados pelos clientes estão educação, respeito, empatia, solicitude, competência (capacidade de entender e atender adequadamente as demandas dos clientes), comprometimento, capacidade de comunicação e tudo mais que possa caracterizar um bom atendimento.

Um caso de encantamento

Presente de Aniversário

Em depoimento da vendedora Lúcia Silva*, funcionária de uma loja, de uma rede nacional de lojas de departamento, localizada em um shopping da cidade de Canoas (RS), ela conta que, em uma manhã, foi chamada pela chefe do Setor Administrativo para dar atenção a um caso especial. Uma cliente havia ligado de São Paulo, onde morava, procurando por um serviço de tele-entrega. Ela gostaria que seu sobrinho, que mora em Canoas, recebesse em presente em seu aniversário de 2 anos. A vendedora retornou a ligação, explicou que a rede de lojas não dispunha deste tipo de serviço, mas disse que teria o maior prazer em entregar o presente pessoalmente. Ela fez, por telefone, algumas sugestões de produtos para presente e comprou o produto com seu cartão de crédito da loja (que seria mais tarde ressarcido pela cliente mediante cheque enviado à loja).

Antes de ir à casa do aniversariante, ela encheu bexigas da loja e convidou um colega, Ricardo*, do Departamento de Expedição, para acompanhá-la, ambos fantasiados. Ao chegarem, foram recepcionados pela mãe do menino, que ficou muito animada com a surpresa. O momento mágico foi registrado com fotos, que foram enviadas por Lúcia à tia de São Paulo, que ficou extremamente maravilhada. (*Nomes fictícios)

- **Fator: Procedimentos**

Trata das facilidades ou das dificuldades que devem ser enfrentadas pelo cliente para realizar sua transação. Está relacionado à burocracia, tempos de espera, número de etapas a serem vencidas ou obstáculos de cada uma das etapas.

Por exemplo, no Estado de São Paulo, o serviço "Poupatempo" é um caso bem-sucedido de como é possível minimizar o tempo e o desgaste dos cidadãos, através de um serviço mais ágil e bem concatenado, para aqueles que precisam renovar sua carteira de habilitação, obter cédula de identidade ou outros documentos. Por outro lado, quando clientes de convênios médicos são forçados a buscar autorizações para poderem realizar algum exame solicitado pelo médico, tem-se exatamente o contrário, ou seja, um excesso de burocracia que dificulta a obtenção dos serviços e irrita o cliente.

No aspecto procedimentos, os atributos normalmente valorizados pelos clientes tendem a ser rapidez, segurança, facilidade na obtenção do serviço desejado, flexibilidade no atendimento e tudo mais que possa minimizar o esforço, o desgaste ou o tempo gasto pelo cliente.

- **Fator: Informativo**

Trata das informações de que o cliente precisa para realizar adequadamente suas transações e para utilizar os produtos adquiridos.

Envolve informar sobre a manutenção e as garantias do produto, de fazer saber sobre os seus direitos e obrigações em relações contratuais, como, por exemplo, em contratos de seguros, financiamentos ou aplicações financeiras.

Por exemplo, as compras em um supermercado ficam mais fáceis se o sistema de sinalização for adequado; a localização das lojas em um shopping center também se torna mais fácil quando existem sistemas eletrônicos ou pessoais de informações; um cliente tende a utilizar melhor os recursos de um automóvel, de um telefone celular ou de um aparelho eletrônico se for bem informado a respeito de tais recursos; um cliente se sentirá mais seguro se os termos de um contrato que realizar forem claros e não houver cláusulas ininteligíveis, com letras minúsculas.

Os atributos valorizados pelos clientes, normalmente, relacionam-se a informações acessíveis, informações suficientes, informações claras, informações verdadeiras, inexistência de armadilhas e tudo que possa deixar o cliente suficientemente informado.

- **Fator: Entregas**

Trata de tudo daquilo que é entregue ao cliente, ainda que fique com ele temporariamente.

Relaciona-se com a entrega de mercadorias compradas, mas também diz respeito às louças, copos e talheres colocados na mesa de um restaurante, a documentos entregues, a cartões de visitas, talões de cheques ou cardápios. Aqui, considerando-se a variedade de "coisas" que podem ser entregues, não é fácil ter uma generalização dos atributos valorizados pelos clientes.

No caso de mercadorias adquiridas, atributos como integridade do produto, funcionalidade do produto, rapidez na entrega, entrega correta e postura dos entregadores ou empacotadores tendem a ser valorizados.

Nos casos de documentos, cheques, cartões de visita, talheres etc., os atributos variam caso a caso, sendo provável, entretanto, que os aspectos estéticos, como boa apresentação, sejam bastante valorizados, da mesma forma que limpeza (no caso dos talheres) ou precisão (no caso de tempo e condições da entrega de documentos).

- **Fator: Financeiro**

Trata dos desembolsos que o cliente tem de fazer para obter a mercadoria ou o serviço desejado.

Envolve o preço propriamente dito e, em alguns casos, outras despesas adicionais associadas (como taxas extras). Aqui, o atributo valorizado pelo cliente é um só: o preço cobrado pelo "produto" não pode ser superior ao valor percebido pelo cliente para esse "produto", entendendo-se a palavra "produto" como a experiência total do cliente – experiência esta que, por sua vez, inclui todos os outros aspectos anteriores (ambiental/sensorial, interpessoal, procedimentos, entregas, informativo e, claro, o próprio financeiro).

Com maior ou menor intensidade, todos os aspectos (ambiental e sensorial, interpessoal, procedimentos, informativo, entregas e financeiro) podem estar relacionados a uma mesma negociação, o que sugere que os profissionais de atendimento e vendas, os gestores de marketing e de relacionamento com os clientes, entre outros, devem conhecer tais aspectos mais relevantes para cada grupo de clientes e, quando for o caso, para cada cliente individualmente.

A organização deve oferecer o maior número de experiências positivas aos clientes, o que ajudará na negociação como um todo, na consequente venda e no desenvolvimento de um relacionamento que tenda para a fidelização do cliente. Não é necessário saber o que pensa o cliente para cativá-lo, mas é necessário fazer com que ele sinta que fazer negócio com sua empresa é benéfico por vários motivos, inclusive o financeiro.

Necessidades e desejos dos clientes conforme seus diferentes tipos e papéis

O fato de se ter um conjunto de atributos comuns para vários aspectos geralmente valorizados pelos clientes não significa que diferentes tipos de clientes (final e intermediário, interno ou externo etc.) tenham comportamento similar nos seus diferentes papéis de comprador, usuário e pagante. O que pretendemos dizer é que os atributos valorizados pelo responsável pelo setor de compras de uma empresa são ou podem ser diferentes dos atributos valorizados por uma pessoa que é responsável por fazer as compras rotineiras de sua família, como as realizadas em supermercados e lojas de roupas, afinal, os motivos e as condições que levam à compra são diferentes.

Tendem a ser diferentes os atributos valorizados pelos diferentes tipos de clientes.

Atributos valorizados pelos diferentes tipos de compradores

Os clientes exercem o papel de compradores quando entram em contato com a organização escolhida e solicitam o fornecimento de mercadorias ou serviços. Em muitos casos, uma mesma pessoa pode exercer o papel de comprador, de usuário e de pagante, como ocorre, por exemplo, com alguém que está com dor de cabeça e vai à farmácia comprar um analgésico para uso próprio. Em outros casos, estes papéis podem ser exercidos por pessoas diferentes, como é o caso de uma mãe que compra leite para seu filho: ela é compradora e pagante e o filho, o usuário (consumidor). Já no caso de indústrias, por exemplo, o papel de comprador fica por conta do "departamento de compras", o papel de usuário fica com a linha de "produção" e o papel de pagante fica por conta do "departamento financeiro".

Independentemente de o "papel de comprador" ser executado ou não por quem é usuário ou pagante, o fato é que esse papel tem necessidades/desejos específicos e diferentes das necessidades/desejos dos outros papéis desempenhados pelos clientes.

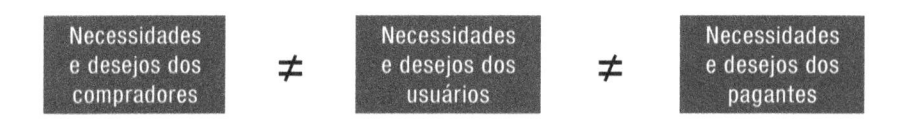

Necessidades e desejos dos compradores	≠	Necessidades e desejos dos usuários	≠	Necessidades e desejos dos pagantes

As necessidades e os desejos dos clientes compradores podem estar relacionados a fatores como facilidade de acesso (inclusive de estacionamento, quando for o caso), atendimento solícito e competente, opções de escolha, informações e também a atributos relacionados aos aspectos ambientais/sensoriais (limpeza, odor, temperatura, som, atratividade das vitrines). Esses fatores, entretanto, não são comuns a todos os tipos de clientes ou, se forem, não têm a mesma importância relativa para todos eles. Sendo assim:

- **Os compradores de matérias-primas** nas empresas podem valorizar muito atributos como especificações técnicas, capacidade de produção do fornecedor, flexibilidade, saúde financeira do fornecedor, pontualidade na entrega, preços competitivos, qualidade assegura-

da ou ainda entregas parceladas, seguindo determinada programação como no *just-in-time*. Suas compras normalmente são técnicas.
- **Os compradores de mercadorias para revenda** em empresas comerciais (varejistas ou atacadistas) podem valorizar a facilidade de acesso ao fornecedor, o número e a frequência da visita dos vendedores, a pontualidade das entregas, a não exigência de lotes mínimos de compra muito elevados e preços competitivos. O principal, entretanto, para esses compradores é a perspectiva de giro das mercadorias com retorno satisfatório. Suas compras são predominantemente técnicas.
- **Os compradores de material de uso e consumo** em empresas (indústrias e comércio) podem valorizar a possibilidade de compra fracionada (por item ou itens) mediante sua necessidade de uso, a possibilidade de fazer vários pedidos (compras) por mês, os preços mais baixos, garantia de entrega rápida, garantia de que o produto solicitado será o produto entregue (por exemplo, que o papel "A4" seja da marca "X" e não da marca que o fornecedor desejar). Embora esse tipo de compra seja, em geral, técnica, vale dizer que em alguns casos podem imperar preferências pessoais (dos compradores) por marcas etc.
- **Os compradores de máquinas, equipamentos e outros itens do imobilizado** (indústria e comércio) tendem a valorizar aspectos como informações, competência técnica dos vendedores, assistência técnica, facilidade de reposição de manutenção (disponibilidade de peças e de mão de obra especializada) e prazo de entrega. Compras também predominantemente técnicas.
- **Os compradores de insumos agrícolas** normalmente valorizam atributos como orientação de uso e assistência técnica, informações como capacidade produtiva ou rendimento (por lote peso etc.) e pontualidade.
- **Os compradores de órgãos governamentais**, por sua vez, devem obedecer a uma série de requisitos legais para viabilizar suas compras, normalmente mediante processos licitatórios. Atender aos requisitos desses processos é condição necessária para quem deseja atender pedidos governamentais. Essas compras, quando feitas corretamente, são de caráter absolutamente técnico.

- **Os compradores do tipo pessoa física** tendem a ser muito menos "frios" (técnicos) que os compradores industriais, comerciais, agrícolas e governamentais. Para muitos desses "compradores", fatores como marca, facilidade de acesso, atendimento cordial, facilidade de estacionamento, variedade de produtos, disposição dos produtos nas prateleiras, vitrines e embalagens tendem a influenciar muito mais suas decisões de compra do que ocorre com os outros tipos de compradores. Para esse tipo de cliente, os aspectos ambiental/sensorial, interpessoal, procedimentos, informativo e entregas são mais relevantes.
- **Os Compradores de ONGs** podem até valorizar aspectos técnicos para realizar suas compras quando o assunto envolve, por exemplo, cuidar da saúde financeira da ONG. Porém, o mais corriqueiro é valorizar aspectos como o comprometimento ambiental do fornecedor, fornecedores que dão referência a materiais recicláveis ou que tenham assumido causas socioambientais como a preservação da Mata Atlântica, Projeto TAMAR, dentre outros.

> Curiosidade: O Projeto TAMAR foi criado em 1980 e se refere a um importante projeto conservacionista brasileiro, dedicado à preservação de espécies de tartarugas marinhas ameaçadas de extinção. O nome TAMAR é uma contração das palavras tartaruga e marinha.

Atributos valorizados pelos diferentes tipos de usuários

Para Sheth; Mittal; Newman (2001, p. 30), "o usuário é a pessoa que efetivamente consome ou utiliza o produto ou recebe os benefícios do serviço". Assim, os hóspedes de um hotel são usuários dos serviços de hospedagem (ainda que não tenham feito pessoalmente a reserva dos quartos ou eventualmente não sejam os responsáveis pelo seu pagamento); as pessoas vestidas são usuárias de suas respectivas roupas, sejam elas próprias ou emprestadas; os proprietários de veículos normalmente são seus usuários; a pessoa que toma um táxi, mesmo não sendo proprietária do veículo, é usuária do serviço; quem viaja de metrô é usuário desse tipo de transporte.

Os atributos valorizados pelos clientes, quando estes exercem o papel de usuários, tendem igualmente a variar entre os diversos tipos de clientes, e também entre os clientes de um mesmo tipo. Logo:

- Os clientes varejistas e atacadistas, quando compram mercadorias para revender, não exercem o papel de usuários.
- A indústria de transformação, enquanto usuária da matéria-prima que adquire (se é que se pode chamar de usuário quem transforma matéria-prima), tende a valorizar atributos como matéria-prima conforme (ou seja, de acordo com as especificações, logo, sem não conformidades) facilidade de estocagem e facilidade de transformação ou de montagem.
- No caso do governo, os atributos valorizados pelos usuários dependerão muito do que estiver sendo adquirido e de quem utilizará ou receberá os benefícios dos serviços a ser adquiridos. O exército certamente desejará que as armas compradas funcionem com perfeição; os pacientes dos hospitais públicos desejarão que os remédios que lhes forem fornecidos produzam os efeitos almejados; os caminhoneiros desejarão que as estradas construídas com verbas públicas sejam adequadas ao transporte de cargas, e assim por diante.
- No caso da pessoa física ou grupos de pessoas, os atributos por elas valorizados enquanto usuárias variam muito, dado que são vários os motivos que podem levar uma pessoa a consumir determinado produto ou serviço. Sabe-se que para produtos duráveis como as geladeiras, os automóveis etc., aspectos como desempenho, confiabilidade, durabilidade, facilidade de uso e facilidade de manutenção tendem a ser valorizados. No caso de produtos semiduráveis, como roupas, podem ser valorizados aspectos como beleza, caimento, conforto, sensação de exclusividade, marca (como símbolo de *status*). No caso de bens ou serviços de uso único, como alimentos ou bebidas, podem ser valorizados aspectos como aroma, sabor e atratividade visual dos pratos (diz-se que se "come com os olhos"). No

geral, as pessoas, enquanto usuárias dos produtos, esperam que, no mínimo, os produtos cumpram com suas finalidades: os remédios devem curar ou minimizar os males de quem os consome, os detergentes devem servir para desengordurar os utensílios domésticos, os mata-mosquitos devem impedir o zumbido noturno desses bichos irritantes, os telefones devem permitir a comunicação, principalmente de voz, entre as pessoas e assim por diante. Porém, cumprir o mínimo nem sempre é o que o usuário deseja de um produto: quem usa um relógio não quer somente saber as horas exatas, quem compra um automóvel não quer somente se deslocar, quem compra uma casa não quer somente morar.

- Os clientes coletivos são usuários quando se beneficiam de alguma forma de serviços que atendam suas necessidades coletivas. Os atributos por eles valorizados normalmente guardam relação com o tipo de serviço oferecido. No caso dos serviços de varrição pública, os clientes coletivos valorizam ruas limpas (e não gostariam de ter de varrê-las, assim como não se preocupam com o processo de varrição – isto é, se será executado por pessoas ou máquinas); no caso da segurança pública, os clientes valorizam a sensação de segurança (e não gostam nem um pouco da sensação de insegurança); no caso da iluminação pública, os clientes valorizam a boa claridade das ruas (e não gostam nem um pouco de ruas escuras) e assim por diante. Um detalhe: os clientes coletivos não exercem papel de compradores nem de pagantes.

Atributos valorizados pelos diferentes tipos de pagantes

Os clientes exercem papéis de pagantes quando são os responsáveis pelo pagamento do que é adquirido. Neste papel, normalmente, os atributos valorizados pelos clientes não se diferenciam muito quando se trata de diferentes tipos de clientes. Tanto os clientes finais como os clientes intermediários tendem a valorizar atributos como preço, clareza e exatidão dos valores cobrados, prazo de pagamento, condições de financiamento e facilidades de pagamento (ausência de filas, aceitação de cartões de débito/crédito e cheques, remessa eletrônica de boleto bancário, transferência eletrônica de saldos etc.).

Portanto, os atributos valorizados pelos pagantes tendem a variar pouco, uma vez que o processo envolvido é o da execução do pagamento, que, via de regra, envolve o desembolso (que todo o pagante, por certo, gostaria que fosse o menor possível) e os meios para se fazer o pagamento (que todo pagante, por certo, gostaria que fosse o mais apropriado para sua realidade ou capacidade de pagamento). Veja, por exemplo, o grande crescimento de financiamento da casa própria no Brasil, realidade que é possível em função do aumento da oferta de crédito, do crédito mais barato e da dilatação dos prazos de pagamento. Todos esses fatores, presentes atualmente, permitem que os compradores-pagantes façam negócio com mais facilidade. Aproveitando o exemplo, pense agora nas unidades produtoras de cimento, tijolos, revestimentos etc., que visam à demanda e, consequentemente, o crescente número de clientes. Logo, os pagantes intermediários (as casas de materiais para construção), enquanto pagantes, também buscam os menores preços e as melhores formas de pagamento (quase sempre as mais longas).

Como se pode observar, os atributos valorizados pelos diferentes tipos de clientes, sejam eles compradores, usuários ou pagantes, podem contribuir sobremaneira para a melhora do relacionamento entre as partes envolvidas, construindo-se assim, com melhores condições, um relacionamento potencialmente mais duradouro e mutuamente benéfico.

Resumo

Neste capítulo foram apontados alguns dos principais aspectos relevantes sobre os atributos valorizados pelos clientes, com o objetivo de ampliar sua compreensão sobre o que os clientes desejam. Foi apresentada a hierarquia de valor para o cliente e o 'pacote genérico de valor para o cliente', que, na abordagem de Albrech (1994), apresenta as necessidades e desejos dos clientes, e foi explicado que, na maioria dos casos, tais necessidades e desejos relacionam-se aos seguintes aspectos: ambiental e sensorial, interpessoal, procedimentos, informativo, entregas e financeiro. Também foi apontado que todos os clientes têm, além das necessidades e dos desejos, diferentes expectativas, e que existem diferentes atributos valorizados por eles.

Exercícios

1. Para H. J. Harrington (1993), as necessidades e expectativas dos clientes se relacionam normalmente às seguintes características do produto ou serviço:
   - Aparência
   - Pontualidade
   - Exatidão
   - Desempenho
   - Confiabilidade
   - Utilidade
   - Facilidade de manutenção
   - Durabilidade
   - Custo
   - Receptividade (relações interpessoais)
   - Adaptabilidade (algo similar à customização)

   Identifique quais papéis dos clientes estão associados às necessidades ou expectativas elencadas. Classifique essas necessidades e expectativas apresentadas por Harrington de acordo com os aspectos do "Pacote de Valor para o Cliente" proposto por K. Albrecht.

2. Sabe-se que os clientes, nos seus diferentes papéis de comprador, usuário e pagante, apresentam diferentes necessidades e desejos. O que se pergunta é:

   a. O que pode esperar uma organização que souber muito bem atender às necessidades e desejos de clientes nos seus papéis de usuários e pagantes, mas que não souber entender e atender bem os clientes no papel de compradores? Por quê? Exemplificar.

b. O que pode esperar uma organização que souber muito bem atender às necessidades e desejos de clientes nos seus papéis de compradores e pagantes, mas não souber entender e atender bem os clientes no papel de usuários? Por quê? Exemplificar.
c. O que pode esperar uma organização que souber muito bem atender às necessidades e desejos de clientes nos seus papéis de compradores e usuários, mas não souber entender e atender bem os clientes no papel de pagantes? Por quê? Exemplificar.
d. O que se pode concluir das respostas acima?

3. Após analisar as respostas dos Exercícios 2 e 3, faça uma tabulação para verificar a quantidade de "necessidades ou expectativas" associadas a cada um dos papéis dos clientes e responda a seguinte pergunta: será que as organizações devem se preocupar somente com os clientes enquanto usuários dos produtos? Por quê?

Referências

ALBRECH, K. *A única coisa que importa*: trazendo o poder do cliente para dentro da sua empresa. São Paulo: Pioneira, 1997.

ALBRECH, K. *Programando o futuro*: trem da linha norte. São Paulo: Makron Books, 1994.

ALBRECH, K. *Revolução nos serviços*: como as empresas podem revolucionar a maneira de tratar seus clientes. 4 ed. São Paulo: Pioneira, 1992.

HARRINGTON, H. J. *Aperfeiçoando os processos empresariais*. São Paulo: Makron Books, 1993.

JOHNSTON, C.; CLARK, G. *Administração de operações de serviço*. São Paulo: Atlas, 2002.

KOTLER, P.; KELLER, K. L. *Administração de marketing*. 12. ed. São Paulo: Pearson Prentice Hall, 2006.

McDONALD, M. *Planos de marketing*: planejamento e gestão estratégica. Rio de Janeiro: Elsevier, 2008.

PALMER, A. *Introdução ao marketing*: teoria e prática. São Paulo: Ática, 2006.

SHETH, J. N.; MITTAL, B.; NEWMAN, B. I. *Comportamento do cliente*: indo além do comportamento do consumidor. São Paulo: Atlas, 2001.

Priorização dos atributos valorizados pelos clientes

4

Manuel Meireles

Ao final deste capítulo, o leitor deve ter entendido alguns modos de se averiguar a importância relativa que os clientes (internos ou externos) dão a cada atributo do produto ou do serviço e aplicar a técnica da matriz *trade-off*. Nos capítulos precedentes, viu-se que a organização bem-sucedida deve conhecer quem são seus clientes (tipos) – e quem exerce entre eles os diferentes papéis de comprador, usuário e pagante –, bem como as organizações e a importância das pesquisas de marketing que devem ser elaboradas para descobrir grupos de clientes com necessidades e desejos não satisfeitos ou parcialmente satisfeitos. Por fim, foi apontado que todos os clientes têm, além das necessidades e desejos, diferentes expectativas, e que existem diferentes atributos valorizados por eles. Neste capítulo é mostrado como se pode colocar em ordem decrescente de importância os atributos que os clientes valorizam. Conhecendo os atributos aos quais os clientes dão maior importância, a organização pode focá-los a fim de colher todas as vantagens decorrentes disso.

Introdução

As técnicas aqui apresentadas enfocam primordialmente o cliente externo, mas, obviamente, podem ser aplicadas aos clientes internos. Destaca-se o cliente externo porquanto Oishi (1995) afirma que as organizações mais bem-sucedidas são as que têm uma diretriz voltada para o mercado e que procuram unir todos os seus esforços com o objetivo principal de satisfazer os clientes. Christopher (1999) acrescenta que, em um mercado turbulento e competitivo, não bastam produtos atraentes e preços competitivos: faz-se necessário entender o serviço ao cliente como o novo diferencial que fará a organização obter vantagem competitiva sustentável. Assim, pode-se dizer que bons produtos, bons preços e bons serviços dão vantagem competitiva à empresa, isto é, fazem com que seus produtos sejam adquiridos pelos clientes.

Dessa forma, é de grande importância para o seu sucesso que a organização saiba o que seus clientes valorizam ou não. Um produto ou serviço pode ser percebido pelos clientes pela qualidade dos seus atributos. Por exemplo, uma cadeira pode ser avaliada pelo seu *design*, sua cor, seu conforto, seu preço; um serviço de restaurante, pela qualidade da comida, rapidez do atendimento, higiene do local. A essas características dos produtos ou serviços que possibilitam uma avaliação por parte dos clientes damos o nome de *atributos*.

Gutman e Alden (1996) abordam a questão: "entre os diferentes atributos do produto, quais são selecionados pelo consumidor como indicadores da qualidade percebida?" Ou seja, esses autores colocam a questão: considerando-se que um produto ou serviço pode ter muitos atributos, quais deles são mais relevantes, mais importantes, mais valorizados? Por que alguns atributos são escolhidos, enquanto outros são desconsiderados? A maior parte dos estudos empíricos publicados, isto é, estudos decorrentes de pesquisas feitas com clientes, tratou o preço como fator extrínseco – que não pertence ao produto –, sinalizando a qualidade de uma oferta para o cliente (Rao e Monroe, 1989; Zeithaml, 1988). As pesquisas desses autores mostravam que o preço era uma espécie de "etiqueta" colocada no produto, indicando o seu grau de qualidade: alto preço significava alta qualidade; baixo preço, baixa qualidade. O preço não é um fator intrínseco do produto, mas é importante. A cor é um fator intrínseco de uma cadeira, bem como o seu conforto; o preço é um fator extrínseco associado a ela. Cor e conforto, neste exemplo, fazem parte da cadeira e, portanto, são fatores intrínsecos; preço, facilidade de pagamento e prazo de entrega são fatores extrínsecos associados à cadeira – ou seja, não fazem parte diretamente dela. Mas não é difícil perceber que esses fatores extrínsecos (preço, facilidade de pagamento e prazo de entrega) são também considerados pelos clientes na decisão de comprar ou não comprar a cadeira. Portanto, o preço (fator extrínseco) é apenas um atributo entre diversos outros, e pode ser tão ou mais importante que os fatores intrínsecos. Ele é um atributo muito importante, mas nem sempre é o *mais* importante.

Valarie Zeithaml (1988), sintetizando a teoria e a pesquisa na área, aponta direções para o estudo das relações entre preço, qualidade e valor, e recomenda reduzir a ênfase na análise do preço em favor de investigações que contemplem atributos como marca, embalagem e dimensões funcionais, e situações em que eles sejam relevantes para o consumidor. O que Zeithaml afirma é o seguinte: preço é importante, mas marca, embalagem e outras propriedades do produto também são importantes, e é preciso pesquisar para saber o que o cliente realmente valoriza.

As pesquisas com os clientes ainda não proporcionaram respostas conclusivas a uma série de questões, pois seus resultados não permitem saber o que verdadeiramente ocorre, na medida em que não possibilitam que sejam extraídas conclusões seguras. Assim, um administrador deve sempre procurar saber qual é a importância relativa dos atributos intrínsecos e extrínsecos no julgamento de marcas que o consumidor faz em dada categoria de produto.

Considere o exemplo apresentado na Tabela 4.1, em que se comparam os atributos de dois carros: que carro você escolheria? Quais fatores foram os mais importantes para a sua decisão? O preço? O número de quilômetros rodados por litro de combustível? O prazo de entrega? A potência?

TABELA 4.1 – Atributos descritores de veículos.

Atributos	Objeto 1	Objeto 2
Carro	Mazda MX-5	Volvo S80
Aceleração 0 a 100 km/h em s	9,78	10,28
Retomada 40 a 80 km/h em s	6,9	4,68
Frenagem 120 a 0 km/h em m	65,9	63,8
Consumo urbano (km/L)	11,34	5,61
Ruído interno (ponto morto) em dB	45,5	41,4
Ruído externo a 120 km/h em dB	81	77,8
Diâmetro de curva (esquerda) em m	9,83	11,1
Velocidade máxima em km	203,82	224,31

Continua

Atributos	Objeto 1	Objeto 2
Carro	Mazda MX-5	Volvo S80
Local do motor (posição)	dianteira	dianteira
Cilindros	4	6
Cilindrada por cm³	1840	2922
Potência cv/rpm	140/6500	204/6000
Câmbio tipo	mecânico	automático
Câmbio (marchas) qtde.	5	4
Capacidade porta-malas (litros)	160	459
Preço	US$ 32.400	US$ 22.500
Prazo de entrega em dias	15	20

Fonte: Elaborada pelo autor.

Mas há outras questões associadas ao problema de avaliação dos fatores intrínsecos e extrínsecos. Qual é a capacidade que um consumidor leigo tem de julgar os atributos intrínsecos de um produto? Frenagem 120 a 0 km/h é um fator importante? Um cliente leigo sabe o que isso quer dizer? Se sabe, ele consegue avaliar a importância desse fator? O consumidor compreende se sua decisão é mais afetada pelo intrínseco ou o extrínseco? O que é mais importante? A taxa de consumo de combustível ou o preço? A quantidade de marchas ou o prazo de entrega?

Para um administrador, questões como essas devem ter respostas conhecidas. Não as respostas dele, mas as daqueles que potencialmente podem comprar o produto, isto é, os seus clientes. E, para saber as respostas destes, só há um caminho: ouvi-los.

Durante o processo de decisão de compra, o consumidor compara as diferentes opções de produtos capazes de satisfazer suas necessidades. Ele seleciona, integra e avalia informações relacionadas às marcas desses produtos para chegar a um julgamento. As informações sobre as marcas enquadram-se em duas categorias gerais de atributos: os extrínsecos e os intrínsecos (Gutman e Alden, 1996; Szybillo e Jacoby, 1974; Zeithaml, 1988).

Pode-se chamar de oferta qualquer produto ou serviço que uma empresa coloque no mercado. Elementos intrínsecos da oferta incluem os componentes físicos e as características funcionais, tais como *design*, cor, resistência e sabor, por exemplo. Os atributos extrínsecos associam-se ao produto, mas não fazem parte da sua composição física, dos quais são exemplos o preço, a propaganda, a marca e a disposição no ponto de venda. Incluindo esses tipos de atributos, a Figura 4.1 apresenta um modelo de meios e fim (ou de causa e efeito), integrando as concepções de qualidade, preço e valor, sendo esses três componentes fundamentais (os meios) das avaliações do consumidor que precedem a decisão de compra (o fim). Ou seja, o consumidor encadeia as percepções e os julgamentos sobre a qualidade, o preço e o valor de uma oferta até chegar a uma decisão a respeito da compra.

Na base da cadeia do modelo da Figura 4.1, encontram-se os atributos extrínsecos e intrínsecos do produto e o preço. O modelo distingue entre preço objetivo e preço percebido. O preço objetivo é o expresso em padrão monetário, por exemplo, R$ 56,00; o preço percebido refere-se a um nível mais abstrato utilizado por alguns consumidores, que podem não ter memorizado ou não se lembram do preço exato, mas mantêm um registro mental aproximado do nível de preço do produto (como sendo barato ou caro, por exemplo). O preço objetivo é o constante na etiqueta do produto e é expresso em unidades monetárias; o preço percebido é próprio de cada pessoa que avalia a oferta e o retém na memória, gerando a sensação de que o valor é alto, baixo ou adequado.

Os três fatores (atributos intrínsecos, atributos extrínsecos e preço percebido) combinam-se, determinando a qualidade percebida, definida como a avaliação do consumidor sobre o nível de vantagem, excelência ou superioridade do produto. Além do preço percebido, a aquisição e o uso do produto geram outros custos de natureza não monetária (como tempo e esforço). Os dois tipos de preços – o monetário e o não monetário – combinam-se, afetando a percepção do indivíduo acerca do nível de sacrifício correspondente à compra e ao consumo da oferta.

No último estágio do modelo da Figura 4.1, o comprador estima o valor da oferta. Isso se dá pela comparação do total de benefícios que a oferta deve proporcionar em decorrência da qualidade percebida, dos atributos extrínsecos e intrínsecos e de outros fatores geradores de benefícios (como conveniência e gratificação) com a soma dos sacrifícios correspondentes. Repetindo essa avaliação para os diferentes elementos incluídos no conjunto de alternativas consideradas para compra, a escolha do consumidor deve recair sobre a marca de produto com maior valor percebido.

Rosa e Kamakura (2002) argumentam que os autores de obras sobre o assunto consideram duas estruturas básicas de relacionamento com os clientes. Um grupo de autores alinha-se com a qualidade de serviços e relaciona satisfação e retenção-lealdade exclusivamente. Eles consideram que há uma associação direta entre a satisfação do cliente decorrente da qualidade e a sua fidelidade à marca. Esse grupo de autores compreende Oliver (1999), Methlie e Nysveen (1999), Jones e Sasser Jr. (1995) e Fornell (1992). Além deles, há um subgrupo de autores que relaciona satisfação e retenção-lealdade, mas que também inclui os atributos de desempenho percebido, ou seja, consideram que há associação direta entre a satisfação do cliente decorrente da qualidade mais os atributos de desempenho e a sua fidelidade à marca.

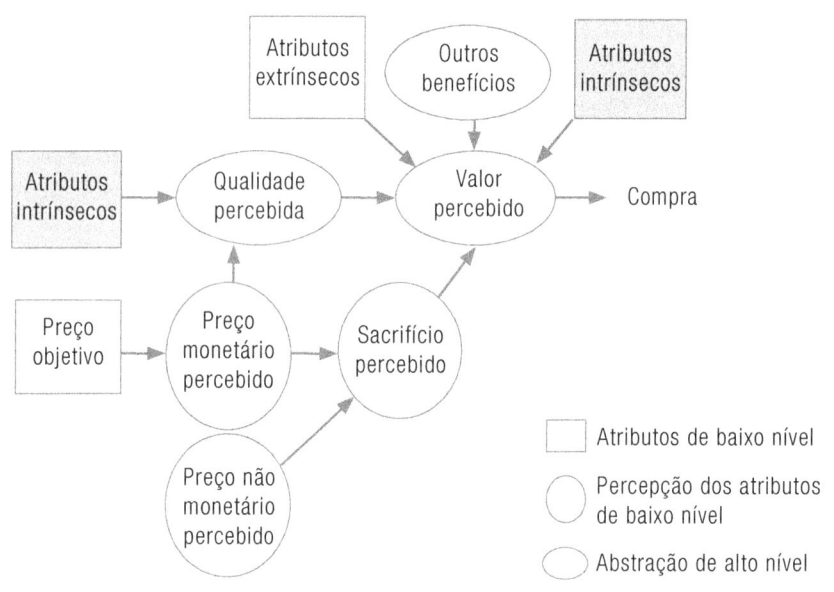

FIGURA 4.1 – Um modelo de meios e fim.
Fonte: Adaptado de Zeithaml (1988).

Pertencem a esse subgrupo: Ennew e Binks (1999), Hennig-Thurau e Klee (1997), Keiningham et al. (1994), Taylor e Baker (1994) e Anderson e Sullivan (1993). Um segundo grupo de autores amplia a relação satisfação e retenção-lealdade e centra-se na questão da rentabilidade: argumentam que um cliente satisfeito permanece mais tempo no fornecedor de serviços ou de produtos, possibilitando melhor resultado para essa unidade produtora. Consideram que há uma associação direta entre a satisfação do cliente decorrente da qualidade mais os atributos de desempenho e a sua fidelidade à marca, e ampliam os estudos, considerando a lucratividade da unidade produtora que faz a oferta.

Nessa linha de abordagem, podem ser citados os trabalhos de Rust et al.(2000), Hallowell (1996), Reichheld (1996a), Rust e Metters (1996), Keiningham et al. (1994) e Rust e Zahorik (1993). Observe que os autores do primeiro grupo consideram a relação satisfação-fidelidade e os autores do segundo grupo consideram a relação satisfação-fidelidade-lucratividade. Outros autores adotam modelos de relacionamento com os clientes que consideram uma cadeia de valor mais ampla, isto é, consideram um conjunto maior de atributos, incluindo ambiente de trabalho, satisfação de funcionários e clientes, o crescimento de vendas e a geração de rentabilidade (Heskett, 1994), ou o conjunto de relacionamentos a partir da satisfação de funcionários e clientes até resultados econômico-financeiros (Bernhardt et al. 2000; Oakland e Oakland, 1998).

É essa a razão por que consideramos importantes tanto os clientes internos como os externos. Urdan e Urdan (2001) argumentam que o processo de decisão de compra pode ser descrito como a análise do consumidor sobre os atributos extrínsecos e intrínsecos das marcas de produto que o levam a ter percepções sobre os níveis de qualidade, preço e valor das diferentes alternativas consideradas para a compra. É nessa capacidade que os atributos têm de sugerir ou predizer para o comprador a presença de benefícios ou a ausência de sacrifícios a sua importância para o administrador, pois não há como compreender as operações de compra do indivíduo sem que se explique o papel dos atributos do produto dentro desse processo.

Os atributos relevantes são aqueles que, no entendimento do consumidor, sinalizam, predizem ou geram benefícios importantes ou reduzem os seus sacrifícios. Dessa forma, é importante que o administrador saiba a resposta para a questão: "O que os meus clientes valorizam?". Para responder a essa pergunta, há diferentes métodos. Neste capítulo são abordados resumidamente a (1) análise de preferência (*conjoint analysis*), a (2) escala de Thurstone e as (3) técnicas projetivas e será detalhada a técnica (4) matriz *trade-off*.

Análise de preferências (*conjoint analysis*)

Dá-se o nome de análise de preferência (*conjoint analysis*), de acordo com Artes (1991, p. 1), aos processos que permitem a obtenção e a análise, por meio da estimação de modelos, de experimentos cujas respostas expressam preferências individuais. Nesse caso, cada "modelo" é um conjunto de partes do produto. Por exemplo: ao se pesquisarem as preferências dos clientes quanto aos atributos de um computador (considerando o disco rígido *winchester*, a memória RAM e rede sem fio integrada), podem-se constituir diversos "modelos" do equipamento que considerem a presença ou não de rede sem fio integrada, os diversos tamanhos de disco rígido etc. Tais modelos são construídos para se estimar a importância de fatores preestabelecidos na formação da preferência de um conjunto de pessoas, por diferentes versões de um produto ou serviço.

A análise de preferência está ligada a um trabalho de Luce e Tukey, de 1964, no qual os autores pesquisaram o efeito conjunto de dois ou mais atributos na ordenação de estímulos (nesse caso, estímulos de compra). Basicamente, estabeleceram-se as condições para a existência de um modelo de preferência. A essa teoria deu-se o nome de medida conjunta ou *conjoint analysis*, em inglês. Para uma maior compreensão do tema pode-se ver, por exemplo, Albrecht e Bradford (1992), Artes (1991) e Camargos et al. (2006).

Escala de Thurstone

Outra maneira utilizada para mensurar posições de preferência do consumidor quanto a uma série de objetos, afirmam Freire e Almeida (2002), é o escalonamento ordinal – expressão que indica uma "escala na qual se colocam as dados em ordem", ou simplesmente uma "régua" ao longo da qual se colocam os dados em ordem de preferência.

O escalonamento consiste na criação de um *continuum* (um espaço contínuo) no qual se localizam os objetos medidos. Imagine a superfície de uma mesa na qual se dispõe, por ordem de preferência, um conjunto de CDs. No escalonamento ordinal, os entrevistados organizam os objetos, atribuindo-lhes números (posições) para indicar até que ponto eles possuem a característica analisada, e se a têm em maior ou menor grau que outro objeto. Assim, pode-se dizer qual objeto é o preferido em primeiro lugar, em segundo lugar e assim por diante. Deve-se atentar para o fato de que não se pode mensurar o quanto essas posições estão próximas ou afastadas umas das outras.

Para obter essa informação, deve-se fazer uso de uma escala intervalar que permita medir numericamente a diferença entre os objetos. Com a escala intervalar, cria-se um intervalo com distâncias numericamente iguais no qual cabe ao entrevistado posicionar a sua preferência (Sheth et al., 2001).

Thurstone (1959) propôs a criação de uma escala intervalar que difere da convencional por não ser criada arbitrariamente pelo pesquisador. Dessa forma, não é aquele tipo de escala com unidades de medida preestabelecidas, em que o entrevistado deve indicar o seu grau de preferência. Na visão de Thurstone, deve-se desvendar a escala psicológica (ou *continuum* psicológico) que existe na mente do consumidor. É nesse *continuum* psicológico que o indivíduo compara os estímulos e posiciona suas preferências com base nos julgamentos que faz em relação a esses estímulos.

Para leitura complementar sobre Thurstone veja Freire e Almeida (2002) e García Sánchez et al. (2011).

Técnicas projetivas

As técnicas projetivas são maneiras indiretas de questionamento que encorajam os respondentes a projetar suas motivações, crenças, atitudes ou sentimentos subjacentes sobre algum assunto (Malhotra, 1993).

Segundo Boyd e Westfall (1979), essas técnicas são utilizadas com o intuito de auxiliar os consumidores a expressarem as diferentes imagens que possam ter a respeito de marcas concorrentes de um determinado produto ou de atributos de um produto ou serviço. Por exemplo, os consumidores podem ser confrontados com questões do tipo: "se a marca X fosse um carro, qual deles ela seria?" ou, então, "se a pessoa que compra na loja Y fosse um animal, qual deles ela seria?". Outras formas de aplicação das técnicas projetivas são: (1) associação de palavras: as palavras são apresentadas uma de cada vez, e os respondentes mencionam a primeira que vem à mente. Por exemplo, "qual a primeira palavra que vem à sua mente quando você ouve o termo transporte aéreo?"; (2) complemento de frase: apresenta-se uma frase incompleta para ser preenchida pelo respondente; (3) complemento de história: apresenta-se o enredo de uma história incompleta que deve ser concluída pelo respondente; (4) complemento de ilustração: os respondentes devem criar uma história sobre o que pensam que está ocorrendo em uma determinada ilustração.

Entre as vantagens de utilização das técnicas projetivas estão a obtenção de respostas que os respondentes normalmente não desejariam ou não estariam aptos a fornecer. Essas técnicas podem auxiliar o pesquisador a investigar alguns temas difíceis de ser abordados, como, por exemplo, o uso de drogas ou comportamentos sexuais. Também podem ser úteis no caso de necessidade de se entrevistar pessoas analfabetas ou crianças pequenas. Finalmente, elas auxiliam a interpretar as motivações, crenças e atitudes que estejam operando nos indivíduos em nível subconsciente. As principais desvantagens são a necessidade de entrevistadores especializados e treinados nesse tipo de técnica, a necessidade de analistas habilidosos para interpretar as respostas, as dificuldades de interpretação dos resultados e análises subjetivas.

Matriz *trade-off*

Na área administrativa, a expressão *trade-off* está associada a inúmeros conceitos, quase todos significando uma troca: tem-se uma coisa ou outra. Por exemplo, uma revendedora de carros revende Ford ou GM. Com o advento de novas técnicas administrativas, muitos *trade-offs* deixaram de ter sentido, porquanto é possível ter, em muitos casos, por exemplo, "preço baixo" e "qualidade". O conceito de *trade-off* abordado aqui está associado à percepção de prioridades por outras pessoas. Nesse sentido, GUT – gravidade, urgência e tendência –, matriz de priorização e *trade-off*, são ferramentas que se assemelham pelo resultado que produzem: uma priorização, uma indicação do que é ou não importante, uma indicação do que é ou não relevante.

De acordo com Meireles (2001), a matriz *trade-off* força o respondente ou pesquisado a fazer escolhas. Dessa forma, ela possibilita que se saiba, em condições conflituosas, o que o respondente valoriza. Essa matriz pode ser aplicada em muitos setores da empresa: o departamento de marketing pode usá-la para pesquisar preferências de clientes colocados diante de várias alternativas; o departamento de produção pode usá-la para determinação de equipamentos; o gestor de um processo pode aplicá-la para avaliar a preferência dos seus clientes internos. De forma geral, a matriz *trade-off* é utilizada como instrumento para definir priorizações dos clientes externos na área de marketing.

O primeiro passo consiste em identificar quais atributos da oferta (produto ou serviço) podem ser percebidos e avaliados pelos clientes. A lista pode ser longa, mas convém apontar apenas cinco ou seis atributos. Anton et al.(2004), buscando a preferência de clientes em relação a um negócio que atendesse às necessidades de lazer, entretenimento, contato social e ocupação do tempo de pessoas de classes média e alta com interesse cultural, consideraram inicialmente 15 fatores diferenciadores:

- bom atendimento (atenção por parte de recepcionistas e garçons);
- atendimento rápido e eficaz;
- público homogêneo;
- aparência, conforto, bem-estar no local;
- limpeza e higiene no local;
- qualidade da comida;
- variedade do cardápio;
- variedade de bebidas feitas na hora;
- realização de eventos culturais;
- qualidade e diversidade dos eventos culturais;
- facilidade para fazer reservas;
- preços adequados;
- facilidade no pagamento;
- localização, facilidade de acesso;
- estacionamento com manobrista.

Partindo das 15 características competitivas iniciais e pesquisando um pequeno grupo de clientes, Anton et al. (2004) selecionaram as sete características mais relevantes: (1) atendimento (atenção por parte de recepcionistas e garçons); (2) qualidade da comida; (3) qualidade e diversidade dos eventos culturais; (4) facilidade de pagamento; (5) adequabilidade dos preços; (6) localização, facilidade de acesso e (7) estacionamento com manobrista.

QUADRO 4.1 — Questionário *trade-off*.

Prezado(a) cliente, o presente questionário pretende avaliar a importância relativa que você dá a determinados atributos relevantes para o nosso bom atendimento. Por favor, compare o atributo à esquerda aos outros atributos à direita e atribua notas nas colunas A e B, de tal forma que as duas notas somadas resultem em 10. As notas devem exprimir a importância relativa que você dá a cada capacidade. Use valores inteiros. Os dados fornecidos a seguir serão usados de forma a proteger integralmente o anonimato do respondente. Dessa forma, sinta-se à vontade para exprimir com tranquilidade sua opinião. Muito obrigado.

Dados gerais			
Escolaridade:		sexo: idade:	
	A	B	
	2	8	Qualidade da comida
	5	5	Qualidade e diversidade dos eventos culturais
Atendimento (atenção por parte de recepcionistas e garçons)	6	4	Facilidade de pagamento
	4	6	Adequabilidade dos preços
	5	5	Localização, facilidade de acesso
	4	6	Estacionamento com manobrista
Qualidade da comida	6	4	Qualidade e diversidade dos eventos culturais
	8	2	Facilidade de pagamento
	6	4	Adequabilidade dos preços
	7	3	Localização, facilidade de acesso
	6	4	Estacionamento com manobrista

Continua

	A	B	
Qualidade e diversidade dos eventos culturais	6	4	Facilidade de pagamento
	5	5	Adequabilidade dos preços
	6	4	Localização, facilidade de acesso
	4	6	Estacionamento com manobrista
Facilidade de pagamento	4	6	Adequabilidade dos preços
	6	4	Localização, facilidade de acesso
	3	7	Estacionamento com manobrista
Adequabilidade dos preços	9	1	Localização, facilidade de acesso
	6	4	Estacionamento com manobrista
Localização, facilidade de acesso	2	8	Estacionamento com manobrista

Fonte: Elaborado pelo autor.

Questionário *trade-off* com sete atributos e Q = [7(6)] / 2 = 21 questões. Os valores apresentados representam a resposta de um pesquisado.

No presente caso, é necessário estabelecer comparações entre as variáveis, o que gera um questionário *trade-off* com 21 escolhas: 1-2; 1-3; 1-4; 1-5; 1-6; 1-7; 2-3; 2-4; 2-5; 2-6; 2-7; 3-4; 3-5; 3-6; 3-7; 4-5; 4-6; 4-7; 5-6; 5-7 e 6-7.

O Quadro 4.1 mostra a matriz *trade-off* engendrada para o presente exemplo. Observe que há um *caput* introdutório e explicativo. A seguir, vem a planilha, com as colunas A e B, às quais o respondente deve atribuir notas, de tal forma que A + B = 10. É possível observar que todas as comparações possíveis entre as variáveis são feitas. A primeira comparação, de acordo com o quadro, exige que o respondente mostre sua preferência entre "atendimento (atenção por parte de recepcionistas e garçons)" e "qualidade da comida". Caso o respondente valorize mais a qualidade da comida do que o atendimento, tenderá a responder com um par de notas do tipo 4-6, 3-7 ou 2-8, ou semelhante: escreverá 2 na coluna A e 8 na coluna B. E, assim, o respondente procederá para as demais comparações solicitadas.

Essa matriz deve ser reproduzida e aplicada aos clientes da empresa que a preencherão. O Quadro 4.1 mostra respostas de um cliente pesquisado. Observe que cada resposta é subjetiva e exprime a opinião do respondente.

Para que a pesquisa seja fiel, isto é, represente o pensamento dos pacientes clientes com certa precisão, é necessário que se estabeleça o tamanho da amostra de acordo com procedimentos estatísticos. Devem ser ouvidos pelo menos 31 clientes selecionados de forma aleatória. (Tende-se a considerar amostras com $n > 30$ como grandes.) O questionário tende a ser aplicado por um funcionário da empresa, assim, o administrador deve estar certo de que o funcionário aplicador adotará procedimento isento de viés, ou seja, não induzirá o respondente a certas respostas.

Um conjunto de respondentes produz inúmeras avaliações diferentes umas das outras. Tais avaliações podem ser tabuladas, considerando-se apenas a primeira coluna respondida, já que a segunda é o complemento para 10. Olhando o Quadro 4.1, basta saber os valores da coluna A para deduzir os da coluna B. Os dados coletados por meio da matriz *trade-off* são introduzidos em uma planilha do Excel, por exemplo. Basta inserir o valor da coluna A.

A Tabela 4.2 ilustra uma tabulação considerando-se dez respondentes. Observe que, quanto maior o número de respondentes, mais precisa será a pesquisa. A cada respondente, indicado pela letra R, corresponde uma coluna de dados. É importante observar que os valores tabulados devem ser conferidos quanto à sua exatidão. Pode ser necessário remover casos em que o respondente não tenha atuado de forma consciente. Isso pode ser observado quando todas as respostas têm o mesmo valor, por exemplo, 4 para a coluna A e 6 para a coluna B. Nesses casos, recomenda-se não tabular a resposta.

Cálculo da relação *trade-off*

Uma variável importante para a análise do resultado é a RTO, isto é, a relação *trade-off*. Ela pode ser conceituada como a divisão da mediana da coluna A pela mediana da coluna B. No presente exemplo, já que são conhecidos os valores das colunas A, é fácil obter a mediana de cada *linha*. Inicialmente os valores originais (2;3;3;3;4;2;2;1;2;3) são colocados em ordem decrescente (do maior para o menor): 4;3;3;3;3;2;2;2;2;1. A mediana é o valor central ou a média dos valores centrais caso a quantidade de números seja par. Neste caso, a mediana da primeira linha é a média de (2 + 3) ou seja: 2,5.

TABELA 4.2 – Exemplo de tabulação.

Respostas na coluna "A"										Média coluna A	Média coluna B	Relação *trade-off*
R1	R2	R3	R4	R5	R6	R7	R8	R9	R10			
2	3	3	3	4	2	2	1	2	3	2,50	7,50	0,33
5	5	5	4	6	5	3	5	3	4	4,50	5,50	0,82
6	5	6	6	7	6	5	3	6	4	5,40	4,60	1,17
4	5	4	5	4	6	5	3	5	6	4,70	5,30	0,89
5	7	5	7	3	5	7	7	5	5	5,60	4,40	1,27
4	4	5	4	6	5	3	4	5	4	4,40	5,60	0,79
6	4	5	6	5	4	6	5	3	4	4,80	5,20	0,92
8	7	8	7	8	5	8	6	5	9	7,10	2,90	2,45
6	7	5	7	5	6	6	5	4	5	5,60	4,40	1,27
7	6	7	6	8	6	9	6	5	6	6,60	3,40	1,94
6	5	6	5	6	7	8	7	5	6	6,10	3,90	1,56
6	4	5	4	6	5	6	4	6	4	5,00	5,00	1,00
5	5	4	6	5	3	5	4	6	6	4,90	5,10	0,96
6	6	4	5	7	8	7	5	6	5	5,90	4,10	1,44
4	3	5	4	6	5	3	5	5	4	4,40	5,60	0,79
4	2	3	3	5	4	6	5	3	4	3,90	6,10	0,64
6	6	7	8	5	6	3	6	5	6	5,80	4,20	1,38
3	2	6	5	6	7	2	3	1	2	3,70	6,30	0,59
9	8	6	9	6	8	7	4	8	5	7,00	3,00	2,33
6	6	5	4	6	5	3	4	6	5	5,00	5,00	1,00
2	2	1	2	3	2	3	2	3	5	2,50	7,50	0,33

Para fins ilustrativos, foram considerados apenas 10 respondentes.
Fonte: Elaborada pelo autor.

Numa planilha Excel, a mediana dos valores contidos em uma linha é calculada pela função MED( ). Tendo-se obtido a mediana de cada uma das linhas referentes à coluna A, é fácil obter a mediana de cada uma das linhas referentes à coluna B, já que a mediana da coluna B é 10 menos a mediana da coluna A (veja a Tabela 4.2). Dividindo-se (linha a linha) a mediana da linha da coluna A pela mediana da linha da coluna B, obtém-se a relação *trade-off* (RTO), imprescindível para a análise final dos resultados. Dividindo-se (linha a linha) a mediana da linha da coluna B pela mediana da linha da coluna A, obtém-se a relação *trade-off* inversa, ou (1/RTO). Lembre-se de que o inverso de x é $1/x$.

Na primeira linha da Tabela 4.2, tem-se uma mediana da coluna A = 2,5 e uma mediana da coluna B = 7,5. Dividindo-se 2,5 por 7,5, encontra-se a RTO = 0,33; dividindo-se B/A encontra-se 1/RTO= 3. Embora possamos ver na Tabela 4.2 os valores das relações *trade-off* e *inverso da trade-off* ainda não é possível ver, de forma direta, quais as características preferidas pelos clientes. Isso requer a continuidade da análise por meio da matriz de priorização.

Análise dos resultados

Para analisar os resultados obtidos, isto é, para entender os resultados calculados RTO e 1/RTO, é necessário que se faça uso da matriz de priorização. Considerando-se que a matriz *trade-off* tenha sete atributos, a matriz de priorização é construída, nesse caso, com sete linhas por sete colunas, contendo os atributos do serviço em análise. A matriz de priorização correspondente a esse exemplo pode ser vista na Tabela 4.3.

Os valores a serem inseridos nas linhas da matriz de priorização são os valores RTOs obtidos na etapa anterior. Eles são inseridos na parte superior da diagonal da matriz de priorização. Os primeiros seis valores da relação *trade-off* são inseridos na primeira linha; os cinco seguintes, na segunda, e assim sucessivamente.

A Tabela 4.4 mostra essa primeira etapa. Observe que a RTO entre "atendimento (de recepcionistas e garçons)" e "qualidade da comida", mostrada na Tabela 4.3, é igual a 0,33. Esse é o valor que se encontra na célula correspondente às duas variáveis, na Tabela 4.4.

TABELA 4.3 – Matriz de priorização criada para análise de matriz trade-off (RTOs).

Matriz de priorização para análise dos resultados oriundos do questionário *trade-off*	Atendimento (de recepcionistas e garçons)	Qualidade da comida	Qualidade e diversidade dos eventos culturais	Facilidade de pagamento	Adequabilidade dos preços	Localização, facilidade de acesso	Estacionamento com manobrista
Atendimento (de recepcionistas e garçons)	■						
Qualidade da comida		■					
Qualidade e diversidade dos eventos culturais			■				
Facilidade de pagamento				■			
Adequabilidade dos preços					■		
Localização, facilidade de acesso						■	
Estacionamento com manobrista							■

Os RTOs devem ser inseridos na parte superior da matriz de priorização, linha por linha.
Fonte: Elaborada pelo autor.

TABELA 4.4 – Colocação dos valores da coluna RTO na matriz de priorização.

Matriz de priorização para análise dos resultados oriundos do questionário *trade-off*	Atendimento (de recepcionistas e garçons)	Qualidade da comida	Qualidade e diversidade dos eventos culturais	Facilidade de pagamento	Adequabilidade dos preços	Localização, facilidade de acesso	Estacionamento com manobrista	Total	Posto
Atendimento (de recepcionistas e garçons)	■	0,33	0,82	1,17	0,89	1,27	0,79		

Continua

Qualidade da comida		■	0,92	2,45	1,27	1,94	1,56	
Qualidade e diversidade dos eventos culturais			■	1,00	0,96	1,44	0,79	
Facilidade de pagamento				■	0,64	1,38	0,59	
Adequabilidade dos preços					■	2,33	1,00	
Localização, facilidade de acesso						■	0,33	
Estacionamento com manobrista							■	

Os valores oriundos da relação *trade-off* são introduzidos na parte superior da matriz de priorização.
Fonte: Elaborada pelo autor.

Uma vez preenchida a parte superior da diagonal na matriz de priorização com os valores da coluna RTO, é necessário preencher a parte inferior da matriz de priorização utilizando os valores da coluna 1/RTO.

A Tabela 4.5 ilustra como o preenchimento deve ser feito, levando-se em conta que se escreve cada coluna com os valores 1/RTO.

TABELA 4.5 – Preenchimento da parte inferior da diagonal da matriz de priorização.

Matriz de priorização para análise dos resultados oriundos do questionário *trade-off*	Atendimento (de recepcionistas e garçons)	Qualidade da comida	Qualidade e diversidade dos eventos culturais	Facilidade de pagamento	Adequabilidade dos preços	Localização, facilidade de acesso	Estacionamento com manobrista	Total	Posto
Atendimento (de recepcionistas e garçons)	■	0,33	0,82	1,17	0,89	1,27	0,79		
Qualidade da comida	3,00	■	0,92	2,45	1,27	1,94	1,56		
Qualidade e diversidade dos eventos culturais	1,22		■	1,00	0,96	1,44	0,79		
Facilidade de pagamento	0,85			■	0,64	1,38	0,59		
Adequabilidade dos preços	1,13				■	2,33	1,00		

Continua

Localização, facilidade de acesso	0,79					0,33	
Estacionamento com manobrista	1,27						

Preenchimento da parte inferior da diagonal com os valores da coluna 1/RTO.
Fonte: Elaborada pelo autor.

Observe que em cada célula da coluna se tem o inverso do valor da linha. Os três primeiros valores da primeira coluna à esquerda da diagonal são os valores inversos dos três primeiros valores da linha à direita da diagonal: o valor 3,00 é o inverso de 0,33, ou seja, é igual a 1/0,33; o valor 1 é inverso de 1 (1/1) e o valor 0,67 é o inverso de 1,50.

A Tabela 4.6 mostra a matriz de priorização completa. Uma vez determinados todos os valores inversos abaixo da diagonal, procede-se ao somatório dos valores de cada linha (à esquerda e à direita da diagonal) e coloca-se o resultado na coluna "Total". Uma vez que se tenha a coluna Total, coloca-se o posto de cada atributo. O posto nada mais é que a prioridade obtida: ao valor mais alto se dá o posto 1, ao segundo valor o posto 2 e ao terceiro, o valor 3. No presente exemplo, o atributo mais valorizado foi a "Qualidade da comida" com 11,22 pontos (posto 1), seguido por "Estacionamento com manobrista", com 10,72 pontos (posto 2) e "Adequabilidade dos preços", com 8,32 pontos no posto 3.

O resultado sugere que os gestores de tal empresa devem voltar suas atenções, prioritariamente, para estas características, uma vez que são as mais valorizadas pelos seus clientes no que se refere ao exemplo em pauta.

Cabe observar que a aplicação da matriz *trade-Off* deve ser feita com o segmento de mercado considerado pela organização, isto é, deve ser aplicado a clientes-alvo. Se não for assim, as respostas coletadas pouco significam e a análise não tem sentido.

TABELA 4.6 – Matriz de priorização completa.

Matriz de priorização para análise dos resultados oriundos do questionário *trade-off*	Atendimento (de recepcionistas e garçons)	Qualidade da comida	Qualidade e diversidade dos eventos culturais	Facilidade de pagamento	Adequabilidade dos preços	Localização, facilidade de acesso	Estacionamento com manobrista	Total	Posto
Atendimento (de recepcionistas e garçons)	■	0,33	0,82	1,17	0,89	1,27	0,79	5,27	
Qualidade da comida	3,00	■	0,92	2,45	1,27	1,94	1,56	11,15	1
Qualidade e diversidade dos eventos culturais	1,22	1,08	■	1,00	0,96	1,44	0,79	6,49	
Facilidade de pagamento	0,85	0,41	1,00	■	0,64	1,38	0,59	4,87	
Adequabilidade dos preços	1,13	0,79	1,04	1,56	■	2,33	1,00	7,85	3
Localização, facilidade de acesso	0,79	0,52	0,69	0,72	0,43	■	0,33	3,48	
Estacionamento com manobrista	1,27	0,64	1,00	1,70	1,00	3,00	■	8,61	2

A coluna "Total" contém a soma dos valores em cada linha incluídos os à esquerda e à direita da diagonal. O atributo mais valorizado foi a "Qualidade da comida", que ocupa o primeiro posto; o segundo atributo mais valorizado foi "Estacionamento com manobrista" e, em terceiro lugar, "Adequabilidade dos preços".
Fonte: Elaborada pelo autor.

Resumo

Neste capítulo, foram abordadas algumas técnicas para se definir a importância que clientes internos ou externos dão aos atributos constituintes do produto ou serviço que recebem: (1) análise de preferência (*conjoint analysis*), (2) escala de Thurstone, (3) técnicas projetivas e, com maior detalhamento, (4) a matriz *trade-off*. A matriz *trade-off* força o cliente-alvo pesquisado a fazer escolhas e, dessa forma, possibilita saber o que ele valoriza. A planilha *trade-off* requer que o respondente distribua dez pontos entre duas opções. Assim, é possível obter a preferência de um conjunto de respondentes. Observe que a matriz *trade-off*, para ser analisada, exige que se faça uso da matriz de priorização.

Exercícios

Visando aprofundar o assunto, tente responder adequadamente às seguintes questões:

1. O que é uma matriz ou planilha *trade-off*?
2. Onde se aplica a matriz ou planilha *trade-off*?
3. Qual o motivo do nome *trade-off*?
4. Dê um exemplo de matriz ou planilha *trade-off*, aplicando a algum aspecto da sua vida pessoal ou profissional.
5. Recorte de um jornal ou revista um anúncio referente a um produto ou serviço e liste pelo menos dez atributos de qualidade a ele inerentes. Com um grupo de cinco colegas, selecione os seis atributos mais importantes. Faça um questionário *trade-off* e reproduza-o (20 cópias). Considere um público-alvo adequado para o produto ou serviço e obtenha 20 respondentes.

Tabule as respostas, elabore a matriz de priorização e determine a ordem de importância dos atributos.

Referências

ALBRECHT, K.; BRADFORD, L. J. *Serviços com qualidade*: a vantagem competitiva. São Paulo: Makron Books, 1992.

ANDER-EGG, E. *Introducción a las técnicas de investigación social*. Buenos Aires: Nueva Visión, 1978.

ANDERSON, E. W. et al. Customer satisfaction, market share, and profitability: findings from Sweden. *Journal of Marketing*, v. 58, n. 7, p. 53-66, jul. 1994.

ANDERSON, E. W.; SULLIVAN, M. W. The antecedents and consequences of customer satisfaction for firms. *Marketing Science*, v. 12, n. 2, p. 125-143, 1993.

ANTON, E. et al. *Plano de negócio*: proposta de plano de negócio para atender às necessidades de lazer, entretenimento, contato social e ocupação do tempo de pessoas de classes média e alta com interesse cultural. São Paulo: UNIP, 2004. Relatório do Programa de Iniciação às Práticas Administrativas.

ARTES, R. *Análise de Preferência*: conjoint analysis. São Paulo: USP, 1991. Dissertação de Mestrado em Estatística, Instituto de Matemática e Estatística, Universidade de São Paulo.

ASTI, V. A. *Metodologia da pesquisa científica*. Porto Alegre: Globo, 1976.

BAQUERO, G. *Métodos de pesquisa pedagógica*. São Paulo: Loyola, 1970.

BERNHARDT, K. L. et al. A longitudinal analysis of satisfaction and profitability. *Journal of Business Research*, v. 47, n. 2, p. 161-171, fev. 2000.

BOSHOFF, C. An instrument to measure satisfaction with transaction-specific service recovery. *Journal of Service Research*, v. 1 n. 3, p. 31-9, 1999.

BOYD, JR. H.; WESTFALL, R. *Pesquisa mercadológica*: textos e casos. Rio de Janeiro: Editora da FGV, 1979.

CAMARGOS, M. A.; CAMARGOS, M. C. S.; MACHADO, C. J. Análise das preferências de ensino de alunos de um curso superior de administração de minas gerais. *Revista de Gestão USP*, São Paulo, v. 13, n. 2, p. 1-14, abr./jun. 2006

CHRISTOPHER, M. *A logística do marketing*: otimizando processos para aproximar fornecedores e clientes. São Paulo: Futura, 1999.

CHURCHILL, G. *Marketing research methodological foundations*. Chicago: The Dryden Press, 1983.

ENNEW, C. T.; BINKS, M. R. Impact of participative service relationships on quality, satisfaction and retention: an exploratory study. *Journal of Business Research*, v. 46, n. 2, p. 121-32, out. 1999.

FORNELL, C. A national customer satisfaction barometer: the Swedish experience. *Journal of Marketing*, v. 56, n. 1, p. 6-21, jan. 1992.

FREIRE, K. M.; ALMEIDA, S. O. Testes cegos de preferência do consumidor: uma aplicação da Lei de Thurstone para mensurar a preferência por vinhos. In: *Anais do XXVI Encontro da Associação Nacional de Pós-Graduação e Pesquisa em Administração*. Rio de Janeiro: Anpad, 2002.

GARCÍA SÁNCHEZ, J., AGUILERA TERRATS, J. R.; CASTILLO ROSAS, A. (2011). Guía técnica para la construcción de escalas de actitud. *Odiseo, Revista Electrónica de Pedagogía*, v. 8, n. 16. Disponível em: <http://www.odiseo.com.mx/2011/8-16/garcia-aguilera-castillo-guia-construccion-escalas-actitud.html>. Acesso em: 6 out. 2014.

GORDON, W.; LANGMAID, R. *Qualitative market research*: a practioner's and buyer's guide. Vermont: Gower, 1988.

GUTMAN, J.; ALDEN, S. D. Adolescents' cognitive structures of retail stores and fashion consumption: a means-end chain analysis of quality.

HALLOWELL, R. The relationships of customer satisfaction, customer loyalty, and profitability: an empirical study. *International Journal of Service Industry Management*, v. 7 n. 4, p.27-42, 1996.

HENNIG-THURAU, T.; KLEE, A. The impact of customer satisfaction and relationship quality on customer retention: a critical reassessment and model development. *Psychology & Marketing*, v. 14, n. 8, p. 737-764, dez. 1997.

HESKETT, J. L. Putting the service-profit chain to work. *Harvard Business Review*, v. 72, n. 2, p. 164-174, mar./abr. 1994.

JONES, T. O.; SASSER, JR., W. E. Why satisfied customers defect? *Harvard Business Review*, v. 73, n. 6, p. 88-99, nov./dez. 1995.

KEININGHAM, T. et al. Getting return on quality. *Journal of Retail Banking Services*, v. 16, n. 4, p. 7-12, inverno 1994.

LUCE, R D.; TUCKEY, J. W. Simultaneous conjoint measurement: a new type of fundamental measurement. *Journal of Mathematical Psychology*, v. 1, n. 1, p. 1-27, 1964.

MALHOTRA, N. K. *Marketing research*: an applied orientation. New Jersey: Prentice-Hall, 1993.

MEIRELES, M.; ENOKI, C. Questionários de opiniões e atitudes: metodologia de coleta de dados em questionários extensos. In: *Anais do XXVI Encontro da Associação Nacional de Pós-Graduação e Pesquisa em Administração*. Rio de Janeiro: Anpad, 2002.

MEIRELES, M. *Ferramentas administrativas para identificar, observar e analisar problemas*. São Paulo: Arte&Ciência, 2001.

MEIRELES, M. Instrumentos de gestão de clientes. In: SCARPI, M. J. (Org.). Gestão de clínicas médicas. São Paulo: Futura, 2004.

METHLIE, L. B.; NYSVEEN, H. Loyalty of on-line bank customers. *Journal of Information Technology*, v. 14, n. 4, p. 375-386, dez. 1999.

MORGAN, D. *Focus group as qualitative research*. Londres: Sage Publications, 1988.

OAKLAND, J. S.; OAKLAND, S. The links between people management, customer satisfaction and business results. *Total Quality Management*, v. 9, n. 4-5, p. S185-S190, jul. 1998.

OISHI, M. *Técnicas integradas na produção e serviços*. São Paulo: Pioneira, 1995.

OLIVER, R. L. Whence consumer loyalty? *Journal of Marketing*, v. 63, edição especial, p. 33-44, 1999.

OLIVER, R. L. Cognitive, affective, and attribute bases of the satisfaction response. *Journal of Consumer Research*, v. 20, n. 3, p. 418-430, dez. 1993.

OLIVER, R. L.; SWAN, J. E. Consumer perceptions of interpersonal equity and satisfaction in transactions: a field survey approach. *Journal of Marketing*, v. 53, n. 2, p. 21-35, abr. 1989.

OLSON, J. C. *Perceived quality*: how consumers view stores and merchandise. Lexington Books: Lexington, 1985.

OLSON, J. C. *Perceived quality*: how consumers view stores and merchandise. Lexington: Lexington Books, 1985.

RAO, A. R.; MONROE, K. B. The effect of price, brand name, and store name on buyers' perceptions of product quality: an integrative review. *Journal of Marketing Research*, v. 26, n. 3, p. 351-357, ago. 1989.

REICHHELD, F. F. Learning from customer defections. *Harvard Business Review*, v. 74, n. 2, p. 56-67, mar./abr. 1996a.

REICHHELD, F. F. *A estratégia da lealdade*. São Paulo: Campus, 1996b.

RÉVILLION, A. S. P. A utilização de pesquisas exploratórias na área de marketing. In: *Anais do XXV Encontro da Associação Nacional de Pós--Graduação e Pesquisa em Administração*. Rio de Janeiro: Anpad, 2001.

ROSA, F.; KAMAKURA, W. A. Canais de atendimento eletrônico e satisfação, retenção e rentabilidade de clientes em bancos: um estudo em nível de indivíduo. In: *Anais do XXVI Encontro da Associação Nacional de Pós--Graduação e Pesquisa em Administração*. Rio de Janeiro: Anpad, 2002.

ROSSI, C. A. V.; SLONGO, L. A. Pesquisa de satisfação de clientes: o estado da arte e proposição de um método brasileiro. In: *Anais do XXI Encontro da Associação Nacional de Pós-Graduação e Pesquisa em Administração*. Rio de Janeiro: Anpad, 1997.

RUST, R.; METTERS, R. Mathematical model of service. *European Journal of Operations Research*, v. 91, n. 3, p. 427-439, 1996.

RUST, R. T.; ZAHORIK, A. J. Customer satisfaction, customer retention, and market share. *Journal of Retailing*, v. 69, n. 2, p. 193-215, verão 1993.

RUST, R. T. et al. *Driving customer equity*: how customer lifetime value is reshaping corporate strategy. Nova York: The Free Press, 2000.

SHETH, N. J. et al. *Comportamento do cliente*. São Paulo: Atlas, 2001.

SZYBILLO, G. J.; JACOBY, J. Intrinsic *versus* extrinsic cues as determinants of perceived product quality. *Journal of Applied Psychology*, v. 59, n. 1, p. 74-78, 1974.

TAYLOR, S.; BAKER, T. An assessment of the relationship between service quality and customer satisfaction in formation consumers' purchase intention. *Journal of Retailing*, v. 70, n. 2, p. 163-178, 1994.

THURSTONE, L. L. *The measurement of values*. Chicago: University of Chicago Press, 1959.

URDAN, F. T.; URDAN, A. T. O impacto da marca sobre as preferências do consumidor: um experimento com cervejas. In: *Anais do XXV Encontro da Associação Nacional de Pós-Graduação e Pesquisa em Administração*. Rio de Janeiro: Anpad, 2001.

ZEITHAML, V. A. Consumer perceptions of price, quality, and value: a means-end model and synthesis of evidence. *Journal of Marketing*, v. 52, n. 2, p. 2-22, jul. 1988.

A necessidade "operacional" de se conhecer os clientes

5

Fábio Gomes da Silva
José Eduardo Azevedo

Sendo as organizações nada mais do que macroprocessos, formados por vários processos inter-relacionados, o objetivo deste capítulo é demonstrar que o conhecimento dos clientes (externos e internos) da organização e das suas respectivas necessidades é fundamental para a adequada estruturação organizacional. Não há como se projetar/planejar os processos a serem implementados em uma organização sem que se saiba quem são os clientes desses processos e o que almejam.[1]

Introdução

A preocupação deste livro, até agora, foi a de procurar entender quem são os clientes das organizações ou dos processos organizacionais e o que desejam. Agora, o que se busca tratar é por que essas informações são necessárias.

---

[1] Este livro não tem como objetivo o aprofundamento do assunto relacionado ao projeto de processos, mas não é demais lembrar que se espera de uma boa gestão organizacional que os processos sejam eficazes, isto é, que sejam geradores de resultados desejados e, também, eficientes, ou seja, capazes de otimizar o uso de recursos. A respeito da palavra resultados, é bom que se destaque que ela não significa somente resultados financeiros, mas também outros resultados relativos aos clientes, às pessoas da organização, aos fornecedores e aos próprios processos, entre outros (FNQ, 2010, p. 27).

A premissa principal deste capítulo é que as organizações são "macroprocessos" formados por vários "processos" inter-relacionados, que transformam entradas em saídas (produtos) destinadas a clientes. Na abordagem de Harrington (1993, p. 10), "não existe um produto ou um serviço sem que haja um processo. Da mesma maneira, não existe um processo sem um produto ou serviço". Por outro lado, não existe razão para a geração de um produto ou serviço se não houver clientes para ele. Veja a figura a seguir:

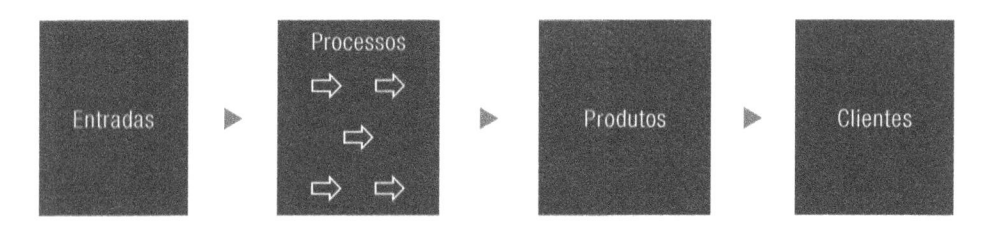

FIGURA 5.1 – Processos.

O fato é que as chamadas organizações (empresas, cooperativas, instituições governamentais e instituições não governamentais sem fins lucrativos) constituem processos (ou macroprocessos) voltados para clientes e, para que esses processos cumpram adequadamente suas finalidades, é importante que seus gestores conheçam adequadamente o que os seus clientes necessitam/desejam.

Os processos organizacionais e os requisitos dos clientes

Não é certo que os gestores das organizações consigam perceber as organizações como processos destinados a gerar "produtos" que, por sua vez, são destinados a clientes. Na abordagem de Hammer (2002), o mundo organizacional conta ainda com as chamadas organizações tradicionais, que não estão orientadas por processos. Segundo ele, sua estrutura se baseia em departamentos, concentrados exclusivamente na tarefa que realizam. Nessas empresas, as pessoas desconhecem as atividades relacionadas com o processo total de que participam: quem verifica o crédito não sabe da atividade dos vendedores, nem das que realizam os funcionários do depósito. Consequentemente, também não é possível visualizar o processo em sua totalidade, uma vez que está fragmentado em peças desconexas, pertencentes a diferentes departamentos (p. 69).

Por outro lado, o que se pode esperar é que as organizações não tradicionais saibam o que são processos (como utilizar-se de tal visão) e, a partir daí, consigam, de forma ordenada, canalizar suas energias para atender aos requisitos dos clientes de forma eficiente e eficaz.[2]

Entende-se por processo "qualquer atividade que recebe uma entrada (*input*), agrega-lhe valor e gera uma saída (*output*) para um cliente interno[3] e externo. Os processos fazem uso dos recursos da organização para gerar resultados concretos" (Harrington, 1993, p. 10).

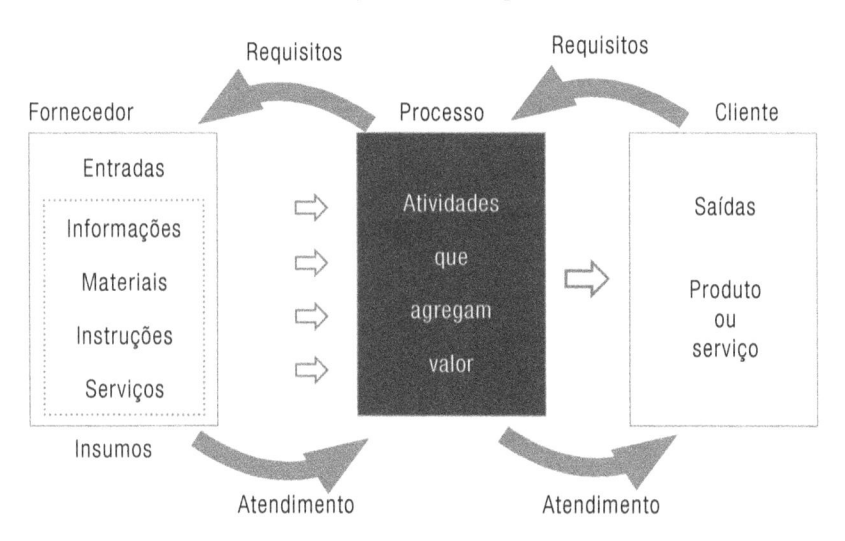

FIGURA 5.2 – Representação de um processo (FNQ, 2008, p. 5).

---

[2] A ênfase na preocupação com o atendimento dos requisitos dos clientes não significa que a gestão organizacional deva se focar somente neles. O que é sabido é que uma boa gestão organizacional deve levar em conta os requisitos de todas as partes interessadas (acionistas, força de trabalho, fornecedores etc.), só que, se uma organização não tiver clientes, sua existência não terá sentido (Daft, 2008).
[3] Para um melhor entendimento do significado de cliente interno, sugere-se a leitura do Capítulo 16 deste livro.

Processo
Denomina-se processo um conjunto organizado de atividades relacionadas que, juntas, criam um resultado de valor para o cliente. (...) Cada palavra dessa definição é importante. Primeiro, trata-se de um grupo, não de uma atividade única. Processar um pedido, por exemplo, inclui o recebimento do pedido, a verificação do crédito do cliente, a seleção e a embalagem dos produtos, o envio e o faturamento. (...) Segundo, as atividades estão relacionadas e organizadas: são executadas numa sequência predeterminada, que exclui as tarefas alheias ao processo. (...) Terceiro, as atividades operam juntas: as pessoas envolvidas devem estar comprometidas com um objetivo comum, em vez de se dedicarem isoladamente a suas tarefas individuais (Hammer, 2002, p. 69).

Sob a óptica do Modelo de Excelência da Gestão, da Fundação Nacional da Qualidade (FNQ, 2010), os processos podem se classificados em "processos principais do negócio" e "processos de apoio". Os **processos principais do negócio** são definidos como os "processos que, com suas operações, agregam valor diretamente para os clientes. Estão envolvidos na geração do produto, na sua venda e transferência para o cliente, bem como na assistência após a venda e disposição final" (p. 104). Por outro lado, os **processos de apoio** são definidos como os "processos que sustentam, com suas operações, os processos principais do negócio e a si mesmos, fornecendo bens e serviços" (p. 104).

Assim, por exemplo, em uma empresa de distribuição de produtos farmacêuticos, são processos principais:

- os processos de venda e de pós-venda;
- os processos de recepção, conferência e armazenagem das mercadorias de revenda;
- o processo de entrega dos produtos vendidos (a separação, a conferência, a embalagem e a distribuição), entre outros.

Dentre os processos de apoio, tem-se, por exemplo:

- o processo de faturamento;
- os processos de gestão de pessoas;
- a gestão financeira, entre outros.

O objetivo da Figura 5.3 é deixar claro que, independentemente de um processo ser classificado como principal do negócio ou como processo de apoio, o fundamental é que todos os processos contribuam para gerar os resultados organizacionais desejados.

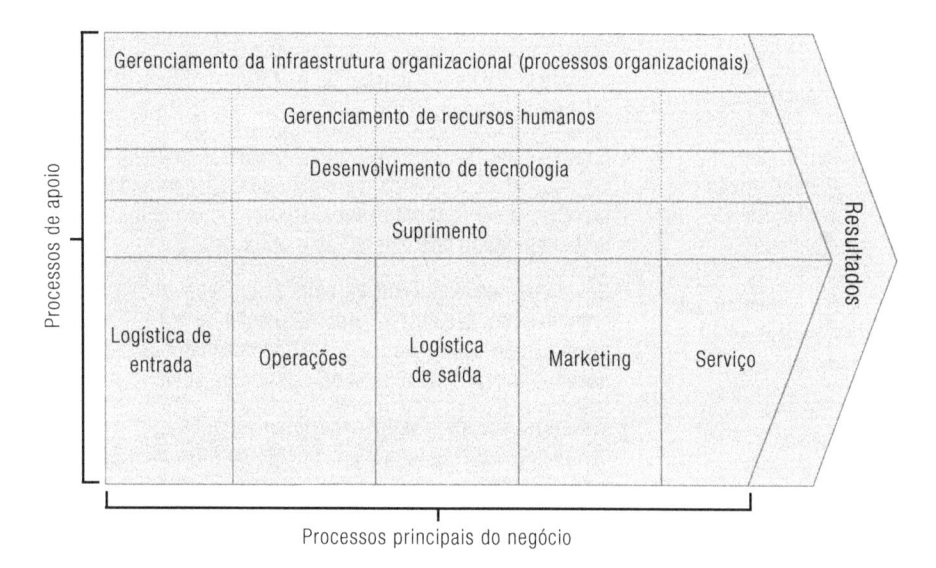

FIGURA 5.3 – Cadeia de valor genérica (FNQ, 2008, p. 8).

TABELA 5.1 – Processos da Santa Casa – Complexo Hospitalar, Porto Alegre

Processos principais

Assistência ambulatorial – consultas. Modalidade de assistência em que o cliente é atendido em consultório, sem necessidade de internação hospitalar, ou seja, sem necessidade de ocupar um leito hospitalar.
- Serviços auxiliares de diagnóstico e tratamento. Processo através do qual o cliente é atendido para coleta (ou entrega) de material biológico destinado à realização de exame especializado, e/ou para procedimento com a finalidade de apoiar tecnicamente o diagnóstico e/ou tratamento.
- Assistência hospitalar – internações. Modalidade de assistência precedida de internação (admissão) do cliente em um leito hospitalar, para permanência igual ou superior a 24 horas, com a finalidade de diagnóstico ou tratamento.
- Procedimentos cirúrgicos. Modalidade de assistência com a finalidade de tratamento ou procedimento cirúrgico, podendo ser ambulatorial ou através de internação hospitalar.
- Procedimentos obstétricos. Modalidade de assistência com a finalidade de tratamento ou procedimento obstétrico, podendo ser ambulatorial ou através de internação hospitalar.

Continua

TABELA 5.1 – Processos da Santa Casa – Complexo Hospitalar – Porto Alegre
(continuação)

Processos de apoio e finalidades

Processos de apoio	Finalidades
• Divisão de engenharia	• Manter a infraestrutura de subsistência do Complexo Hospitalar, buscando de forma integrada a sua modernização.
• Depto. de Administração de Recursos Materiais	• Suprir as necessidades dos nossos clientes internos com qualidade e quantidade esperadas, assegurando produtos e serviços de baixo custo, em tempo hábil, na continuidade operacional da instituição.
• Departamento de Administração de Pessoal	• Gestão de pessoas. Fixação, satisfação, capacitação, remuneração, reconhecimento, avaliação de desempenho, captação, seleção, acompanhamento, desenvolvimento, qualidade de vida e benefícios.
• Divisão Financeira	• Maximizar recursos econômico-financeiros da instituição, através do gerenciamento do fluxo monetário e de sistemas de informação e comunicação.
• Marketing	• Conquistar e manter clientes para a instituição, encantando-os e satisfazendo suas necessidades e desejos.
• Divisão de Nutrição e Dietética	• Assistência nutricional. Produção e distribuição de alimentação.
• Centro de Documentação e Pesquisa	• Receber, classificar, organizar e manter os prontuários médicos e exames em condições de se disponibilizarem as informações neles contidas aos médicos, pesquisadores, pacientes, familiares, bem como para fins jurídicos.

Fonte: FNQ, 2002, p. 54.

O que as definições e exemplos anteriores mostram é que, quando as organizações são vistas como processos (macroprocessos), na verdade o que vemos são muitos processos ou subprocessos de alguma forma inter-relacionados. O que acontece, entretanto, é que os multiprocessos ou subprocessos não surgem por acaso, **eles têm de ser projetados e implantados por alguém.** Quando alguém cria uma organização, tem de criar/definir, também, sua estrutura organizacional e seus processos principais e de apoio.

Requisitos dos clientes ▸ Projeto dos produtos ▸ Projeto dos processos

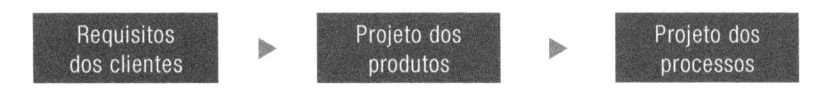

FIGURA 5.4 – Projetos de processos.

Para que possam ser definidos os processos organizacionais, o mínimo que se exige é que sejam conhecidos os requisitos dos clientes-alvo, isto é, dos clientes que se quer atrair, ou atender, com os produtos dos processos. Feito isso, o que deve ser definido são os produtos oferecidos, sem esquecer que a definição de produto diz que "produto (ou serviço) é a experiência total do cliente ou consumidor ao tratar com uma organização" (McDonald, 2008, p. 114). Então, planejar os produtos significa planejar como se deseja que seja essa *experiência total do cliente* com a organização. Somente, então, depois de definido "o que fazer" é que poderão ser definidos os processos principais e de apoio, que constituem o "como fazer".

Em suma, conhecer os clientes, na forma como apresentada nos capítulos anteriores, é fundamental para qualquer organização, pois é a partir desse conhecimento que a organização pode estruturar seus processos para produzir/oferecer aquilo que atenda aos requisitos dos clientes. É por esse motivo que é possível afirmar que os clientes se constituem no início e no fim de quaisquer processos.

As pessoas e as organizações por processos

Uma questão muito importante a respeito dos processos organizacionais, apesar de parecer óbvia, é que, para funcionar bem, os processos precisam de pessoas (força de trabalho) competentes e responsáveis o suficiente para fazer com que cumpram adequadamente as suas finalidades. Nas organizações por processos, o diferencial dessas pessoas, comparativamente às pessoas de outros tipos de organizações, é que, de acordo com Hammer (2002), depois de devidamente capacitadas, elas se tornam aptas a responder às seguintes indagações:

- "De que processo você faz parte? Pode descrevê-lo em uma frase?
- Qual o objetivo de cada um dos processos dos quais você participa?

- Como criam valor para o cliente?
- Como você colabora na criação de valor?
- O que fazem as pessoas que trabalham nos processos anteriores e posteriores ao seu?
- Como a empresa avalia o rendimento dos processos nos quais você está envolvido? Qual é sua qualificação atual?
- Como você sabe se está fazendo bem o seu trabalho?
- Que outros processos estão relacionados ao que você realiza? O que esses processos necessitam do seu e vice-versa?
- Que iniciativas estão em desenvolvimento para melhorar os processos nos quais você está envolvido?" (Hammer, 2002, p. 70)

Para que os componentes da força de trabalho saibam como os processos dos quais fazem parte criam valor para o cliente, e como colaborar para essa criação de valor, é essencial que saibam quem são os clientes e o que almejam, já que criar valor para o cliente significa atender ou superar suas expectativas.

Valor
Uma das definições/explicações mais claras e simples da palavra valor é a proposta por Castor e Zugman (2009, p. 267): "Valor é algo a que se atribui importância. Se é importante para alguém, tem valor para ele."

Assim, conhecer os clientes e seus respectivos desejos e necessidades não é só importante para se projetarem os produtos e processos. É muito importante, também, para as pessoas da organização que atuam nesses processos, não só para que elas entendam a necessidade e importância do que fazem, mas também para que saibam da importância do que fazem, ainda que seja uma pequena parte de todo o processo.

Resumo

As organizações são formadas por processos organizacionais que podem ser classificados em processos principais do negócio e processos de apoio.

Para projetar esses processos, é essencial que as organizações conheçam seus respectivos clientes (externos e internos) e suas necessidades e expectativas. Com esse conhecimento, torna-se possível transformar as informações sobre os clientes em requisitos do processo e projetar o que cada um dos processos deve produzir/oferecer para atender tais clientes, isto é, projetar **o que fazer**. A definição de cada processo e dos recursos necessários para seu adequado funcionamento, o **como fazer**, apenas pode acontecer depois de estabelecido o **que fazer** adequado aos requisitos estabelecidos.

Exercícios

1. Analise a Tabela 5.1 e identifique os possíveis clientes internos e/ou externos de cada um dos processos apresentados (principais ou de apoio), suas possíveis necessidades e expectativas e os produtos desses processos.
2. Com base nas respostas da questão anterior, apresente as semelhanças e diferenças dos clientes, dos processos principais do negócio e dos clientes dos processos de apoio.

Referências

CASTOR, B. V. J.; ZUGMAM, F. *Dicionário de termos de estratégia empresarial*. São Paulo: Atlas, 2009.

DAFT, R. L. *Organizações*: teoria e projetos. São Paulo: Cengage Learning, 2008.

FUNDAÇÃO NACIONAL DA QUALIDADE (FNQ). *Critérios de Excelência 2010*: avaliação e diagnóstico da gestão organizacional. São Paulo: FNQ, 2010.

FUNDAÇÃO NACIONAL DA QUALIDADE (FNQ). *Cadernos de excelência*: processos. São Paulo: FNQ, 2008.

FUNDAÇÃO NACIONAL DA QUALIDADE (FNQ). *Relatório de gestão PNQ 2002*: Santa Casa – Complexo Hospitalar Porto Alegre. São Paulo: FNQ, 2002.

HAMMER, M. "A agenda", HSM Management. *Book Summary* 3, 2002.

HARRINGTON, H. J. *Aperfeiçoando os processos empresariais*. São Paulo: Makron Books, 1993.

McDONALD, M. *Planos de marketing*: planejamento e gestão estratégicas. Rio de Janeiro: Elsevier, 2008.

PORTER, Michael E. *Vantagem competitiva*: criando e sustentando desempenho superior. Rio de Janeiro: Campus, 1992.

Instrumentos para "ouvir" o cliente

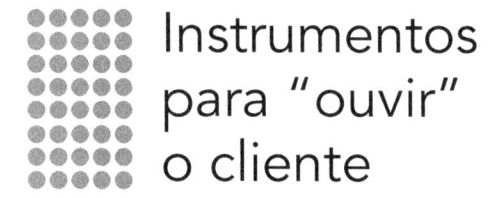

6

Cristiane Betanho
Fábio Gomes da Silva

Nos capítulos anteriores procurou-se mostrar o que, de forma geral, os diferentes tipos de clientes, nos seus mais diferentes papéis, desejam e do que necessitam e quais os atributos que eles valorizam no atendimento dessas necessidades e/ou desejos. O que se sabe, entretanto, é que os diversos segmentos de clientes são muito diferentes entre si, em se tratando de necessidades e desejos, motivo pelo qual se torna importante saber como identificar o que almeja cada segmento. Portanto, o que se objetiva com este capítulo é tratar das ferramentas que podem auxiliar as organizações a "ouvir" seus clientes atuais e potenciais, para saber o que eles valorizam.

Introdução

Atualmente, as empresas se digladiam em busca da preferência do cliente. Usamos a expressão digladiar para que o leitor fixe em sua mente que essa luta é realmente de vida ou morte.

Nem sempre as estratégias usadas na batalha surtem resultados e, em um ambiente com tantos objetivos e poucos recursos para aproveitá-los, é importante refletir o que leva à eficácia e o que leva à perda de recursos.

Neste capítulo, assume-se que organizações rumo à excelência devem buscar entender o que seus clientes valorizam e que, portanto, produtos e/ou serviços devem ser consequência dessa percepção. Assim, a diferença entre uma organização exitosa e outra não exitosa está no entendimento do que o cliente percebe como valor e como essa informação é captada, a fim de que decisões eficientes, eficazes e efetivas sejam tomadas e a batalha seja ganha.

Portanto, aqui serão discutidos os pontos de percepção da qualidade na óptica dos clientes e as ferramentas que podem ser usadas para captá-los, de forma sistemática e racional, a fim de alimentar o processo de tomada de decisões das organizações.

Pontos de Percepção da Qualidade (PPQs)

Conceituando os PPQs

Muitas são as formas de se buscar saber o que os clientes desejam, conforme poderá ser visto ainda neste capítulo. Podem-se utilizar grupos de foco, painéis de clientes, entrevistas individuais ou várias outras ferramentas. O fato é que quem for designado para fazer a investigação deverá saber sobre o que questionar.

Assim, antes de se saber sobre <u>como</u> perguntar ou observar o que é importante para o cliente, é preciso se saber <u>sobre o que</u> se deve perguntar ou observar, e o que se propõe aqui é que se utilizem os "Pontos de Percepção da Qualidade – PPQs" como instrumento para identificação desse "<u>sobre o que</u>" se deve perguntar/observar.

> Um PPQ refere-se a qualquer atributo que possa fazer com que o cliente perceba qualidade numa organização e naquilo que está sendo oferecido por ela. Em outros termos, o PPQ trata da qualidade percebida pelo cliente. Pode ser o sabor de um prato em um restaurante; a limpeza dos banheiros de um consultório médico; a limpeza das ruas de uma cidade; a existência de vagas para estacionamento numa loja; o aroma de um vinho; o desempenho de um automóvel; a rapidez de uma conexão via internet; a imagem retratada por um cartão de visitas; o bom gosto de uma propaganda e muito mais.

A ideia do PPQ está relacionada com a definição de produto, já apresentada no Capítulo 3, que diz que "um produto ou (serviço) é a experiência total do cliente ou consumidor ao tratar com uma organização" (McDonald, 2008, p. 114). Uma experiência total é algo muito mais que o simples consumo de algo. Pode envolver: a experiência de conhecimento do que está sendo oferecido; a experiência de aquisição; a experiência de uso; a experiência de manutenção; a experiência de pagamento; e tudo o mais que envolver a relação do cliente com a organização ou com a mercadoria ou serviço ofertado.

A ideia do PPQ, por sua vez, é derivada do conceito de "momentos da verdade" utilizada por Jan Carlzon (1992) e Albrecht (1997), que constituem momentos de percepção da qualidade, pelos clientes.

> **Momentos da Verdade**
> Na SAS [Scandinavian Airlines], costumávamos pensar em nós mesmos como a somatória de nossas aeronaves, nossas base de manutenção, nossos escritórios e nossos procedimentos administrativos. Porém, se alguém perguntar a nossos clientes sobre a SAS, eles não falarão de nossos aviões, ou de nossos escritórios, ou de como gerimos nossos investimentos de capital. Em vez disso, contarão apenas sua experiência com o pessoal da SAS. A SAS não é só uma coleção de bens materiais mas, além disso, e de modo mais importante, a qualidade de um contato entre um cliente em particular e os empregados da SAS que servem diretamente ao cliente (ou, como os chamamos, nossa 'linha de frente').
>
> No ano passado, cada um dos nossos 10 milhões de clientes entrou em contato com aproximadamente cinco empregados da SAS, e este contato durou uma média de quinze segundos de cada vez. Desta forma, a SAS é 'criada' 50 milhões de vezes por ano nas mentes de nossos clientes, quinze segundos de cada vez. Estes 50 milhões de 'momentos da verdade' são o que basicamente determinam se a SAS será bem-sucedida ou falhará como empresa. Estes são os momentos em que precisamos provar a nossos clientes que a SAS é a melhor alternativa (Carlzon, 1992, p. 16).

Percebe-se, pela reflexão de Jan Carlzon, que cada contato entre cliente e organização é uma oportunidade de verificar se o posicionamento pretendido tem se efetivado, isto é, se o cliente o percebe.

Enquanto a abordagem de Jan Carlzon enfatiza os momentos de interação dos clientes com as pessoas da organização como "momentos da verdade", a abordagem de Normann (citada por Albrecht) é mais abrangente, pois considera como "momento da verdade" qualquer contato direto ou indireto do cliente com a organização.

O conceito de PPQ, aqui utilizado, leva em conta essa forma de ver mais abrangente de Norman, que considera que todas as interações do cliente com pessoas da organização constituem momentos de percepção de qualidade, mas outros momentos que não envolvem interação com pessoas também servem para o cliente perceber qualidade. Por exemplo, quando ele busca repousar sobre uma cama, esperando que a mesma seja aconchegante, não há necessidade de o cliente interagir com ninguém para perceber se a cama está confortável ou não.

Portanto, para se "ouvir o cliente" e saber o que ele almeja, é fundamental a identificação dos PPQs que ele possa ter com a organização, e a partir daí se investigar o que ele valoriza em cada PPQ identificado.

Identificação dos PPQs

Neste livro, tem-se tomado o cuidado de trabalhar com a ideia de que todas as organizações (e até mesmos todos os processos organizacionais) têm clientes, cabendo a cada uma saber identificá-los.

Dentre as organizações (empresas, instituições governamentais e instituições sem fins lucrativos), é certo que as empresas, devido ao ambiente competitivo na qual estão geralmente envolvidas, são as mais desafiadas a "buscar ser diferentes" aos olhos dos clientes, como forma de atraí-los e retê-los. Esse "ser diferente", por sua vez, em grande parte das vezes significa ser melhor que os concorrentes, no atendimento do maior número de PPQs existentes.

Assim, cabe a cada empresa identificar seus clientes-alvo e, a partir daí, analisar os PPQs que eles valorizam, isto é, os PPQs que possam atraí-los para a empresa ou reforçar essa atração. Alguns PPQs podem ser óbvios, como os relacionados à qualidade intrínseca do que está sendo oferecido (o sal deve salgar, o açúcar deve adoçar, o metrô deve permitir o deslocamento, e assim por diante), mas, muitas vezes, pequenos detalhes como o *layout* dos impressos (cartões de visita, folders, comunicados), a solicitude do atendimento, a segurança de um estacionamento ou a limpeza do ambiente podem fazer a diferença.

Normalmente os clientes têm contatos diretos ou indiretos com uma empresa e, nesses contatos, percebem qualidade ou ausência dela:

- Contatos relacionados ao conhecimento da empresa e de seus produtos: catálogos, folders, anúncios, *home page* na internet etc.
- Contatos pessoais com as pessoas da linha de frente: vendedores, pessoal de atendimento ao cliente, equipes de apoio a vendas, recepção e outras.
- Contatos com as instalações, mercadorias ou serviços: limpeza ou decoração do ambiente, embalagens, arrumação de gôndolas, atratividade de vitrines etc.
- Contatos, pessoais ou não, relacionados aos pagamentos das aquisições: percepção sobre o acesso, burocracia, organização, segurança da transação, filas e outros.
- Contatos pessoais relacionados ao pós-venda: facilidade de acesso para reclamações, sugestões, solicitações (assistência técnica, orientações de uso); sensação de o contato ser ou não bem-sucedido.
- Experiência do uso ou consumo das mercadorias ou serviços adquiridos: sabor, cor, percepção de bom atendimento, pontualidade, confiabilidade...
- A experiência da efetividade da manutenção: sensação de resolução do problema, confiança no serviço, percepção do tempo de espera.
- A experiência de revenda: por exemplo, a concessionária representa a montadora de automóveis. Ela deve passar a mesma confiança da marca. Em alimentos, o supermercado substitui o produtor no contato com o cliente, sendo o responsável pela manutenção das características da oferta e pela sua disponibilização.
- A experiência de liquidez e rentabilidade, no caso de produtos financeiros. A escolha da organização financeira guarda relação com a percepção de confiança; o tipo de aplicação vincula-se à segurança.

- A experiência de substituição: quando se troca a mercadoria usada por outra, espera-se que a antiga seja devidamente valorizada e justiçada na comparação. Além disso, em função das preocupações ambientais atuais, espera-se destino correto para o produto antigo.
- A comparação entre a oferta comunicada e o produto efetivamente adquirido é um PPQ importante, dado que pode ser a diferença entre uma recompra e, em casos graves, um processo judicial.
- Como a noção do tempo modificou-se a partir dos anos 1990, a espera para o atendimento, o prazo para entrega de um produto, o tempo de preparo e quaisquer outras formas de percepção do tempo podem significar o aprofundamento da relação entre empresa e cliente ou a busca por outro fornecedor.

Todos esses contatos ou experiências constituem PPQs e para todos eles existem atributos que são valorizados pelos clientes e que podem influir nas suas escolhas. Identificar, então, esses PPQs e as necessidades e desejos a eles relacionados, e oferecer atributos adequados a cada um deles, é uma das mais importantes missões das empresas que buscam se diferenciar dos concorrentes.[1]

Deve-se destacar que o que os clientes esperam (e não esperam) de empresas também esperam (e não esperam) dos serviços governamentais (executivo, legislativo e judiciário) e dos serviços das instituições sem fins lucrativos. Em outras palavras, ainda que não sofram pressões de concorrência, os responsáveis pelos serviços governamentais também devem buscar identificar os clientes desses serviços e os respectivos PPQs e PPNQs (Pontos de Percepção de Não Qualidade), o mesmo acontecendo com as instituições sem fins lucrativos.

Como identificar esses PPQs e PPNQs, e o que os clientes almejam em cada um deles? Estas questões serão objeto de análise nas seções a seguir.

---

[1] Conforme tratado no Capítulo 4, nem todos os atributos valorizados pelos clientes têm uma mesma importância, motivo pelo qual, além de identificar o que os clientes almejam em cada PPQ, é importante também saber a importância relativa de cada atributo dentro do conjunto de atributos por ele valorizados.

O processo de "ouvir" os clientes: pesquisa de marketing

A expressão "ouvir" foi colocada entre aspas para que o leitor tenha em mente que o processo é mais que o uso do sentido da audição. Aqui, a palavra ouvir significa dar atenção, levar em consideração, entender, perceber as razões dos clientes.

Como o ouvir os clientes gera impactos significativos sobre as decisões das organizações, o processo deve ser tratado com muito cuidado; assim, antes de tratar das ferramentas para ouvir os clientes, o processo de ouvi-los será alvo de breves considerações.

O processo de ouvir o cliente é denominado **pesquisa de marketing**, definida pela *American Marketing Association* como função que liga o consumidor, o cliente e o público à organização por meio de informações, usadas para identificar e definir oportunidades de marketing; gerar, refinar e avaliar ações de marketing; monitorar o desempenho de marketing e melhorar a compreensão do marketing como um processo. A pesquisa de marketing especifica as informações necessárias para abordar estas questões, projeta o método para coletar informações, gerencia e implementa o processo de coleta de dados, analisa os resultados e comunica os achados e suas implicações (Common Language in Marketing, 2014, on-line, tradução nossa).

A pesquisa de marketing é um valioso instrumento para ajudar na solução de problemas práticos das organizações, ligados ao entendimento dos PPQ. A pesquisa de marketing é um excelente auxílio para a tomada de decisão, pois alimenta esse processo com um volume extra de informações.

> É importante salientar que pesquisa não significa simplesmente construir um questionário e sair aplicando. O conceito deixa claro que a pesquisa é uma investigação sistemática, isto é, obedece a um método. Este método permite analisar a realidade de modo controlado, a fim de que os dados coletados exprimam a realidade do momento e, assim, possam ajudar a tomada de decisão.

Basicamente, classificam-se as pesquisas em marketing em relação:

- ao tipo de dado a ser coletado: qualitativas (entendimento das motivações e descrição de variáveis) e quantitativas (mensuração das variáveis);
- ao grau de estruturação do problema de pesquisa: exploratórias (para buscar informações básicas sobre um assunto pouco conhecido) e conclusivas (para levantar informações para a tomada de decisão);
- à escolha entre aprofundar a investigação ou aumentar sua amplitude: estudos de caso (realidade delimitada), levantamentos amostrais (análise de uma parcela de mercado específica), estudos de campo (análise do mercado).

Independentemente do tipo de pesquisa, o processo é realizado em quatro etapas (Mattar, 2012):

Problema de Pesquisa ▶ Planejamento ▶ Execução ▶ Comunicação e Decisão

a) Reconhecimento e formulação do problema da pesquisa. Nesta etapa, o pesquisador reconhece um problema e sua necessidade de encontrar respostas ou orientações para fundamentar a tomada de decisão. Por exemplo: se queremos saber quais são os PPQs valorizados pelos clientes, a pesquisa de marketing pode auxiliar no levantamento dos atributos de valor que o cliente percebe e ajudar a entender quais são os mais importantes e o porquê. Ainda, de acordo com a abordagem dos PPNQs, o que o cliente não valoriza, no entanto, não abre mão.

b) Planejamento da pesquisa. Uma vez definido o problema, deve o mesmo ser explicitado em termos de objetivos, hipóteses, qual a necessidade de dados e de que fontes, determinação da metodologia de pesquisa, da população, do tamanho da amostra e método de seleção, planejamento da coleta de dados, cronogramas e pessoal.

c) Execução da pesquisa. Nesta fase, a pesquisa planejada torna-se uma pesquisa concreta, exigindo vários cuidados para que o plano traçado não seja desviado na operacionalização. Após a coleta e o processamento dos dados, os mesmos são analisados e interpretados.
d) Comunicação e decisão sobre os resultados. O relatório de pesquisa é preparado nas versões oral e escrita e destina-se aos tomadores de decisão.

Agora que o leitor está consciente de que o processo de ouvir os clientes requer atenção sistemática, nosso próximo objetivo é apontar as ferramentas que podem ser usadas para ouvir os clientes, isto é, os tipos de pesquisa que podem ser usados, os meios de buscar dados, as mídias, que permitam que a organização descubra os Pontos de Percepção de Qualidade e os atributos valorizados neles, e os Pontos de Percepção de Não Qualidade, na óptica de seus clientes.

Ferramentas para ouvir os clientes

Ferramenta é o termo usado para designar utensílios, dispositivos ou mecanismos, físicos ou intelectuais, que permitem a realização de uma tarefa. No caso da pesquisa de marketing, denominam-se ferramentas os dispositivos que podem ser usados para captar os dados objetivados.

Antes de tudo, é importante salientar que cada tipo de pesquisa requer um tipo de ferramenta diferente. As principais ferramentas são:[2]

Grupos focais

Grupo focal, ou *focus group*, é uma ferramenta de pesquisa qualitativa que tem como objetivo o levantamento das motivações do grupo. É uma boa escolha quando o objetivo é entender a visão do cliente sobre produtos, marcas e conceitos.

---

[2] Seleção a partir da ótica de Sheth; Mittal; Newman (2001), Mattar (2012), Malhotra et al. (2005) e Whiteley e Hessan (1996).

Normalmente, os grupos são formados com um máximo de 15 pessoas e um mínimo de seis, e a participação é motivada e moderada por um mediador, que conduz o grupo à discussão de um tema. As seções normalmente são gravadas, com o intuito de permitir a avaliação não só da expressão oral dos participantes, mas também como fisicamente reagem na discussão e ao uso de produtos.

Por exemplo, Burlamaqui e Santos (2006) acompanharam um *focus group* com o objetivo de verificar se os portais turísticos brasileiros têm aproveitado as oportunidades que a internet oferece no que tange aos estímulos sensoriais. Os resultados apontaram como pontos negativos a presença de propagandas, a dificuldade de navegação e os textos considerados "pesados" para internet. Como pontos positivos, o contato com a cultura local e com os hotéis e pontos turísticos pelas fotos e a divulgação dos preços, o que reduz a insegurança e aumenta a tangibilidade. A maior parte das pessoas ainda manifesta insegurança para fechar negócios pela internet.

É importante salientar que a análise das observações de um grupo tão pequeno de pessoas não produz dados que possam ser entendidos como a expressão da vontade de todos os clientes que possuem aquelas características, no entanto, a possibilidade de aprofundar as motivações dos clientes é importante. Se houver necessidade de testar a abrangência do posicionamento, a organização pode fazer uma pesquisa quantitativa na sequência.

Visitas a clientes

O objetivo das visitas a clientes é a observação *in loco* de como o cliente se relaciona com os produtos de uma organização. Visitar clientes se transformou em tarefa obrigatória para executivos de marketing em algumas empresas. Por exemplo:

> Fábrica de eletrodomésticos acompanhou churrascos e jantares de um grupo de famílias consumidoras e descobriu que o brasileiro tem dificuldades de gelar a cerveja no ponto certo. A resposta da empresa foi o lançamento de um refrigerador próprio para a bebida, que mantém a temperatura entre -5 e 5 graus Celsius, a temperatura considerada ideal pela maioria dos consumidores (França, 2014).

Um bom exemplo de inovação advinda do processo de pesquisa por meio de visita a clientes intermediários é protagonizada pela General Eletric (GE) em Bangalore, na Índia:

> Como o maior problema de saúde do país está ligado a doenças cardíacas e, tendo em vista o baixo poder aquisitivo da população, a empresa desenvolveu um eletrocardiograma que é vendido por um terço do preço do tradicional. O equipamento é simples, funcional e enxuto. Tem somente os botões necessários, usa impressora de baixo custo e cabe em uma mochila. A inovação reduziu o custo do exame para próximo de um dólar por paciente (*The Economist*, 2010).

O interessante da pesquisa por meio de visitas a clientes é que se pode envolver pessoas de todas as áreas da organização. A visão dos PPQs por diferentes profissionais de processos diferenciados da organização pode enriquecer o processo de inovação da mesma.

Mesmo a visita a ex-clientes é útil. Pode-se entender o porquê da quebra do relacionamento, os motivos para o abandono da relação. Pode ser uma oportunidade ou para reconquistá-los, ou para evitar a perda de novos clientes.

É importante ressaltar: os envolvidos no processo precisam de altas doses de humildade e real vontade de ouvir de todos os envolvidos, dado que não somente elogios advirão dos contatos.

Aplicação de entrevistas

Aqui, denomina-se aplicação de entrevistas as pesquisas com roteiros estruturados, do tipo questionários. Entrevistas são interessantes principalmente para as pesquisas do tipo quantitativo, dada a padronização das perguntas e das possibilidades de resposta, pois podem garantir o agrupamento seguro dos dados obtidos.

Boa parte das pesquisas de opinião pública é realizada por meio de aplicação de entrevistas. Grande massa dos resultados de pesquisas eleitorais é obtida com a realização de entrevistas.

> Um bom exemplo de mercado é a pesquisa do Instituto Vox Populi, encomendada pela Secretaria de Comunicação Social (Brasil, 2014). Nessa pesquisa, foram ouvidos 18.312 brasileiros em 848 municípios, com o objetivo de identificar como o brasileiro se informa e qual o seu comportamento na frequência de consumo de mídia.
>
> Continua sendo predominante a presença da TV nos lares do País: 97% dos entrevistados afirmaram ver TV, independentemente de gênero, idade, renda, nível educacional ou localização geográfica. Em torno de 61% dos brasileiros têm o costume de ouvir rádio e 47% têm o hábito de acessar a internet. Em relação à internet, aproximadamente um quarto da população (26%) acessa a rede nos dias da semana e com uma intensidade diária de 3h39 de 2ª a 6ª feira e de 3h43 no final de semana. Entre os entrevistados com renda familiar de até 1 salário mínimo, a proporção dos que acessa a internet pelo menos uma vez por semana é de 21%; quando a renda familiar é superior a 5 salários mínimos, a proporção sobe para 75%. Por sua vez, o recorte por escolaridade mostra que 87% dos respondentes com ensino superior acessam a internet pelo menos uma vez por semana, enquanto apenas 8% dos entrevistados que estudaram até 4ª série o fazem com a mesma frequência.
>
> A pesquisa destaca o peso que as redes sociais – em especial o Facebook – têm nos hábitos de uso da internet no Brasil: 68,5% das citações referentes ao período de 2ª a 6ª e 70,8% das citações referentes aos finais de semana apontam as redes sociais como os sites mais acessados pelos entrevistados. As redes sociais foram apontadas por 32% dos brasileiros como a principal fonte de informação on-line.

Os dados para pesquisas por entrevista podem ser obtidos a partir de comunicações diretas, como entrevistas pessoais e por telefone, ou indiretas (questionários via correio). Cada tipo possui vantagens e desvantagens. Mattar (2012) compara a eficiência das três formas de obtenção de dados de entrevistas, segundo a forma de aplicação:

QUADRO 6.1 – Comparação entre meios de coleta de dados primários.

Característica	Entrevista Pessoal	Entrevista por telefone	Questionário via correio
Versatilidade	Alta	Média	Baixa
Custo	Alto	Médio	Baixo
Tempo para aplicação	Alto	Baixo	Médio
Controle amostral	Alto	Médio	Baixo
Quantidade de dados	Alta	Média	Média
Garantia de anonimato	Baixa	Baixa	Média
Habilidade para aplicação	Alta	Alta	Baixa
Uniformidade da mensuração	Baixa	Média	Alta
Índice de resposta	Alto	Alto	Baixo
Tamanho da amostra	Pequena	Grande	Grande
Verificação de sinceridade	Alta	Baixa	Alta
Nível educacional dos respondentes	Baixo	Baixo	Alto

Fonte: Mattar (2012, p. 71).

Como se percebe, todos os modos possuem vantagens e desvantagens, que devem ser medidos em função do objetivo da pesquisa e do tipo de pesquisado (quem vai responder ao questionamento).

A ferramenta entrevista tem como vantagens a obtenção de dados padronizados e a possibilidade de, com um processo adequado de amostragem, obter informações que possam refletir as opiniões de uma população. Como principal desvantagem, perde-se a profundidade: pode-se saber que 90% da população gosta de azul, mas o porquê, não se sabe. As motivações são alcançadas por ferramentas como o *focus group*.

Entrevistas em profundidade

Esse instrumento qualitativo tem como objetivo entender as motivações dos respondentes em sua essência. A ideia é a mesma dos *focus group*, mas o processo de inquirição é individual. As entrevistas em profundidade são excelentes meios para descobrir os motivos básicos, os preconceitos e as atitudes dos clientes em relação a questões delicadas (Malhotra et al., 2005; Zikmund, 2006), que não seriam partilhadas com um grupo.

> A Gilette usou entrevistas em profundidade para entender a experiência de depilação, e percebeu que o uso de lâminas era diferente entre homens e mulheres no que diz respeito à extensão da área depilada e a periodicidade, mas existiam outras particularidades. Mulheres se depilavam no banho e raspam áreas difíceis de enxergar, enquanto homens ficavam frente a espelhos bem iluminados para raspar o rosto. O Gilette *Sensor for Women* foi desenvolvido a partir dos resultados da pesquisa, que constatou que as mulheres gostavam das lâminas dos homens, mas temiam se cortar com elas. Por isso o cabo do aparelho é maior e possui sulcos, para impedir que a lâmina escorregue e produza cortes. Além disso, as lâminas têm angulação diferente das masculinas (Malhotra et al., 2005).

É importante ressaltar que a entrevista em profundidade é um instrumento subjetivo para ouvir os clientes, o que implica considerar a perspectiva da pessoa analisada. Assim, é uma pesquisa que necessita de entrevistadores muito capacitados.

Painéis de clientes

Quando se fala em painéis de clientes, trata-se do uso de agrupamentos usados para a obtenção de informações históricas para a organização. Obtêm-se dados quantitativos de um grupo de clientes que se dispõem, livre e voluntariamente, a participar por um período de tempo (normalmente o mínimo de um ano), com o intuito de possibilitar à organização a comparação da evolução do quadro.

> Um exemplo é o painel da Nielsen Mensuração do Varejo. A empresa acompanha a dinâmica dos mercados com informações coletadas a partir do código de barra dos produtos, ou através de auditorias em lojas. Participam lojas de varejo de todos os tamanhos e canais. As informações possibilitam o cálculo da participação de mercado das empresas e a tomada de decisões para os fabricantes e compradores quanto ao portfólio de produtos e serviços (Nielsen Company, 2010).

Como vantagens, os painéis proporcionam informações objetivas e confiáveis a custo menor, dado que a amostra permanece estável. Como desvantagem, pode-se apontar a mesma limitação da aplicação de entrevistas: os dados obtidos são quantitativos, portanto, perde-se em profundidade no que tange ao entendimento das motivações dos clientes que participam da pesquisa.

Experimentos

A ferramenta experimentos está relacionada à busca do que não pode ser racionalizado. Por exemplo, ao acordar, o leitor coloca no chão o pé direito ou o esquerdo. Provavelmente, não tinha pensado nisso e a tentativa de racionalizar poderia trazer vieses.

Em alimentos e bebidas, as organizações fazem testes de paladar cego para detectar preferências não relacionadas à marca ou aparência:

> Em 2009, a Kaiser fez uma pesquisa com o Instituto Datafolha para avaliar a preferência por marcas de cerveja (Teste das cervejas, 2009). O resultado foi interessante: quando avaliados os produtos, sem que o pesquisado veja as marcas que experimenta, existe um empate técnico entre todas as cervejas (veja em http://www.testedascervejas.com.br/).

Existe uma técnica que se constitui na associação de palavras ou na finalização de histórias e frases que contenham os elementos pesquisados. O processo ajuda a captar os sentimentos não racionalizados das pessoas. Por exemplo, pode-se mostrar uma fotografia de um casal com taças nas mãos e pedir ao cliente que ele crie uma história sobre a cena – o que o casal pensa, o que está bebendo, o que fazia antes daquele momento e o que fará depois... E essas informações podem ser usadas para a elaboração de apelos de comunicação mais focados nas expectativas do consumidor.

> Carey (2009) relatou experiência conduzida pela Universidade de Nova Iorque, que visava a entender o impacto dos comerciais na avaliação de um programa de TV: 87 estudantes assistiram a um episódio de uma nova série. Metade o assistiu como ele foi originalmente transmitido, com comerciais intercalando os blocos do programa, e outra metade viu o programa direto, sem interrupções.

Depois de terminada a transmissão, os estudantes avaliaram o quanto haviam gostado da nova série, usando uma escala de 11 pontos e comparando o programa com uma série conhecida. Aqueles que viram a nova série sem comerciais preferiram a série conhecida, mas os que viram o programa com intervalos preferiram a nova série com uma margem significativa.

Em experimentos similares, usando outros clipes de vídeo e uma variedade de interrupções, os resultados foram os mesmos: as pessoas classificavam suas experiências como mais agradáveis com os comerciais, não importando seu conteúdo, ou outras interrupções.

Os experimentos são interessantes para estabelecer contato com o que não pode ser racionalizado, no entanto, os resultados não são passíveis de universalização, portanto, se a organização quiser confirmar a abrangência do comportamento, deverá aplicar questionários.

Visitas de clientes

As organizações podem aproveitar a visita do cliente para aprofundar o entendimento de como o mesmo usa o produto e que atributos são PPQs. A Philips, por exemplo, tem um Centro Experimental do Consumidor, onde os clientes são convidados a interagir com produtos (Cunha, 2006). O ambiente reproduz uma casa, mas é cercado de câmeras e falsos espelhos, o que proporciona uma visão do relacionamento do cliente com o produto e oportunidades de melhoria dos mesmos.

As ferramentas tratadas nesta seção são destinadas à coleta de dados diretamente na fonte, isto é, os clientes são ouvidos ou observados. No próximo item, serão tratadas ferramentas que prescindem desse contato, mas que também são úteis para captar informações sobre os atributos valorizados pelos clientes.

Ferramentas indiretas para ouvir os clientes

Pode-se ouvir indiretamente o cliente por meio de duas ferramentas: a compra fantasma e os painéis de colaboradores.

Comprador fantasma

Não há nada de surreal nesta ferramenta. O comprador fantasma é uma pessoa treinada para passar-se como cliente e avaliar o desempenho do atendimento de uma organização.

> Fontoura e Sobral (2006) relataram um caso triste de atendimento: um cliente misterioso foi trocar um produto. "Não trocamos aos sábados", foi a resposta do vendedor. O cliente insistiu e disse que a loja perderia um comprador. "Não me importo", respondeu. O consumidor pediu para falar com o gerente. "Ele não trabalha aos sábados." O espião apelou e mandou chamar o dono da loja, porque ele certamente se importaria em perder um cliente. "O dono da loja a essa hora está em Angra, com uma namorada nova. Ele não está se importando com os clientes."

Essa distorção no atendimento provavelmente não seria detectada, dado que a maior parte dos clientes não reclama, mas troca de fornecedor. Assim, a pesquisa ajuda a captar falhas de motivação, treinamento e estrutura no processo de atendimento das organizações. Como consequência, tem-se a possibilidade de corrigir falhas e investir no treinamento dos funcionários.

> Melo (2014) relata duas experiências de uso de clientes ocultos em organizações. Na empresa de restaurantes, o uso da ferramenta melhorou a padronização dos serviços. No cinema, a rapidez do atendimento foi consideravelmente alterada para melhor, aumentando a satisfação dos clientes. Na empresa, os relatórios dos clientes ocultos são usados como uma das métricas para avaliação de desempenho dos gerentes das lojas.

No entanto, sempre é bom lembrar que os dados foram obtidos por alguém que se passou pelo cliente, mas não o era de fato, portanto, pode haver lacunas entre o que o comprador fantasma designa como PPQ e o que o cliente realmente valoriza. Portanto, a ferramenta deve ser usada como complementação do processo de saturar a organização com a voz do cliente, mas não como ferramenta principal.

Painéis de colaboradores

Como no painel de clientes, a organização pode formar um grupo de colaboradores que, em espaços de tempo delimitados e em caráter oficial, forneçam informações sobre as demandas e o comportamento dos clientes externos.

> Como exemplo, na Petroquímica União, a área comercial e os times de negócio, com base em informações de mercado, visitas a clientes, análise da concorrência, percepções identificadas em reuniões e eventos com os clientes, identificam novas necessidades para o desenvolvimento de negócios ou de produtos e pontos de melhoria para os serviços prestados (FNQ, 2010).

A principal vantagem dos painéis de colaboradores é aprofundar o envolvimento dos funcionários com as demandas dos clientes. No entanto, a mesma limitação aplicada ao uso de clientes fantasma se manifesta: a visão do colaborador sobre as demandas do cliente externo pode ser enviesada.

A disseminação e o processo inovativo das tecnologias da informação e dos sistemas de informação proporcionaram a criação de novas ferramentas para ouvir os clientes. As mais importantes serão tratadas na seção a seguir.

Ferramentas virtuais para ouvir os clientes

Existem recursos tecnológicos muito interessantes para auxiliar no esforço de ouvir o cliente:

Internet

Pesquisa conduzida pela E.life (2010) com 1.277 pessoas indicou que a internet é fonte de informações para consumo: 90% dos entrevistados pesquisam quais as opções de produtos/serviços disponíveis para compra antes de adquiri-los/contratá-los, 88% buscam informações sobre modelos de produtos/serviços específicos antes de adquiri-los/contratá-los e 79% compram produtos/serviços on-line.

A internet também é fonte de referências: é alto o percentual de geradores de buzz (burburinho) na internet. Quase 90% deixam comentários e 73% já tiveram um blog próprio. Eles podem ser influenciadores de compra: 43% dos entrevistados recomendam a outros internautas um produto/serviço adquirido e outros 34% fazem sugestões a outros internautas sobre um produto/serviço, ainda que não o tenham adquirido (E.life, 2010).

As organizações devem monitorar o que é dito sobre elas na internet. O Google, por exemplo, permite que o usuário programe pesquisas a partir de palavras-chave; com isso, os gestores podem acompanhar o que é publicado sobre as organizações em sites na internet.

A internet se apresenta como um meio de pesquisa sobre a opinião dos clientes em franco desenvolvimento, e com notável potencial. Certamente, daqui para frente, serão vistas muitas pesquisas, relatórios e centros e opinião que serão gerados totalmente através da rede mundial de computadores, o que é abordado nos próximos itens.

Pesquisas on-line

São sites ou programas que oferecem a aplicação e o gerenciamento de pesquisas on-line. O pesquisador, após traçar o plano da pesquisa, cria o formulário de coleta de dados com perguntas fechadas. Se quiser, pode deixar espaços para comentários. Na sequência, o pesquisador cadastra os pesquisados e ordena ao programa ou site que dispare e-mails de comunicação da pesquisa e acesso ao formulário. Após a resposta dos pesquisados, os programas e sites analisam os dados, produzem estatísticas das pesquisas e possibilitam o cruzamento dos dados. Finalmente, pode-se formar tabelas e gráficos on-line.

O mais conhecido é o SurveyMonkey (http://www.surveymonkey.com/). Existe um similar no Brasil que é o SuaPesquisa (http://www.suapesquisa.com.br), entre outros.

Redes sociais

A pesquisa conduzida pela E.life já citada buscou descobrir o uso das mídias sociais, de quais ambientes os entrevistados mais participam, como os usam e a qual sua influência como fonte de informações. Das mídias sociais, a grande predominância é do uso do Twitter, por 38% dos entrevistados. Orkut é a segunda rede em uso, com 27%. Blogs são os terceiros em acesso, com 14%. YouTube aparece com 2,7% da preferência. O Orkut e o Twitter são hoje os serviços mais conhecidos e mais adotados pelos internautas entrevistados. Mas a motivação de uso é diferente. O Twitter mantém o internauta atualizado. O Orkut mantém o usuário próximo a sua rede social (E.life, 2010).

Linda Collard (2010) manifestou seu "amor" ao Twitter em um texto extremamente interessante, em que ressalta a capacidade de se manter conectada a empresas e pessoas. Ela reflete que as organizações podem usar o Twitter para saber o que os clientes esperam dela. Para exemplificar a percepção de produtos no Twitter, em 23 de maio de 2010, houve dois *posts* (mensagens) opostos sobre uma marca de alimentos. O primeiro é uma reclamação de que a porção, ao contrário do que indicava a embalagem, não servia duas pessoas. O autor da postagem até usou de ironia, dizendo que só se fossem duas pessoas vegetarianas. Um segundo exemplo, agora elogioso, da mesma empresa, sugere, em tom de brincadeira, que seja criado um movimento em favor da marca, o movimento "COMA APENAS [marca suprimida pela autora], É MELHOR PARA VC!". (Texto com base em um *post* de Collard.)

Um bom exemplo de uso do Twitter e outras mídias sociais é protagonizada por uma pequena empresa de sucos de fruta do Rio de Janeiro. A Do Bem (veja em http://www.dobem.com/) monitora Facebook, Twitter e Flickr e responde aos contatos dos clientes em até 24 horas, assim como responde os e-mails, sempre de forma personalizada.

Softwares experimentais

Um exemplo de software experimental é a base computadorizada citada por Sheth; Mittal; Newman (2001) para pesquisa sobre atratividade de anúncios em listas telefônicas: os pesquisados analisavam os anúncios em tela de computador que simulava páginas de uma lista telefônica física. A análise do cliente era filmada e depois decodificada em relação à dilatação da pupila do pesquisado: maiores dilatações significavam mais interesse nos anúncios, daí o postulado que anúncios maiores e coloridos possibilitam mais retorno do que os anúncios simples.

Esse tipo de ferramenta nada mais é do que a experimentação aliada ao uso da tecnologia da informação, que melhora a captação das especificidades do comportamento humano.

As empresas mais envolvidas com os meios digitais engendram as ações mais ousadas e avançadas em termos tecnológicos, como as plataformas de interatividade e uso de ferramentas SEO (*Search Engine Optimization*, para otimizar buscas) e SEM (*Search Engine Marketing*, para aparecer nos sites de busca). As ferramentas SEO/SEM são poderoso auxílio para acompanhar o impacto das campanhas, a partir da produção de estatísticas (Mundo do Marketing e TNS, 2010 on-line).

Como pode ser visto, existem várias ferramentas para ouvir os clientes. Para escolher entre a miríade de possibilidades, o gestor do relacionamento com o cliente deve certificar-se de que compreendeu o problema e precisa planejar o processo cuidadosamente. Caso contrário, corre-se o risco de ter à mão dados inúteis ou parcialmente úteis; em ambos os casos, os recursos organizacionais, tão escassos diante da profusão de desafios enfrentados no dia a dia, são desperdiçados, luxo ao qual nenhuma organização pode se dar na contemporaneidade.

Resumo

Todo contato ou experiência do cliente com uma organização pode constituir-se em um Ponto de Percepção da Qualidade (PPQ). Para todos os PPQs existem atributos que são valorizados pelos clientes e que podem influir nas suas escolhas. Identificar PPQs e as necessidades e desejos a eles relacionados, e oferecer atributos adequados a cada um deles, é uma das mais importantes missões das empresas que buscam se diferenciar dos concorrentes. Para tanto, é necessário "ouvir" o cliente: dar atenção a ele, levar em consideração suas necessidades e desejos, entender, perceber suas razões. No entanto, para que essa iniciativa gere informações que realmente possam contribuir para melhorar o posicionamento das organizações, é preciso entender o processo de pesquisa de marketing e as ferramentas que podem ser usadas para captar desejos e necessidades dos clientes, e fazer as escolhas certas, em razão das necessidades de informação e dos objetivos.

Exercícios

1. Pense nos pontos de percepção do cliente e cite cinco PPQs que você enxerga quando desfruta do serviço de consultas médicas. Reflita: seu grupo de discussão elegeria os mesmos PPQs? Por quê?
2. Entre no site da Brastemp e analise os apelos da linha BrastempYou (http://www.brastemp.com.br/brastempyou/brastemp_you.aspx?gclid=CLP-s8i8iaICFRmfnAodFl6KUg). Pense nos pontos de percepção da qualidade no momento pré-compra, no instante da compra e na situação após a compra. Agora, navegue pelo site e veja se a empresa dá a devida atenção a esses PPQs. Justifique e dê sugestões à empresa.
3. Uma organização pesquisou os PPQs que seriam importantes para clientes que experimentassem o consumo de sorvetes de frutas e já conseguiu entender os atributos de valor para o cliente. Agora, ela quer saber quais são os sabores que teriam mais aceitação. Que tipo de pesquisa você recomendaria – qualitativa ou quantitativa? Justifique sua resposta.
4. Um posto de saúde percebeu que vários de seus clientes reclamavam não encontrar remédios disponíveis em sua farmácia. Então, resolveu levantar quais eram as principais doenças da clientela local, a fim de planejar seus estoques. Como gestor do relacionamento com o cliente, faça sugestões de ferramentas que podem ser usadas para ouvir esses clientes e resolver o problema do posto de saúde.
5. Em relação às ferramentas para ouvir os clientes citadas no texto, quais são usadas pela organização em que você trabalha? Em função do que aprendeu e a partir das necessidades de informação sobre os PPQs de que a empresa necessita, que outras ferramentas você sugeriria?
6. Grande parte da população internauta possui perfil no Facebook. Apostamos que você é uma delas. Se acertamos, reflita sobre os possíveis usos do Facebook para uma organização ouvir seus clientes. Se erramos, faça o exercício de reflexão mesmo assim.

Referências

ALBRECH, K. *A única coisa que importa*: trazendo o poder do cliente para dentro da sua empresa. São Paulo: Pioneira, 1997.

AMA. *American Marketing Association. Dictionary of marketing terms.* Disponível em: <http://www.marketingpower.com/layouts/Dictionary.aspx?dLetter=M>. Acesso em: 1º jun. 2010.

BRASIL. Presidência da República. Secretaria de Comunicação Social. *Pesquisa brasileira de mídia 2014*: hábitos de consumo de mídia pela população brasileira. Brasília: Secom, 2014.

BURLAMAQUI, P.; SANTOS, A. D. *Os portais da internet brasileira.* HSM Management Update, 2006. Disponível em: <http://br.hsmglobal.com/notas/52266-os-portais-da-internet-brasileira>. Acesso em: 10 maio 2010.

CAREY, B. *Gostou do programa? Talvez seja por causa dos comerciais.* Conteúdo do New York Times, 03/03/2009. Disponível em: <http://g1.globo.com/Noticias/Ciencia/0,,MUL1027916-5603,00-GOSTOU+DO+PROGRAMA+TALVEZ+SEJA+POR+CAUSA+DOS+COMERCIAIS.html>. Acesso em: 12 maio 2010.

CARLZON, J. *Hora da verdade.* Rio de Janeiro: Sextante, 1992.

COLLARD, L. *Correspondent Linda Collard gives her take on first impressions and the power of mobile tweeting.* Disponível em: <http://www.synovate.com/consumer-insights/infact/issues/200909/commentary.shtml?id>. Acesso em: 03 abr. 2010.

COMMON LANGUAGE IN MARKETING. *Marketing research.* Disponível em: <http://marketing-dictionary.org>. Acesso em: 16 ago. 2014.

CUNHA, L. *A Philips espia o consumidor.* Isto É Dinheiro, ed. 443, mar. 2006. Disponível em: <http://www.istoedinheiro.com.br/noticias/4755_A+PHILIPS+ESPIA+O+CONSUMIDOR>. Acesso em: 10 maio 2010.

E.LIFE. *Hábitos de uso e comportamento dos internautas brasileiros em mídias sociais.* Disponível em: <http://www.inpresspni.com.br/pesquisa/habitosdeusoecomportamento/habitosdeusoecomportamento.pdf>. Acesso em: 03 abr. 2010.

FONTOURA, C.; SOBRAL, E. Cliente espião ajuda consumidor e muda cultura das empresas. *Valor Econômico*, Caderno Empresas, 15 mar. 2006.

FRANÇA, R. As empresas se adaptam ao brasileiro, da Whirlpool à Barilla. Disponível em: <http://exame.abril.com.br/revista-exame/edicoes/1068/noticias/os-clientes-mandam>. Acesso em: 15 ago. 2014.

FUNDAÇÃO NACIONAL DA QUALIDADE. *Banco de boas práticas.* Identificação, análise e compreensão das necessidades dos clientes. Disponível em: <http://www.fnq.org.br/TribalModules/FnqBancoDePratica/FnqBanco-DePraticaView.aspx?PageID=375&ItemID=22&mID=3325>. Acesso em: 20 maio 2010.

GRUPO MÁQUINA. *TV é a fonte de informação preferida do brasileiro; Internet já aparece em segundo, aponta pesquisa Máquina/Vox Populi*. Disponível em: <http://www.maquina.inf.br/maquinaNet/upload/ftp/2206361175062/pesquisa_maquina_vox_populi.pdf>. Acesso em: 26 jan. 2010.

KANO N. et al. Attractive quality vs must be quality. *Journal of the Japanese Society for Quality Control*, v. 14, n. 2, p. 39-48, 1984.

MALHOTRA, N. K. et al. *Introdução à pesquisa de marketing*. São Paulo: Prentice Hall, 2005.

MATTAR, F. N. *Pesquisa de marketing* (ed. compacta). 5. ed. São Paulo: Elsevier, 2012.

McDONALD, M. *Planos de marketing*: planejamento e gestão estratégica. Rio de Janeiro: Elsevier, 2008.

MELO, L. *O que sua empresa pode ganhar com a ajuda do cliente oculto*. Disponível em: <http://exame.abril.com.br/negocios/noticias/o-que-sua-empresa-pode-ganhar-com-a-ajuda-do-cliente-oculto>. Acesso em: 15 ago. 2014.

MUNDO DO MARKETING; TNS RESEARCH INTERNATIONAL. *Marketing visão 360°*. Disponível em: <http://www.slideshare.net/mundodomarketing/pesquisa-tns-ri-e-mundo-do-marketing-marketing-digital>. Acesso em: 08 maio 2010.

NIELSEN COMPANY. *Retail measurement services*. Disponível em: <http://br.nielsen.com/products/rms.shtml>. Acesso em: 10 maio 2010.

RAMIRO, D. *Procter no tanque*. Isto É Dinheiro, ed. 438, fev/2006. Disponível em: <http://www.istoedinheiro.com.br/noticias/4526_PROCTER+-NO+TANQUE>. Acesso em: 10 maio 2010.

SHETH, J. N.; MITTAL, B.; NEWMAN, B. I. *Comportamento do cliente*: indo além do comportamento do consumidor. São Paulo: Atlas, 2001.

TESTE DAS CERVEJAS. *Conduzido em 2009 pelo Datafolha e auditado pela Ernest & Young por solicitação da FEMSA*. Disponível em: <http://www.testedascervejas.com.br/>. Acesso em: 12 maio 2010.

THE ECONOMIST. Os encantos da inovação frugal. Especial sobre inovação nos mercados emergentes. *Carta Capital* ano XV n. 595, 12/05/2010.

WHITELEY, R.; HESSAN, D. *Crescimento orientado para o cliente*. Rio de Janeiro: Campus, 1996.

ZIKMUND, W. G. *Princípios da pesquisa de marketing*. São Paulo: Pioneira Thomson Learning, 2006.

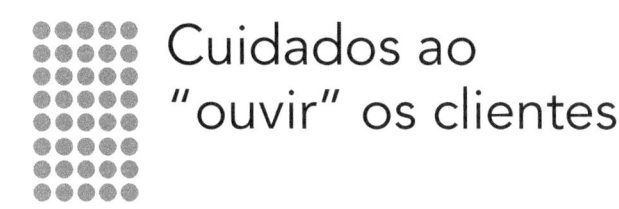

7 Cuidados ao "ouvir" os clientes

Fábio Gomes da Silva
Marcelo Socorro Zambon

Ao final deste capítulo espera-se que o leitor seja capaz de compreender os riscos e os cuidados do processo de ouvir os clientes e que esteja preparado para realizar essa tarefa, que não é simples, mas que, se realmente bem realizada, pode trazer excelentes resultados em termos de ganhos de relacionamento, fidelização e vendas. Também se espera que seja compreendido que os clientes não sempre sabem declarar suas necessidades, cabendo à organização distinguir entre necessidades declaradas e necessidades reais.

Introdução

Nos capítulos anteriores foi possível aprender sobre quem podem ser os clientes-alvo de uma organização e sobre quais podem ser suas potenciais necessidades e desejos, além de como identificá-los por meio do processo de "ouvir" o cliente. Foi visto, também, a importância de se conhecer as necessidades e desejos dos clientes, a fim de bem projetar e executar os processos organizacionais. Neste capítulo, o objetivo é o de tratar dos cuidados que se deve ter ao "ouvir" os clientes, levando-se em conta que existem riscos de não se saber ouvir, de não saber o que o cliente realmente deseja e de não saber que os valores do cliente (e o que ele valoriza) mudam com o tempo.

O risco de não saber ouvir: miopia de marketing

A preocupação com o que os clientes e os grupos de clientes pensam e como se comportam não são recentes. Muitos autores, como Levitt (1960 e 1975), Frasson (2012), Kotler e Keller (2012), dentre outros, apontaram ser fundamental para qualquer organização compreender com exatidão o que os clientes têm a dizer e o que significa, de fato, aquilo que dizem. A compreensão do que os clientes dizem vai muito além de ouvir e registrar e requer compreensão das intenções, dificuldades e demandas apresentadas. Essa compreensão somente é total quando quem ouve estiver desprovido de pré-entendimentos ou pré-conceitos que interfiram e influenciem sua capacidade de ouvir com clareza o que o mercado tem a dizer. Em outras palavras, quem ouve precisa compreender exatamente a mensagem e não se deixar influenciar pela crença de que já sabe o que o cliente tem a dizer ou de que aquilo não é importante. O passo inicial que torna eficiente o processo de ouvir é o de não se colocar como se já se soubesse o que o cliente tem a dizer; caso contrário, o profissional corre o risco de se equivocar.

Para resolver ou diminuir os problemas inerentes ao processo de não saber ouvir, é esperado que cada profissional se coloque no lugar do cliente e que esteja preparado para identificar as dificuldades reais para as quais os clientes buscam solução. O erro mais grave que um profissional de relacionamento com o cliente (vendedores, atendentes em geral etc.) pode cometer é acreditar que já sabe o que o cliente pensa, que sabe tudo sobre o cliente, que sabe qual é a solução para aquele tipo de cliente. Esse erro torna-se ainda mais grave na medida em que o profissional amplia sua visão para grupos maiores de clientes (grandes segmentos de mercado). Portanto, falta a esse profissional o conhecimento e a percepção de que os clientes mudam ou podem mudar com o tempo, alterando suas opiniões sobre produtos, serviços, marcas, pontos de vendas etc. Além disso, seus desejos podem mudar e tornar-se mais sofisticados ou mesmo mais simples.

É nesse contexto (saber o que os clientes têm a dizer) que se destaca a importância do conhecimento sobre a miopia de marketing desenvolvida pelo economista norte-americano Theodore Levitt em 1960. Nela, o autor destaca que o principal erro da uma organização é focar no produto e não no cliente, ou seja, acreditar que o produto pode ser desenvolvido baseado apenas nos interesses organizacionais e lançado no mercado. Isso é um erro, pois, quando o produto é lançado, pode estar distante dos interesses do público-alvo e, assim, pode não despertar interesse sobre o mesmo (acarretando em poucas vendas ou mesmo nenhuma).

Para Levitt (1960), é determinante que as empresas desenvolvam seus produtos e serviços baseados nas necessidades dos clientes, e isso só é possível se os clientes forem ouvidos, ou seja, se a organização for capaz de identificar como eles pensam e o que requerem, para então desenvolver a solução adequada para cada cliente ou grupo de clientes. Levitt aponta ainda que o risco de ser míope pode ser maior quando a organização está em um mercado em que as estatísticas mostram crescimento geral, ou seja, naqueles onde o número total de clientes e/ou o volume total de vendas está aumentando. Isso ocorre porque alguns gestores creem que os números positivos são suficientes para garantir o desenvolvimento do seu negócio, o que não é necessariamente verdadeiro, pois, sobretudo em mercados altamente competitivos, os concorrentes podem dar um passo à frente quando passam a ser mais cuidadosos com os clientes, tornando-se mais atentos àquilo que eles têm a dizer, logo, ao que eles necessitam e desejam. É possível afirmar que muitas organizações perderam participação no mercado ou deixaram de ter maior participação nele porque insistiram em fazer o que queriam e não o que os clientes queriam.

Por exemplo, segundo Samahá (2014), a Toyota, montadora japonesa reconhecida pela qualidade de seus produtos e pela confiança depositada por seus clientes em sua marca, cometeu um erro particularmente inesperado ao lançar no Brasil o veículo Etios. O evidente foco no produto (o carro como foi lançado) destoou claramente das expectativas estéticas e de preço dos clientes da marca e dos potenciais clientes. O carro, considerado feio pelo mercado, amarga em sua primeira geração no Brasil números de vendas muito abaixo do esperado, ficando bem abaixo, por exemplo, do HB20 da Hyundai, carro concorrente de mesma categoria e ainda distante dos líderes em vendas no segmento. A marca sul-coreana acertou ao fazer um carro focado nas expectativas dos clientes (ouviram o mercado), justamente o que a Toyota não foi capaz de fazer, infelizmente.

A miopia de marketing, portanto, pode ser explicada como a limitação ou falta de visão dos gestores e profissionais de marketing sobre qual é a finalidade exata do negócio (que é atender ao cliente). Em outras palavras, a miopia em marketing ocorre quando a empresa define seu negócio de maneira incorreta, focando exclusivamente no produto e não em como fazê-lo baseado nas expectativas dos clientes. É míope o profissional que pensa saber tudo sobre seus clientes e, com isso, dá pouca importância ao que eles dizem no momento. O cuidado que se deve ter é lembrar que: os clientes podem vir a pensar de maneira diferente com o passar do tempo, podem se acostumar com os produtos existentes, podem esperar mais deles, podem experimentar produtos concorrentes.

Os autores Kotler e Keller (2012), Sheth; Mittal; Newman (2001) e Cobra (1997) corroboram a explicação de Levitt (1975) quando este diz que a miopia de marketing refere-se à visão restrita que as empresas têm de si mesmas, uma visão limitada em produtos ou serviço e não nos clientes. Essa visão pode ser compreendida com o seguinte exemplo, adaptado de Sheth et al.: algumas empresas acreditam estar no negócio de charretes e não no negócio de oferecer aos clientes soluções para os problemas de transporte. Basicamente o exemplo revela o que já devia ser compreendido pelos profissionais: os clientes não compram charretes, eles compram soluções e esperam junto a essas soluções características criativas que agreguem ainda mais valor ao produto charrete. Agora pense nesse exemplo, substituindo as charretes por carros, máquinas de lavar roupas, fornos de micro-ondas, chuveiros etc.

Partindo da visão de Levitt (1975) é possível dizer que para se evitar a miopia em marketing é necessário buscar entender as necessidades e os desejos dos clientes e dos consumidores dos produtos e serviços que a organização dispõe no mercado, preocupando-se principalmente com a entrega de satisfações e com o atingimento das expectativas do público-alvo e não somente com a entrega de produtos.

Do ponto de vista da gestão do relacionamento com os clientes, não saber ouvir o que os clientes têm a dizer é sem dúvida o pior dos males que uma organização pode enfrentar. Não ouvir pode implicar em:

- perder participação de mercado;
- dar margem para que os clientes fiéis experimentem produtos concorrentes;

- fazer investimento que não promovem a aproximação da empresa, seus produtos e marcas com os clientes;
- fazer com que o cliente sinta-se subestimado e não atendido;
- irritar o cliente com produtos que, na prática, não representam soluções para seus problemas cotidianos;
- demonstrar que os clientes não foram ouvidos para o desenvolvimento de novos produtos, dentre outros riscos.

Portanto, não saber ouvir os clientes pode limitar o desenvolvimento do negócio e, em casos extremos, pode levar a sua inviabilidade técnica (o produto, marca e/ou empresa deixam de existir). Os clientes esperam que seus anseios sejam atendidos e, para isso, é necessário desenvolver um canal de comunicação direto com eles, ao passo que é necessário compreender também que nem sempre os clientes sabem explicar suas vontades e seus desejos. Isso aumenta a importância de ouvi-los com cuidado e de buscar soluções viáveis para atendê-los. Os clientes nem sempre sabem o que querem, mas isso não quer dizer que se possa oferecer qualquer coisa para eles.

Os clientes não sabem tudo o que querem

A missão de ouvir os clientes tende a ser acompanhada de uma dúvida crucial: será que os clientes sabem o que querem? A esse respeito, McDonald (2008, p. 8) é contundente ao afirmar que "os clientes, na verdade, não sabem o que querem! Tudo o que eles realmente desejam são melhores maneiras de resolver seus problemas." Ou seja, os clientes, mesmo não completamente certos do que precisam, sabem que precisam de alguma solução para uma dificuldade ou para resolver uma demanda de qualquer natureza que tenham.

A afirmação de McDonald (2008) de que os clientes não sabem o que querem não deve ser interpretada como se os clientes fossem eternos indecisos, pois muitos clientes, em muitos casos e momentos, sabem exatamente o que querem. O que a afirmação diz é que os clientes, muitas vezes, não sabem propor novas soluções para seus problemas (necessidades e desejos), logo, eles se contentam com soluções existentes mesmo que no máximo obtenham uma aproximação do ideal. Nesse sentido, em certos casos, ao se buscar entender o que os clientes requerem, é provável que se tenha como resposta o desejo por produtos e serviços já existentes, porém, profissionais atentos podem identificar oportunidades relativas ao desenvolvimento de produtos e serviços com maior poder solucionador para os clientes, superando suas expectativas e cativando-os.

Então, uma conclusão a que se pode chegar é a de que, considerando-se o conjunto de bens e serviços existentes, o cliente consegue definir o que deseja; com isso, um trabalho de entendimento do comportamento do cliente permitirá conhecer suas preferências em relação àquilo que existe. Por outro lado, o cliente deseja novas soluções para seus problemas, mas não parece ser o agente capaz de propô-las. Desse modo, isso requer que os profissionais de marketing tenham a capacidade de compreender as características da demanda descrita pelos clientes e como essas características buscam soluções em produtos preexistentes. A esse respeito, Hamel e Prahalad (1995) comentam que os clientes, em geral, não são dotados de uma visão capaz de totalizar o que precisam e como isso se configura em um produto ou em um serviço. Na verdade, os clientes possuem tal dificuldade, pois, na medida em que levam suas vidas, possuem tarefas e obrigações cotidianas e estão ocupados com outras condições e realidades que os distanciam do desenvolvimento de novos produtos. Portanto, cabe às organizações preocupar-se em criar soluções viáveis para atender aos clientes e não o contrário.

> Pense nisso:
> Os clientes notoriamente carecem de falta de visão. Na década de 1980 quantos de nós estávamos solicitando telefones celulares, fax e copiadoras em casa, acesso a movimentações bancárias 24 horas por dia, motores de automóveis multiválvula, seleção de filmes pelo dial, toca-discos a laser, carros com sistema de navegação a bordo, receptores de posicionamento de satélite portáteis, caixas eletrônicos, MTV e Home Shopping Network? (Hamel e Prahalad, 1995, p.114)

Assim, compete às organizações buscar tentar descobrir aquilo que os clientes desejam, mas que não sabem que desejam. Uma primeira forma de fazer isso parece ser o método de tentativa e erro, isto é, a busca de lançamento de produtos e serviços novos, acompanhada de uma forte torcida para que eles sejam aceitos. Essa é uma prática de elevado risco, pois, de acordo com Clancy (1996), em um único ano são introduzidos aproximadamente 16 mil novos produtos nos supermercados e drogarias dos Estados Unidos; 80% deles fracassam, ou seja, praticamente em mesmo percentual o investimento não gera retorno justificável, pelo contrário, pode gerar expressivo prejuízo operacional.

Ainda que não se saiba se o fracasso do lançamento dos novos produtos continua na casa dos 80%, e mesmo que não se saibam as causas de cada fracasso, o que essa situação revela é que os clientes demonstram saber o que não querem ao rejeitar aquilo que não "resolve seus problemas" melhor do que aquilo que já existe. Um caminho para a organização evitar o fracasso é buscar saber o que os clientes querem, mesmo que eles não saibam dizer isso com clareza.

Para Juran (1992, p. 74), "os clientes podem declarar suas necessidades em termos dos bens que desejam comprar, entretanto, suas necessidades reais são pelos serviços que aqueles bens podem prestar." Então, é preciso considerar a existência de **necessidades reais** e de **necessidades declaradas** (a primeira representa o que é realmente requerido e a segunda, o modo como os clientes dizem isso) e tudo indica que o sucesso de um novo lançamento está altamente relacionado ao entendimento das necessidades reais dos clientes e da melhor forma de atendê-las.

QUADRO 7.1 – Necessidades declaradas *versus* necessidades reais.

Necessidades declaradas	Necessidades reais
Alimentos	Nutrição, sabor agradável
Automóvel	Transporte, *status*
Televisor em cores	Entretenimento, informação
Casa	Espaço para viver, segurança
Pintura da casa	Aparência colorida (estética), ausência de manutenção

Fonte: Extraído de Juran, 1992.

As necessidades declaradas são as que o cliente diz ter, ou seja, ele as declara de maneira escrita ou oral quando interrogado sobre elas. Portanto, representam um posicionamento repleto de tendências particulares obscurecidas pelas peculiaridades do indivíduo. Já as necessidades reais são as que em geral não são ditas, sendo quase sempre necessário percebê-las, pois representam aquilo que o indivíduo procura, ou seja, o que realmente será útil em seu cotidiano.

Em resumo, num mundo altamente competitivo, ouvir os clientes deve significar muito mais que simplesmente perguntar a eles sobre o que desejam. Envolve entender melhor seus problemas (isto é, suas necessidades e desejos que podem ser atendidos de forma melhor do que no presente) e buscar formas inovadoras de resolvê-los. Nesse sentido, para Hamel e Prahalad (1995) existem três tipos de empresas:

i. As empresas que tentam levar os clientes para onde eles não querem ir, ou seja, aquelas que não são verdadeiramente voltadas para atender às demandas dos clientes. Geralmente são vistas como tiradoras de pedidos apenas, pois se preocupam mais consigo mesmas do que com os clientes.
ii. As empresas que escutam seus clientes e respondem às suas necessidades articuladas, ou seja, necessidades que provavelmente já estão sendo satisfeitas por concorrentes, com maior capacidade de prever o futuro.
iii. As empresas que levam os clientes para onde querem ir, mas ainda não sabem disso, ou seja, são aquelas empresas que criam um futuro ideal e buscam fazer mais que satisfazer os clientes, procurando surpreendê-los constante e continuamente.

Para ser uma organização do terceiro tipo (que leva os clientes para onde eles querem ir), é preciso saber ouvir os clientes, o que vai muito além de perguntar o que eles querem. Trata-se de um processo que busca entender o que a organização pode fazer para melhorar suas vidas, para torná-las mais práticas e seguras, mais agradáveis e, sobretudo, mais felizes – tudo isso sempre na óptica do próprio cliente.

Os clientes podem não saber sempre tudo o que querem ou do que precisam, portanto, cabe às organizações buscar esse conhecimento para oferecer aos clientes soluções realmente proporcionais ao bem-estar das pessoas (clientes e não clientes, consumidores e potenciais consumidores etc.).

Os clientes são diferentes entre si e suas percepções são mutáveis

Para Zambon e Benevides (2003) os clientes são ou podem ser muito diferentes entre si, suas justificativas para a compra, por exemplo, podem variar bastante e as suas motivações de consumo também. Porém, embora os clientes possam apresentar características comportamentais relativas às motivações de compra e consumo com abordagens distintas, ainda assim é possível estudá-los e agrupá-los pelas características de valor de mercado, basicamente, porque os valores de mercado atribuídos a um produto ou serviço podem ser universais, pessoais ou uma combinação de ambos.

Nessa visão, os **valores universais** são entendidos como aqueles que satisfazem as necessidades dos indivíduos (clientes). Eles são chamados de universais, pois, na prática, são buscados por todos os tipos de clientes não importando que tipo de produto ou serviço requeiram. Por sua vez, os **valores pessoais** são entendidos como aqueles que satisfazem os desejos dos indivíduos (clientes). São chamados de pessoais por que, na prática, são diversos e servem para distinguir uma pessoa da outra por meio das particularidades comportamentais e de interesse de cada indivíduo.

Os valores pessoais vão além da racionalidade presente na compra de um produto necessário, eles contemplam o afã de obter mais do que o minimamente necessário (envolve desejos), sendo assim, eles podem ser vistos em duas condições: os valores pessoais individuais e os valores pessoais grupais; o primeiro, envolve o conforto e o prazer pessoal, logo, contempla produtos feitos sob medida, já o segundo, envolve os valores de um grupo ou segmento particular para o qual os produtos são adequados a características presentes na maioria dos indivíduos do grupo, mas não valem para o mercado em geral, é o que ocorre, por exemplo, com as motos da marca Harley-Davidson.

Do ponto de vista de marketing, cada tipo de valor de mercado exige uma estratégia de marketing diferente, portanto:

- Para os valores universais utiliza-se da estratégia de diferenciação de produtos, pois, o que se busca é distinguir um produto de seus concorrentes, tornando-o mais atraente para o público, dado que, em geral, todos os clientes estão buscando resolver uma necessidade com o produto em questão e, de maneira geral, todos os concorrentes oferecem produtos similares.
- Para os valores pessoais específicos de indivíduos utiliza-se da estratégia de marketing de relacionamento um a um, pois, essa estratégia enfatiza que o produto deve ser capaz de atender a satisfação das necessidades singulares (únicas / individualizadas) de cada cliente.
- Para os valores pessoais específicos do grupo utiliza-se da estratégia de segmentação, pois, os produtos são desenvolvidos com características de demandas particulares de determinados grupos/segmentos de clientes.

Identificar se os valores são universais ou pessoais, se pessoais específicos de indivíduos ou específicos de grupos de clientes ajuda as organizações a se relacionar com os clientes, uma vez que possibilita o desenvolvimento do produto certo e nas condições ideais para cada tipo de cliente. Esse conhecimento reduz o risco de ações com os clientes darem erradas, e pior, ações relativas a produtos e serviços que podem acabar desagradando certos clientes ou grupos de clientes.

Ainda que uma organização consiga entender bem, num determinado momento, quais são as necessidades e desejos dos clientes que não são atendidos adequadamente, e que a partir dessa percepção consiga oferecer soluções satisfatórias para eles, isto não significa dizer que essa boa resposta organizacional seja válida para todo o sempre, pois, em pouco tempo as percepções e comportamentos de muitos dos clientes se transformará.

O que acontece é que os clientes não são constantes em relação àquilo que desejam, e também não são constantes em relação àquilo que entendem como geradores de sua satisfação, a começar pelo fato de que as necessidades e os desejos das pessoas são crescentes, e que também mudam em função daquilo que elas passam a conhecer e associam a seus estilos de vida com o passar do tempo.

Não parece fácil a missão de quem precisa ouvir o cliente e/ou se antecipar às suas necessidades. Os clientes não sabem identificar totalmente o que necessitam: o que eles valorizam parece sempre caminhar para níveis maiores de exigência e, não bastasse isso, o que um cliente valoriza não é o mesmo que outro valoriza, tornando-se fundamental a criação de produtos versáteis (com capacidade de atender a clientes e situações diferentes), porém, isso tende a encarecer muitos produtos.

O que essa variabilidade do comportamento dos clientes exige das organizações é algo aparentemente fácil de explicar, mas nada fácil de realizar: procurar conhecer o cliente tem que ser uma missão cotidiana das organizações; não basta investigá-lo uma vez e se dar satisfeito com as respostas. As respostas mudam ao longo do tempo e é preciso estar atento a essas mudanças.

O processo de ouvir os clientes é um caminho árduo através do qual cada organização deve guiar-se com cautela. Os gestores que melhor se utilizarem das informações vindas de seus clientes serão mais bem-sucedidos; porém, os que melhor souberem interpretar as necessidades declaradas, compilando-as em necessidades reais e entregando soluções que atendam a elas, certamente perdurarão e se desenvolverão positivamente acima da média de seus concorrentes no mercado. A questão culmina em avançar do "foco no cliente" para o "foco do cliente", um nível de competência no qual a maioria dos negócios deveria estar, porém, ao que se constata a maioria ainda não aprendeu o caminho.

Em relação à preocupação com os cuidados ao ouvir os clientes, uma ênfase especial deve ser dada ao fato de que os valores são dinâmicos e variáveis de cliente para cliente, logo, um indivíduo pode avaliar de maneira positiva um produto ou marca, enquanto outro pode desconsiderá-lo completamente. Ouvir o cliente deve gerar dupla satisfação, tanto para o cliente, que é, então, atendido adequadamente, como para a organização, que deve, por meio do atendimento prestado, atingir seus objetivos de lucratividade.

Considerações finais

Atualmente, a discussão sobre o processo de ouvir os clientes vai muito além de saber que é preciso criar meios de estimulá-los a se pronunciar (ouvi-los); ela envolve conhecer os valores dos clientes individuais ou em grupo, saber que tais valores mudam ou podem mudar com o passar do tempo, que a percepção sobre tais valores pode variar dependendo da circunstância. Além disso, os clientes podem não saber como se expressar, mas expressam algo, portanto, cabe aos profissionais compreender o que os clientes dizem e extrair daí suas necessidades reais. Esses mesmos profissionais precisam fazer isso ao mesmo tempo que se distanciam da miopia de marketing, ou seja, de acreditar que já sabem tudo que é necessário sobre os clientes, mas que, certamente, não sabem.

Ouvir os clientes é um processo importante, cuja ação pode conferir vantagem competitiva à organização; ao mesmo tempo, não saber ouvir pode significar constantes perdas de clientes e de receita, por exemplo.

Ouvir bem o cliente está diretamente ligado a sua satisfação. Ouvir e compreender o que o cliente tem a dizer é um processo que se inicia com o desenvolvimento da sensibilidade para ouvir, com a vontade de fazer isso almejando usar as informações para construir soluções adequadas às demandas dos clientes e rentáveis para a empresa. Tem a ver com estar a par dos valores dos clientes e das possíveis transformações desses valores. Por fim, ouvir os clientes é um exercício de colocar-se no lugar do outro, objetivando compreender com clareza como cada produto ou serviço pode vir a melhorar as condições do cotidiano, gerando conforto, bem-estar e felicidade para todos.

Resumo

O tema cuidado ao ouvir o cliente aborda os riscos que uma organização corre se não souber ouvir (entender) seu cliente. Por consequência, ressalta que uma provável vantagem competitiva será conferida àquelas organizações que souberem ouvir. O pior problema do processo de ouvir os clientes não é ouvir e não compreender algo, mas sim, "não ouvir" porque o gestor pensa saber tudo que é necessário (miopia de marketing) e com isso limitar o potencial da organização. Quando se ouve o cliente, é preciso ter em mente que existem tênues diferenças entre o que ele declara e do que de fato necessita (necessidades declaradas *versus* necessidades reais). A capacidade de identificar as necessidades do cliente a partir do que ele diz pode significar atendê-lo mais eficientemente e, portanto, mantê-lo fiel, do mesmo modo que o contrário pode remeter ao seu descontentamento e sua fuga para a concorrência. Nem sempre o cliente sabe o que quer, mas isso não deve ser visto como um problema; o melhor a fazer é perceber tal condição como uma oportunidade de superar expectativas dele. Portanto, bem ouvir é o caminho para desenvolver produtos e serviços que satisfaçam a necessidades e desejos de maneira adequada aos seus valores.

Exercícios

1. Disserte sobre a importância de bem ouvir os clientes, pensando nos cuidados que se deve ter ao fazê-lo e destacando os riscos se isso não for feito corretamente.
2. No contexto da gestão do relacionamento com o cliente, discuta a frase: "Nem todos os clientes sabem o que querem, mas todos declaram querer algo".
3. Como você explica e diferencia as "necessidades declaradas" e as "necessidades reais"?
4. Explique a importância da compreensão do que vem a ser (a) valores universais para os clientes e (b) valores pessoais para os clientes.
5. Parta do seguinte caso: Uma montadora de automóveis está prestes a lançar no mercado sul-americano um novo veículo. Seu projeto é totalmente novo e não se trata da evolução de um veículo existente. Para seu desenvolvimento muitas discussões foram realizadas por equipes de diversos setores como produção, logística, financeira e até mesmo recursos humanos, porém, nenhuma pesquisa de mercado junto aos clientes foi feita para saber sobre sua visão sobre o novo produto. Quais são os principais riscos que a montadora corre com o lançamento do novo veículo, dado que não foi ouvida qualquer opinião dos potenciais clientes sobre o mesmo?

Referências

ALBRECHT, K. *A única coisa que importa*: trazendo o poder do cliente para dentro da sua empresa. São Paulo: Pioneira, 1997.

ALMEIDA, C. F. et al. Comportamento do consumidor: um estudo de caso em supermercado. In: *Varejo competitivo*. v. 4. São Paulo: Atlas, 2000.

COBRA, M. *Marketing básico*: uma perspectiva brasileira. 4. ed. São Paulo: Atlas, 1997.

CLANCY, K. J. Salve sua empresa do marketing suicida antes que seja tarde demais. *Folha Management*, n. 26. São Paulo, 5 de fev. 1996, p. 1.

COSTA, F. C. X. Influências ambientais no comportamento de compra por impulso: um estudo exploratório. In: *Varejo competitivo*. v. 6. São Paulo: Atlas, 2000.

FRASSON, M. S. A Miopia em marketing e a importância da orientação para os clientes e para o mercado. Universidade Federal do Rio Grande do Sul – PPGA. Porto Alegre, 2012. Artigo apresentado no *I SimPEAd* da Pontifícia Universidade Católica de São Paulo.

GADE, C. *Psicologia do consumidor e da propaganda*. 2. ed. São Paulo: EPU, 1998.

GIGLIO, E. *O comportamento do consumidor*. 2. ed. São Paulo: Pioneira Thomson Learning, 2002.

HAMEL, G.; PRAHALAD, C. K. *Competindo pelo futuro*: estratégias inovadoras para obter o controle do seu setor e criar os mercados de amanhã. Rio de Janeiro: Campus, 1995.

JURAN, J. M. *A qualidade desde o projeto*. São Paulo: Pioneira, 1992.

KOTLER, P.; KELLER, K. L. *Administração de marketing*. 14. ed. São Paulo: Pearson, 2012.

LEVITT, T. Marketing myopia. *Harvard Business Review*, Sept.-Oct., 1975.

LEVITT, T. Marketing myopia. *Harvard Business Review*. July-August, 1960.

McDONALD, M. *Planos de marketing*: com criar e implementar planos eficazes. Rio de Janeiro: Elsevier, 2008.

JURAN, J. M. *A qualidade desde o projeto*: os novos passos para o planejamento da qualidade em produtos e serviços. São Paulo: Pioneira, 1992.

SAMAHÁ, F. Etios e Up: por que alguns carros não emplacam. Disponível em: <http://bestcars.uol.com.br/bc/informe-se/colunas/editorial/435-toyota-etios-e-vw-up-por-que-alguns-carros-nao-emplacam/>. *Revista Best Cars* (on-line). Acesso: 22 ago. 2014.

SHETH, J. N.; MITTAL, B.; NEWMAN, B. I. *Comportamento do cliente*: indo além do comportamento do consumidor. São Paulo: Atlas, 2001.

ZAMBON, M. S.; BENEVIDES, G. Compra por impulso e dissonância cognitiva no varejo. In: *Gestão de marketing no varejo*. São Paulo: OLM, 2003.

Selecionando clientes que interessam

8

Marcelo Socorro Zambon
Taciana Lemes de Luccas

Este capítulo trata de um assunto um tanto delicado, que é a importância de selecionar clientes, uma vez que nem todos são necessariamente interessantes ou viáveis para as empresas. Para que a organização se mantenha competitiva no mercado e para que possa atender da melhor forma possível aos seus clientes, é imprescindível que seja feita uma análise completa dos esforços necessários para a manutenção dos mesmos. O objetivo é saber determinar bem mais que a forma de agir para reter clientes; na verdade, é preciso buscar saber quais clientes não são interessantes, quando isso ocorre e por quê.

Introdução

O tema seleção de clientes faz parte de uma discussão contemporânea na área de administração, que envolve analisar a carteira de clientes para então selecionar aqueles que interessam. Essa discussão envolve inclusive a opção de não serem atendidos determinados clientes ou segmentos tradicionalmente focados. Isso geralmente ocorre quando eles deixam de ser rentáveis e passam a ser deficitários.

Uma reflexão inicial interessante, segundo Clifford e Cavanagh (1985), é a de que as organizações de médio e alto crescimento têm sucesso de relacionamento e vendas aos clientes pelo fato de identificarem e satisfazerem às necessidades de certas tipos de clientes, não de todos os clientes, oferecendo-lhes certos produtos adequados. O que as organizações fazem é praticar a segmentação.

Todo o processo administrativo mercadológico baseia-se no princípio do atendimento das necessidades e dos desejos dos clientes. No entanto, é preciso entender que nem sempre isso é possível, podendo a organização obter ganhos maiores quando detém um processo de comunicação claro e adequado com os clientes, especialmente quando esse processo tem qualificação para lidar diretamente com clientes que não dão lucro. Em outras palavras, a organizações, além de identificar quais os clientes não são lucrativos e o percentual da receita que consomem, precisa deixar isso claro a eles, já que estão sendo onerosos, fato que pode até mesmo inviabilizar o negócio em médio ou longo prazo.

Especialistas apontam que as organizações devem analisar sua carteira de clientes e eliminar os segmentos que não produzam retornos atraentes. Peritos em fidelidade enfatizam a necessidade de dirigir programas de retenção aos "bons" clientes, ou seja, os rentáveis, e incentivar os "ruins" a buscar a concorrência. Já os softwares de gestão de relacionamento com o cliente, como o *Customer Relationship Management* (CRM), trazem meios cada vez mais sofisticados de identificar clientes de baixo desempenho e eliminá-los da lista, se esta for a decisão dos administradores.

Neste capítulo, serão abordadas algumas formas de seleção de clientes e se discutirá quando é necessário deixá-los ir embora (para a concorrência), embora essa não seja uma decisão fácil.

O porquê da seleção de clientes

Quando o assunto é selecionar clientes, nada fica fácil. Usar a expressão "clientes que não interessam" pode ser muito desagradável nas discussões dentro das organizações, já que muitas procuram fazer tudo que podem para manter os clientes ativos. Alguns diretores e gerentes não querem nem ouvir falar no assunto. O processo de desistência de investimentos que envolvem certos grupos de clientes não é simples nem popular, porém muitas vezes é necessário para garantir que o negócio seja viável e continue existindo.

De acordo com Magaldi (2008), é uma atitude sábia selecionar os clientes para que se possa desenvolver um relacionamento mais próximo e duradouro com eles, mas, para isso, é preciso que haja um ponto de partida, o foco no valor do relacionamento, ou seja, o quanto cada uma das partes envolvidas pode ser beneficiada. Nesse sentido, uma abordagem orientada para o valor pressupõe que existem clientes mais alinhados com a proposta de valor do negócio do que outros, portanto, não adotar essa visão significa o risco de realizar um grande esforço para manter clientes que não valem a pena ou, pior ainda, atrair clientes que estejam fora do perfil adequado.

Levantar algumas questões que possam direcionar as escolhas e as decisões das organizações pode ser bastante útil. Sendo assim, seguem algumas indagações que servem como referência para entender que tipo de cliente é rentável para o negócio:

- É possível saber quais clientes são rentáveis e quais não são? Ou seja, quem realmente dá lucro?
- É possível tornar clientes não rentáveis em rentáveis de fato?
- O que torna certos clientes rentáveis?
- A organização está preparada para atender cada tipo de cliente?

Na mesma óptica, segundo Shapiro e Sviokla (1994), uma organização deve saber responder a três perguntas para ter uma boa relação com seu cliente:

- O que está oferecendo a eles?
- Quão diferenciado é isso em relação à concorrência?
- Quanto ganha?

Segundo os autores, se ela descobrir, no último item, que seu ganho mais parece prejuízo, precisa acionar o alarme. E se essa não for uma conta estratégica, ou seja, não tiver o potencial de longo prazo (dar lucro), ela deve ser reformulada ou dispensada, por mais doloroso que seja fazer isso.

É importante explicar que uma **conta estratégica** é, por exemplo, aquela que apresenta potencial em longo prazo mesmo quando no presente é deficitária. É o que acontece com os bancos quando investem na abertura de contas universitárias, pois o potencial de futuro resultado positivo é bastante expressivo, o que justifica o investimento.

Uma estratégia de ampla cobertura (mercado de massa), abrangendo todo o mercado, somente se torna lucrativa e viável se os atributos do produto ou serviço forem amplamente desejados por todos os clientes (atuais e potenciais) ou pelo menos pela maioria deles. Por sua vez, as vantagens em custos são asseguradas quando se pode usar a mesma fábrica, a mesma força de vendas e as mesmas instalações de pesquisa e desenvolvimento (P&D) para produzir e vender mais.

Caso nenhum desses atributos seja atendido, e a organização tenha que diversificar sua atuação para atender todos os tipos de clientes, provavelmente seu posicionamento estratégico deva sofrer modificações, o que pode causar fragmentações dentro da própria organização e provocar muitos danos em todo o processo interno, já que a cultura organizacional estabelecida e o perfil do endomarketing existente tendem a tornar a organização apta a adaptações ao mercado.

Nesse caso, quanto mais as organizações estiverem preparadas para lidar com mudanças estruturais internas (de cultura organizacional, inclusive) e de mercado (o que inclui mudanças de valores dos clientes e mudanças em suas condições financeiras), menos dolorosas serão as adaptações necessárias, por exemplo, na hora de se fazer a transição de produtos ou serviços em um segmento explorado para outro segmento ou de se praticar a focalização em certo grupo de cliente e não mais em todos.

Esse assunto toca as questões da cultura organizacional e da capacidade de adaptação mercadológica, que, quando somadas, servem para revelar que quanto mais bem estruturada for a organização, maior será a chance de desenvolver um processo de comunicação assertivo com os clientes, especialmente na situação de precisar informá-los que não serão mais atendidos porque a empresa está abandonando aquele segmento (produto), já que não é rentável. Em momentos como este, é imprescindível que se estabeleça uma comunicação direta e objetiva, que conscientize o cliente da situação. É importante que fique óbvia a preocupação em atendê-lo da melhor forma possível, desde que os processos da empresa tenham capacidade e condições de assumir compromissos com essas variáveis. Essa postura tende a ajudar o cliente a entender que algumas das escolhas devem ser feitas pela organização, pois, não fosse isso, o comprometimento do negócio poderia ser severo a ponto de comprometer sua existência.

O processo de escolha de clientes, seja para retê-los ou deixar de atendê-los, não se dá de qualquer forma nem deve ser realizado sem o envolvimento dos próprios clientes. Claro que tal envolvimento não é fácil, e não se pretende dizer que os clientes devem ser chamados para as reuniões executivas. O esperado é que eles sejam informados do que está acontecendo e até consultados, de forma que possam dar opiniões sobre alternativas para aumentar as vendas de um produto, sobre como informar aos demais clientes a respeito do encerramento da fabricação de um produto ou sobre como reposicionar tal produto em outro segmento mais consistente.

Qualquer negócio deve ser voltado para o cliente, logo, deve estar focado nele e nas suas necessidades e desejos, ou seja, deve assumir o sentido de "foco do cliente". Essa é uma verdade que deve prevalecer nas organizações; logo, aquelas que ainda não descobriram isso já estão em desvantagem.

Estar voltado para o cliente significa saber posicionar os produtos de forma que obtenham êxito nas ações propostas, trabalhando-se em um contexto de ganha-ganha para todos (clientes e organizações), pois estes produtos foram desenvolvidos para clientes já bem conhecidos. Assim, todos os lados saem ganhando nas negociações e é estabelecido um relacionamento sustentável e duradouro. De certo modo, talvez essa necessidade de se desenvolver e manter um relacionamento lucrativo com clientes seja justamente o principal item em pauta nas reuniões de cúpula da maioria das organizações.

Considere o seguinte caso:

> Imagine um fabricante de balas de goma. Algumas revendas de doces vendem poucos pacotes de balas enquanto outras vendem muitos pacotes. Para viabilizar o negócio, o fabricante vende apenas a carga fechada, ou seja, um lote mínimo de balas que possa lotar o caminhão de entrega. As pequenas revendas que, mesmo com considerável giro de produto, não se enquadram como clientes diretos, já que fazem apenas compras fracionadas, podem ser os típicos clientes que devem ser descartados; não porque não sejam interessantes, mas pelo simples fato de não se enquadrarem no perfil de distribuição da empresa, o que tornaria oneroso

demais o processo logístico, inviabilizando a atividade. Então, a situação é a seguinte: o fabricante de balas de goma teria de arcar com os processos de distribuição para atender aos clientes de pequenas revendas de doces, o que é inaceitável do ponto de vista financeiro (custos); com isso, a opção é vender suas balas para um atacadista que atenda a todos os tipos e tamanhos de revendas. Além disso, a empresa pode atender a solicitações de compra feitas em conjunto por diversos revendedores, como as associações. Fica claro, então, que muitas vezes o caminho não é abandonar os clientes necessariamente, mas auxiliá-los na construção de outros meios para a obtenção do produto que desejam.

Para que uma organização se mantenha firme no caminho para atingir seus propósitos de atender seus clientes da melhor forma possível, é preciso investir em clientes que possam dar retorno, logo, que estejam dispostos a manter uma linha de relacionamento, seja ela direta ou indireta, tal como no caso dos clientes intermediários compradores de balas citado.

Segundo McKenna (1993), a credibilidade é a chave para o processo de posicionamento no mercado. Para que o produto seja posicionado de forma a atender aos diferentes tipos de clientes, é preciso que a credibilidade seja sempre notada, o que fará com que tanto o fabricante como o cliente possam sair de relacionamentos estreitos quando não mais gerarem negociações rentáveis, sem que haja sequelas para nenhuma das partes.

Com base no que foi abordado por Shapiro e Sviokla (1994), ou seja, que as organizações precisam acionar o alarme ao perceber que o ganho mais parece prejuízo, torna-se importante destacar que é o momento de se avaliar como anda a credibilidade do negócio na mente do cliente. Afinal, muitas vezes, é graças à credibilidade conquistada que se tem um meio favorável para expor as dificuldades do negócio ao cliente, deixando-o confortável para permanecer no negócio, agora em um novo contexto de consumo e até preço, ou para buscar a concorrência.

Para Shapiro e Sviokla (1994), as organizações podem fazer uso de três medidas norteadoras na hora de decidir se vão manter ou não clientes:

- Verificar se é possível resolver internamente o problema da falta de lucratividade para que se mantenha o cliente (de forma rentável).

- Descobrir as características não rentáveis dos pedidos do cliente e apontá-las diretamente a ele na expectativa de adequar os pedidos.
- Aumentar o preço dos produtos e/ou serviços e ser verdadeiro, dizendo que não mais o atenderá com os custos como estão e deixá-lo ir embora.

Já não é de hoje que se sabe que a manutenção de clientes tem um custo pelo menos cinco vezes menor quando comparado ao custo de conquistar novos clientes. Mas isso não pode significar correr riscos para manter todos os clientes a qualquer custo. Mesmo em condições como essa, a decisão de deixar de atender alguns clientes deve ser tomada. Toda mudança gera conflito, e mudar para um atendimento melhor é sempre válido, mas mudar simplesmente para manter um ou dois clientes que não estejam se adequando às linhas de produção, logística e administrativa da organização não se justifica. Pelo contrário, esse fato pode acarretar problemas irreversíveis futuramente, tanto para a organização como para o cliente.

Mudar também significa manter prioridades. O principal momento da decisão de manter clientes na organização gera um conflito imenso, mas é preciso mudar para que a organização se torne mais rentável e competente na arte de atender, conquistar e reter clientes lucrativos. Essa necessidade ultrapassa o "gostaria que fosse feito isso" para alcançar o "é preciso que isso seja feito". Empresas incapazes de tomar decisões como esta quando necessário poderão fracassar, pois, em um mercado cada vez mais competitivo, no qual os concorrentes procuram a cada instante detectar uma fraqueza do adversário para aproveitar-se dela ao máximo na disputa por conquistar clientes potenciais, não mudar pode significar a morte do negócio.

As prioridades (decisões) devem ser justas e eficazes, para que os serviços sejam executados nos prazos e com custos adequados. Uma unidade central de prestação de serviços que, por exemplo, receba uma quantidade de solicitações acima da sua capacidade momentânea de atendimento, com toda certeza terá problemas, uma vez que não terá condições de atender a todas as solicitações que recebe. Portanto, é imprescindível a correta adequação do volume de demanda (previsto e realizado), pois selecionar clientes é necessário, tanto quanto é necessário lembrar-se de que os clientes também selecionam de quem compram.

Situações como a de decidir manter ou abandonar clientes podem causar muita confusão. Talvez você esteja imaginando: "Que loucura é essa de uma organização precisar deixar de atender um cliente?". Mas este é o fato. Deixar alguns segmentos de mercado e clientes não rentáveis para a concorrência é o jeito encontrado por muitas organizações para continuar no mercado. Foi através de decisões difíceis assim que muitas organizações conseguiram se reerguer em meio a tantas baixas nas vendas, prejuízos acumulados, insegurança quanto ao faturamento futuro e contas a pagar. E isso não significa perder um cliente, mas ser objetivo, colocando-se a realidade na mesa de negociações e sabendo que dela depende a existência do negócio.

Ao empregar os princípios da seleção de clientes, as empresas se concentram nos clientes apropriados à sua estratégia e rejeitam os outros, que não se adaptam mais. Uma importante empresa de contabilidade e consultoria efetuou recentemente um exame de suas contas e decidiu se concentrar em um limitado subconjunto de empresas, reduzindo sua lista de clientes mundiais prioritários de milhares de empresas para menos de 200. Para Gordon (1998), esta atitude, que inicialmente foi rejeitada pelos sócios da empresa, acabou gerando recordes em vendas e lucros.

Com este exemplo, é possível nortear melhor a questão da lucratividade e de por que selecionar clientes. A mensagem é bem clara: quando um cliente não puder manter uma relação lucrativa com a organização, ou quando ele não for um passo estratégico para a empresa, a melhor saída é romper laços e abrir caminhos para novos clientes que possam ser mais rentáveis. Mas, atenção, essa atitude não pode estar pautada em situações de medição única. Para se confirmar a condição do cliente, é preciso verificar seu histórico com o negócio e confrontar a tendência atual que ele apresenta com a tendência que o negócio deseja seguir. Logo, tomar a decisão pela manutenção ou não de certos clientes significa acompanhar as tendências do mercado, do cliente e da própria unidade produtora.

Selecionar clientes é a forma mais inteligente de se trabalhar com profissionalismo, buscando-se parcerias e criando-se relacionamentos duradouros por meio de ferramentas que avaliem a satisfação e a insatisfação dos clientes. Para fazer valer uma campanha de marketing de relacionamentos, por exemplo, seria ideal atuar por meio do uso de ferramentas como o CRM ou outros recursos de mesma natureza, como o *Enterprise Resource Planning* (ERP), que sejam capazes de gerar um perfil exato de cada cliente atendido.

Para a aplicação de conceitos e técnicas de negociação e vendas, é fundamental que a organização conheça seus clientes tanto quanto deve conhecer os próprios produtos ou serviços, processos, propósitos e objetivos futuros, para somente então identificar exatamente a quem, como, quando e por que deve atender. Feito isso, será possível um desenvolvimento contínuo, com a melhoria do que se faz visando a um atendimento mais eficiente dos demandantes. Não há segredo; há, sim, conhecimento e postura ética e profissional.

Como selecionar clientes

Para explicar melhor a questão de como selecionar clientes, é necessário falar sobre a atividade estratégica. Empresas com visão administrativa e mercadológica não esperam que o cliente vá embora insatisfeito nem que haja prejuízos. Elas têm, sim, a iniciativa de localizar pontos de conflito em relacionamentos e em processos pouco saudáveis para a rentabilidade do negócio e atuar de forma a sustentar seu sucesso no mercado, mantendo e concentrando energia em clientes rentáveis e abrindo as portas de maneira cordial e sincera para clientes que não se encaixem no perfil de relacionamento adotado pela organização.

Pensar na seleção de clientes está totalmente relacionado ao processo de viabilidade do negócio. Em certos casos extremos, ou a organização revê seus clientes e condições de atendimento e oferta destinados a eles, ou poderá deixar de existir. A seleção, portanto, deve estar relacionada ao norteamento do negócio (o que a empresa faz, para quem e de que forma), sendo que essa condição destaca a importância de se ter foco em certos tipos de clientes e segmento (priorizá-los) e, com isso, ter lucro.

Fazer a seleção de clientes é necessário, contudo, não se pode perder de vista que, se a conta não for estratégica, deve ser repensada ou dispensada, mesmo que seja um processo doloroso. Um cuidado importante nesse caso é a separação de conta estratégica para produtos de moda (*timing* de moda) e para produtos cuja tendência esteja estabelecida (*commodities*), pois, algumas vezes, os produtos de moda podem, devido à curta duração que ela tem, levar a erros de interpretação de viabilidade ou retorno por cliente ou grupo de clientes.

Por exemplo, uma marca que tenha curta duração na mente do público-alvo, devido ao pouco tempo de exposição pelos canais de mídia, tem seu potencial de retorno (lucro) limitado ao tempo em que é exposta e lembrada. Embora essa realidade seja conhecida por muitos gestores, ainda assim pode haver dificuldade de entendimento sobre a viabilidade estratégica da sua utilização como esforço de vendas. Em casos assim, possivelmente o melhor a fazer é tratar o processo como uma conta tática em vez de estratégica, já que o prazo é menor e o tempo de aproveitamento midiático é curto.

A base para a seleção de clientes é o potencial de retorno de todo o investimento durante o processo de relacionamento (lucro), seja ele de longo ou de curto prazo. Sendo assim, as organizações precisam saber quais são os seus clientes-alvo, aqueles que abrem caminho para a construção de relacionamento de longo prazo, mas também precisam saber quais perfis de "clientes" não são interessantes, portanto, nenhum tipo de esforço de atração e retenção deve ser feito com esses perfis desinteressantes. Esse trabalho envolve conhecer muito bem as condições do mercado, por exemplo, o comportamento dos clientes e seu potencial de consumo e os concorrentes existentes e seus perfis de ação.

A questão aqui, portanto, não é abandonar clientes indiscriminadamente; pelo contrário, se abandoná-los for realmente necessário, isso deve ser feito com o máximo de sabedoria, o que precede que as duas partes estejam informadas, evitando-se que o cliente se sinta discriminado e ataque a empresa na sua saída (lembre-se de que um cliente insatisfeito tende a falar mal da empresa para dez ou mais pessoas, enquanto um cliente satisfeito fala bem para uma ou duas pessoas). Notoriamente, os clientes conscientes de sua interação com a organização migram sem deixar sequelas, aliás, é possível até que voltem em outros momentos e em condições mais lucrativas. Mas esse papel de conscientização é de responsabilidade da empresa.

Portanto, é importante ficar atento ao modo como os clientes saem (deixam de ser clientes), pois ter a marca prejudicada por críticas de ex-clientes pode ser muito pior para os negócios do que manter clientes não lucrativos.

Além disso, é recomendável que não se perca de vista o fato de que algumas contas deficitárias são mantidas porque outras altamente lucrativas estão ligadas a elas, havendo uma relação de interdependência, o que se traduz na certeza de que clientes lucrativos, de modo geral, seriam perdidos se não fossem atendidos os cuidados com essas contas de baixo interesse.

É importante dizer que a empresa não está sendo mercenária quando pensa a seleção de clientes, pois ela precisa de retorno positivo para se manter operacional, contratar funcionários e pagar salários, cumprir com suas obrigações fiscais etc.; sem isso (o lucro), a empresa morre e não cumpre um importante papel social.

Técnicas de seleção

As organizações podem utilizar várias formas de selecionar clientes não rentáveis, muitas das quais têm a ver com o bom-senso e o cuidado no levantamento de dados e informações (estatísticas) sobre os clientes de forma segura, portanto, confiável. Isso quer dizer que é possível, em certos casos, selecionar clientes através da análise e observação dos relatórios que o negócio possui ou pode gerar, como as estatísticas de vendas por cliente.

Para abordar melhor o processo de seleção de clientes, de acordo com Shapiro e Sviokla (1995), cada gestor pode voltar-se para o ciclo de administração de pedido, no qual é relatado o envolvimento de três elementos básicos como forma de seleção: 1º: análise do pedido, 2º: focalização do sistema de ação e 3º: estratégia política de atendimento. Detalhando:

- No **primeiro** passo, é necessária uma nova visão dentro da organização, uma visão que deve partir do princípio da análise, em que é necessária a obtenção de um tipo de ferramenta para mapear os processos, seja por meio de fluxogramas, seja com montagens de painéis com gráficos do fluxo de pedidos (que representem graficamente o fluxo dos pedidos, desde o primeiro passo até o último), seja dando ênfase aos problemas, oportunidades e passos para ações potenciais, podendo-se analisar caso a caso. Desse modo, é possível entender os tipos de pedidos e como eles fluem dentro da empresa (departamento por departamento, o que equivale ao acompanhamento do pedido e da entrega ao cliente).

- No **segundo** passo, no qual se discute a focalização, é necessária a utilização de metas para "encaixar as peças", formando-se um conjunto completo, unificado e harmonioso de processos, sobretudo o de atendimento. Durante o processo, alguns pedidos se transformam em tarefas obsoletas ou até desnecessárias, o que torna mais difícil a sua administração, chegando-se, muitas vezes, até a prejudicá-la. Nesse momento é que são definidas as necessidades dos clientes que podem ser realmente satisfeitas. As empresas precisam permanecer focadas em suas competências e nas competências que podem desenvolver, pois assim poderão atingir as metas organizacionais e, consequentemente, a principal meta de qualquer negócio: atender bem e de maneira lucrativa cada cliente.

- O **terceiro** e último passo compreende a efetiva ideia de selecionar clientes após a análise e a discussão do caminho a ser seguido pela organização. Neste caso, o ciclo de administração de pedido pode ser bastante útil quando busca identificar dificuldades de atendimento de pedidos entre departamentos, sobretudo quando tais pedidos mudam a "rotina" do negócio. Se isso acontece, ou seja, as rotinas entre os departamentos vêm sendo mudadas para que sejam atendidos certos pedidos, é necessário verificar se se devem alterar as próprias rotinas ou descartar aquele tipo de pedido. Na maioria das vezes, o pedido deverá ser descartado, e não a rotina mudada, por isso, ter foco em um pedido (em cada um deles), ou seja, não tentar atender a tudo e a todos de uma só vez, é melhor. É fundamental garantir que cada cliente rentável terá seu pedido atendido antes de assumir novos compromissos (novos pedidos) cuja viabilidade seja de difícil avaliação.

Outra forma que pode ser citada é a categorização de clientes (Magaldi, 2008), através da qual são identificados os seus atributos mais importantes, montando-se um ranking com eles. Isso é possível pela elaboração de uma tabela em que se atribui uma nota para cada cliente.

Selecionar clientes deve ser uma análise estratégica, baseada em uma infraestrutura tecnológica que armazene e processe os dados de todos os clientes, mantendo seu histórico de pedidos e pagamentos. Com os dados armazenados, é possível rever a quantidade de pedidos e seus respectivos pagamentos, e mapear a sua viabilidade dentro da organização, tanto produtiva como economicamente. Verificar formas de pagamentos também é importante, pois clientes com dificuldades financeiras ou de efetuar pagamentos podem vir a ser grandes problemas no futuro; logo, requerem acurada análise. Também é possível constatar que alguns clientes podem estar com uma dificuldade de pagamento passageira, por qualquer motivo, mas no geral são ótimos clientes.

Utilizando-se ainda desse mapeamento, é possível identificar clientes que só compram com grandes descontos, bonificações e outras formas de ganhar no preço final do produto ou serviço. Essa relação ganha-perde, ou seja, apenas um lado está levando vantagem – e esse lado sempre é o cliente –, torna-se um problema para a organização. Portanto, a relação com esse cliente deve ser reavaliada, o que, muito provavelmente, ocasionará o desinteresse pelo cliente. Porém, cabe ressaltar que, em alguns setores da economia, como, por exemplo, o de vestuário de luxo, essa é uma prática comum e que, na maioria dos casos, não afeta negativamente o negócio por se tratar de períodos de liquidação, cuja ideia é substituir a coleção antiga pela que acaba de ser lançada. Portanto, não é possível fazer generalizações, pois, no segmento de vestuário, ter esse tipo de cliente pode ser interessante (desde que não se gaste muito dinheiro para chamar sua atenção às liquidações).

Ainda é pertinente o uso de três questões básicas para se iniciar uma análise criteriosa e adotá-las como técnica de seleção de clientes. São elas:

i. A organização conhece os tipos de clientes que possui e quão rentáveis eles são?
ii. A organização está produzindo resultados para os clientes, mas e para si própria?
iii. A organização está focada apenas em aumentar a lista de clientes a qualquer custo?

Sobre as questões, é possível dizer que a organização precisa conhecer os tipos de clientes e se são ou não rentáveis para então pensar o que fazer com eles. Ela precisa produzir bons resultados para os clientes, mas para si mesma também e, se o foco for apenas aumentar a lista de clientes (número de clientes) e não a construção de relacionamento e a identificação de clientes que interessam, haverá um enorme problema de resultados no futuro.

Defesa de seleção

Um cliente perdido em decorrência de problemas com qualidade talvez nunca mais seja recuperado. Além disso, ele pode levar muitos outros clientes consigo; com essa afirmação, espera-se criar mais sensibilidade e entendimento da importância cada vez maior de selecionar clientes de maneira correta e não simplesmente abandoná-los sem prioridade alguma (Eureka e Ryan, 1997, p. 26).

A conquista de um mercado é um processo árduo para uma organização. Conquistar clientes, mantê-los e obter lucros em transações certamente é o principal desejo de todos os gestores, diretores e presidentes. Mas nada é tão simples. O sucesso nos negócios baseia-se no desenvolvimento de relações e na sua sustentação. Quando existe uma definição clara do tipo de cliente que a organização busca manter, é bem provável que seu posicionamento possa obter êxito dentro das ações propostas para se atingir esse objetivo. O cliente não pode ser mantido a qualquer custo, assim como a unidade produtora não pode ficar se modificando a todo momento para garantir a manutenção deste ou daquele cliente.

A solução deve ser aplicável a todos os clientes (segmentos e nichos) e da melhor forma possível, lembrando que, nos casos de customização, as soluções sofrem algumas alterações. Porém, esta customização deve ser viável e mutuamente vantajosa para o negócio e para o cliente. Aliás, vale lembrar que a customização agrega valor aos produtos ou serviços, geralmente tornando-os consideravelmente mais caros (preço de venda mais elevado), por isso, só pode ser aplicada quando o cliente estiver interessado em pagar mais por tal diferenciação no produto ou serviço.

O cliente muitas vezes busca valores intangíveis, e somente organizações que estejam preparadas para atender a tal chamado sairão vitoriosas desse processo de relacionamento, que é de certa forma avançado, entre ofertante e demandante. Valorize o que o cliente deseja e faça o possível para atingir suas expectativas, mas sem perder o foco no retorno que isso deve gerar. Há uma máxima que diz: "Quem tudo quer nada tem". Ela serve como reflexão, pois desejar todos os clientes disponíveis certamente não é pecado, mas também não é a solução. Pelo contrário, pode ser justamente o motivo para o encerramento das atividades, daí a importância de selecionar clientes e, claro, de relacionar-se com os clientes vantajosos da melhor maneira possível (geralmente, nesse caso, "à maneira do cliente").

Aplicar os princípios de seleção de clientes exige racionalização. Por exemplo: ter o cliente certo para a empresa certa, no tempo certo e nas condições certas vai muito além de um jogo de palavras; na verdade isso representa a capacidade de se fazer escolhas acertadas, de tomar decisões e de sustentá-las ao longo do tempo, com o objetivo de sucesso para todas as partes envolvidas. Enfim, a defesa de seleção de clientes baseia-se em manter vantagem competitiva, boa comunicação com o cliente e atuar de forma rentável para ambas as partes.

Resumo

A ideia desse capítulo é colocar em pauta a discussão sobre o assunto seleção de clientes e, com isso, proporcionar reflexão sobre o processo de identificação de clientes que interessam e de clientes que não são interessantes, bem como ressaltar que há ou pode haver implicações financeiras e de imagem para o negócio. Durante o processo, analisando-se caso a caso, é importante estabelecer comunicação direta e franca com os clientes que não mais estiverem na lista dos rentáveis, pois a relação deve ser do tipo ganha-ganha, ou seja, em que os negócios sejam rentáveis e tenham retorno favorável para ambas as partes. As bases para seleção de clientes são a rentabilidade, o relacionamento e o retorno de todo o investimento ao longo do processo de atendimento; nesse sentido, é necessário buscar técnicas para mensurar a seleção, como o ciclo de administração de pedidos ou as três perguntas-chave sobre o conhecimento que a empresa tem e que norteiam a administração.

Exercícios

1. Partindo da leitura do texto discuta o que uma organização pode fazer para definir se um cliente é ou não é rentável.
2. Partindo de empresas que você conhece, cite algum exemplo de situações em que o cliente não seria rentável para a empresa. Explique a condição do exemplo dado.
3. Com base em seus conhecimentos sobre a seleção de clientes que interessam, discuta a seguinte frase: "As empresas existem por causa dos clientes. Será que elas devem fazer qualquer coisa para atendê-los?".
4. Se possível, na empresa em que você trabalha, faça um mapeamento dos atuais clientes. Em seguida, aponte os que devem continuar na lista de atendidos e os que devem ser descartados. Faça isso justificando as escolhas para os dois grupos de clientes.
5. Responda: O que pode ocorrer caso uma empresa não utilize as técnicas de seleção de forma adequada?

Referências

ALMEIDA, S. *O melhor sobre clientes*: 500 citações comentadas – como conquistar, manter e se relacionar com clientes em uma nova era de mercado ultracompetitiva. Salvador: Casa da Qualidade, 1997.

ANDERSON, K.; ZEMKE, R. *Fornecendo um superserviço ao cliente*. Rio de Janeiro: Campus, 1995.

CLIFFORD, D. K.; CAVANAGH, R. *The winning performance*: how America's high growth midsize companies succeed. Nova York: Bantam, 1985.

EUREKA, W.; RYAN, N. *Perspectivas gerenciais*. São Paulo: Makron Books, 1997.

GOEBERT, B. O consumidor e os focus groups. *HSM Management*, v. 37, p. 134-138, 2003.

GORDON, I. *Marketing de relacionamento*. São Paulo: Futura, 1998.

MAGALDI, Sandro. *Vendas 3.0*: uma nova visão para crescer na era das ideias. Rio de Janeiro: Campus, 2008.

MCKENNA, R. *Marketing de relacionamento*: estratégias bem-sucedidas para a era do cliente. Rio de Janeiro: Campus, 1993.

SHAPIRO, B. Invista nas contas estratégicas. *HSM Management*, ano 2, n. 7, p. 58-62, mar.-abr. 1998.

SHAPIRO, B. P.; SVIOKLA, J. J. *Mantendo clientes*. São Paulo: Makron Books, 1995.

SHAPIRO, B. P.; SVIOKLA, J. J. *Conquistando clientes*. São Paulo: Makron Books, 1994.

Relacionamento com os clientes

9

Maria Rosa Sequeira de Velardez
Fábio Gomes da Silva

Ao final deste capítulo, espera-se que o leitor saiba a importância de as organizações disponibilizarem canais de relacionamento que permitam aos clientes fazer reclamações, solicitações e sugestões, bem como saiba quais são os canais de relacionamento mais usuais. Espera-se, também, que o leitor conheça as etapas necessárias para tratamento das manifestações dos clientes e o que precisa ser feito para que seja promovida a qualidade do atendimento.

Introdução

Conhecer os clientes-alvo e as suas respectivas necessidades, desejos e expectativas foi a ênfase maior dos capítulos anteriores. Este, entretanto, é um primeiro passo a ser dado pelas organizações que desejam atrair, satisfazer e fidelizar clientes. Para qualquer organização não basta conhecer seus clientes-alvo, é preciso também ser conhecida por eles. Não bastasse isso, depois que os clientes-alvo são atraídos e passam a ser clientes de fato, pode ser necessário se relacionar com eles.

Não é objeto do presente livro tratar daquilo que as organizações devem fazer para tornar suas marcas e produtos ou serviços conhecidos de seu público-alvo. O que irá se assumir é que, para transações serem realizadas, tanto é importante que as organizações conheçam seus clientes-alvo, como estes conheçam as organizações e o que elas oferecem.

A partir do momento em que uma organização consegue atrair seus clientes-alvo, uma nova exigência pode se estabelecer: os clientes podem demandar canais de relacionamento por meio dos quais possam se comunicar para poder reclamar, solicitar ou sugerir. É desse assunto que trata este capítulo.

A necessidade da disponibilização de canais de relacionamento

Por que é necessário que as organizações disponibilizem canais de relacionamento que permitam que clientes entrem em contato com elas para fazer solicitações, reclamações ou apresentar sugestões? Várias são as respostas possíveis para essa indagação, a começar pela questão das reclamações.

Quando um cliente fica insatisfeito com alguma organização em relação ao atendimento de suas expectativas, ele pode, em um primeiro momento, tomar duas decisões: reclamar ou não reclamar. Caso ele opte por não reclamar, há um grande risco de que ele passe a buscar ser servido por organizações concorrentes, quando isso lhe for possível. Esse é o primeiro grande problema: com certeza é muito melhor para uma organização que um cliente insatisfeito reclame do que ele deixar de ser cliente. Caso o cliente opte por reclamar, ele poderá fazê-lo de muitas formas, como: reclamar diretamente para a organização, reclamar para instituições de defesa do consumidor (Procon, Reclame Aqui, entre outros), reclamar por meio de jornais, rádios ou TVs, reclamar por meio das redes sociais. Tudo indica que, para qualquer organização, tende a ser muito melhor receber diretamente uma reclamação do que ver a insatisfação dos clientes retratadas nas outras alternativas de reclamação disponibilizadas para eles.

Se é melhor que um cliente insatisfeito reclame do que não o fazer, e se é melhor que reclame diretamente do que fazer suas reclamações por outros meios, o que parece óbvio é que as organizações não só devem estabelecer canais que permitam a realização direta de reclamações, como também devem estimular os clientes a reclamar, quando suas expectativas não forem atendidas.

O que reforça a necessidade de as organizações terem meios que permitam que os clientes se comuniquem diretamente com elas é o fato de que, quando as reclamações são feitas por meios indiretos, como é o caso das redes sociais, órgãos de defesa do consumidor ou meios de comunicação de massa, os clientes insatisfeitos tendem a disseminar sua insatisfação e, em muitos casos, a contaminar outros clientes atuais ou potenciais, além de poder manchar a imagem da organização.

Não bastasse o fato de o estabelecimento de canais de relacionamento ser algo absolutamente recomendável, é importante se destacar que no Brasil, por determinação legal, as organizações operadoras de serviços regulados pelo poder público federal – energia elétrica, telefonia, serviços de TV a cabo, bancos, cartões de crédito, aviação civil, ônibus interestaduais e planos de saúde – são obrigadas a ter um serviço de atendimento ao cliente por telefone.[1]

Claro que, para as organizações, o ideal seria não dar motivos para reclamações, mas isso não é fácil. Há um grande risco quando reclamações não aparecem: os clientes podem estar mudando de fornecedores ou o sistema de recebimento de reclamações pode estar falho. Por outro lado, quando reclamações são recebidas, elas constituem grande oportunidade para resolver o problema do cliente e aumentar sua satisfação, ao mesmo tempo que permitem a identificação de problemas que podem estar acontecendo e que não seriam percebidos sem as reclamações. A identificação de problemas é sempre o primeiro passo para sua eliminação. Temos, então, mais outros bons motivos para que canais de relacionamento sejam oferecidos: eles podem ser um meio para aumentar a satisfação dos clientes e constituir uma fonte de informação para melhoria dos processos organizacionais.

Se canais de relacionamento constituem, então, uma coisa boa para organizações que atuam em ambientes competitivos, é de se esperar que também possam ser bastante úteis para organizações sociais e organizações governamentais preocupadas em cumprir adequadamente suas missões. Não é porque, por exemplo, uma autarquia municipal que cuida de saneamento básico tem monopólio local dos serviços de tratamento e distribuição de água e de coleta, afastamento e tratamento de esgotos, que ela não precisa se preocupar em atender às expectativas da população que está sob sua área de atuação. Estar aberta a reclamações certamente será um bom caminho para aperfeiçoamento de seus processos gerenciais e operacionais. Isso

---

[1] Decreto nº 6.523 de 31 de julho de 2008.

também vale para organizações sociais que oferecem serviços gratuitamente; não é porque os serviços são gratuitos que o bom atendimento de seus clientes não deverá ser buscado. Reclamações poderão servir como fonte de avaliação desse atendimento.

Por outro lado, as necessidades dos clientes de se comunicarem com as organizações não estão relacionadas somente às suas necessidades de reclamar. Eles também podem desejar fazer solicitações e, até, fazer sugestões. É só se pensar nas solicitações que os clientes de bancos podem fazer (extratos, transferências, pagamentos de contas), ou os clientes de planos de saúde (marcação de consultas), ou o clientes das empresas de telefonia ou de distribuição de energia elétrica, ou ainda os clientes das companhias aéreas (reservas de passagens). Clientes de bens duráveis podem solicitar orientações a respeito de manutenção de seus produtos, outros podem solicitar orientações de uso, alguns podem solicitar trocas, outros podem fazer sugestões, e assim por diante. Em resumo, é bom também se disponibilizarem canais de relacionamento para que clientes possam fazer solicitações ou sugestões.

QUADRO 9.1 – Direitos do consumidor.

De acordo com o "Guia de defesa do consumidor", publicado pela Fundação Procon-SP, "conhecida como Código de Defesa do Consumidor (CDC), a Lei 8.078, de 11 de setembro de 1990, estabelece direitos e obrigações entre consumidores e fornecedores, visando à proteção do consumidor e ao equilíbrio do mercado de consumo". Alguns dos direitos básicos garantidos ao consumidor na hora de comprar ou contratar um serviço são:
- Direito ao consumo
- Direito à escolha
- Direito à segurança
- Direito à informação
- Direito à proteção contra a propaganda enganosa e abusiva
- Direito à educação para consumo
- Direito ao arrependimento
- Direito à proteção nos contratos
- Direito à reparação de danos
- Direito de ser ouvido e ao acesso à justiça

Para saber mais sobre o significado de cada um desses direitos, consultar o site http://www.procon.sp.gov.br/pdf/guiadedefesa.pdf.

Fonte: Procon-SP / Guia de defesa do consumidor.

Canais de relacionamento

São vários os meios de acesso que as organizações podem disponibilizar para os clientes poderem realizar suas manifestações, a começar pelos atendimentos pessoais e contatos telefônicos, passando pelos contatos via internet (e-mails, chats, autoatendimento e redes de relacionamento) ou por carta ou telegrama.

No que diz respeito ao acesso por telefones, existem as alternativas dos telefones fixos e dos celulares. Quanto aos telefones fixos, as alternativas disponíveis para as organizações são: número local, número 0800, número 4000 e número 0300. No caso do número local, a ligação é paga por quem faz a ligação. Já no caso do número 0800, de cobertura nacional, a ligação é gratuita para quem faz a ligação, e paga por quem a recebe. Por outro lado, o número 4000, também chamado de número nacional, é um número cuja cobertura abrange as capitais e as regiões metropolitanas, e as ligações são pagas tanto por quem faz a ligação (ao preço de ligação local, não importando de onde faça a ligação) quanto por quem a recebe (tarifa variável contratual por minuto). Por fim, o número 0300, de cobertura nacional, tem tratamento similar ao do número 4000, isto é, sendo paga a ligação tanto por quem a faz como por quem a recebe. O uso de número local é indicado para quem tem maioria de seus clientes locais, pelos simples fato de que os contatos de clientes de outras localidades poderão ficar muito caros por ser enquadrados como ligação interurbana. O número 0800 é certamente o mais utilizado como canal para realização de reclamações, visto que não faz sentido fazer o cliente pagar para reclamar. Os números 0300 e 4000 tendem a ser utilizados para os clientes realizarem solicitações.

Cabe a cada organização, conhecendo a realidade dos seus segmentos de mercado, escolher as melhores formas de acesso que possam ser oferecidas aos seus clientes-alvo, bem como definir a estrutura de atendimento a ser adotada. Há tipos de negócios para os quais o tratamento personalizado é fundamental, enquanto para outros isso é impraticável. Assim, por exemplo, no caso de transações entre empresas, é usual que empresas clientes consideradas importantes sejam atendidas por pessoas especialmente designadas para tal fim, podendo o contato com essas pessoas ser feito por telefone fixo direto, telefone celular, Skype, e-mail ou contato pessoal. Tratamento similar é dado pelos bancos comerciais a seus clientes preferenciais, normalmente por meio da designação de gerentes específicos para atendê-los. Já para os casos de número elevado de clientes de difícil conhecimento individual, o mais comum é o estabelecimento de SACs – Serviços de Atendimento ao Cliente – ou similares, bem como postos de atendimento personalizado, como é o caso das unidades (lojas) de atendimento de operadoras de planos de saúde e empresas de telecomunicações. As organizações também podem contar com um *ombudsman* ou ouvidorias, com a finalidade de zelar pela busca da satisfação das expectativas dos clientes e pelo respeito aos seus direitos (Giangrande e Angelo, 1999), sendo o recebimento de manifestações dos clientes parte dessa missão.

No que diz respeito aos SACs e às ouvidorias, o que tem sido usual é as organizações disponibilizarem diferentes meios de acesso, tais como: telefone fixo (0800, 0300 ou 4000), e-mail de contato, chats (conversação por escrito em tempo real), Facebook e Twitter. Um exemplo é apresentado na Tabela 9.1 com os canais de relacionamento com os clientes disponibilizados pela COPASA – Companhia de Saneamento de Minas Gerais.

TABELA 9.1 – Principais canais de relacionamento com os clientes da COPASA-MG.

Canais	Meios	Descrição
Agência	Atendimento comercial	Atendimento presencial para demandas operacionais e comerciais. Postos avançados nos aglomerados. Foi implantado, nas agências de maior movimento, o Sistema Integrado para Gestão do Atendimento (SIGA), que permite ao cliente avaliar, imediatamente, cada atendimento recebido. Agende Fácil Copasa permite agendar pelo telefone 115 ou pela agência virtual o dia e a hora em que deseja ser atendido. Terminais de autoatendimento nas agências proporcionam ao cliente maior facilidade e rapidez de atendimento.
	Pesquisa "Dê sua Opinião"	Possibilita ao cliente fazer críticas ou apresentar sugestões sobre a prestação de serviços da organização, sendo que o *feedback* aos clientes é realizado por meio de carta-resposta. Para as sugestões consideradas aplicáveis, são elaborados planos de ação para sua implementação.
	Livro do cliente	Possibilita a manifestação do cliente em relação ao serviço da empresa, regulamentado pela ARSAE-MG.

Continua

Canais	Meios	Descrição
Internet	Fale conosco	Acesso pelo site que possibilita o encaminhamento de sugestões, solicitações e reclamações por e-mail.
	Agência virtual	Disponibiliza on-line alguns serviços prestados em uma agência de atendimento, como segunda via de fatura, consulta sobre tarifas, débitos, histórico de consumo, visando dar conforto, segurança e agilidade no encaminhamento das demandas comerciais.
	Ouvidoria	Recebe e trata de reclamações não atendidas satisfatoriamente por outro canais da empresa, sendo o *feedback* aos cliente realizado por meio de carta-resposta.
	Redes sociais	Recebe as demandas operacionais, comerciais e institucionais, utilizando-se de respostas padrão.
	Pesquisa de satisfação dos clientes contratados	Aplicada anualmente, por meio eletrônico, visa avaliar a satisfação dos clientes contratados em relação ao atendimento e à prestação de serviço.
Telefone	Telefone comercial – 115	Recebe as demandas operacionais, comerciais e institucionais, com gratuidade da ligação telefônica e atendimento 24 horas por dia.
	Pesquisa pós-venda	Permite avaliar a imagem da empresa por meio da percepção do usuário quanto à qualidade da execução de novas ligações de água e esgoto, por exemplo, através de contato telefônico.
	Ouvidoria	Recebe por telefone e trata de reclamações não atendidas satisfatoriamente por outro canais da empresa, sendo o *feedback* aos cliente realizado por meio de carta-resposta.
	SMS	Cadastro do cliente no SICOM – Sistema Integrado Comercial –, possui a opção de receber mensagens por SMS, contendo, por exemplo, informações sobre interrupção de abastecimento de água.
Visita	Setor da Ação Comunitária	Desenvolve ações de educação sanitária e ambiental junto aos diversos públicos da sua área de abrangência.
	Pesquisa de mercado e satisfação dos clientes	Permite ao usuário avaliar a qualidade dos serviços prestados pela empresa, incluindo preços.
	Negociação direta com clientes contratados	Consiste no atendimento personalizado, visitas agendadas, quando pertinente, objetivando estreitar o relacionamento, estabelecer interlocução confiável, identificar dificuldades, pendências de caráter comercial, administrativo e operacional do contrato em vigor.

Fonte: http://www.pnqs.com.br/arquivos/rgs/2013-n4-copasa-dom.pdf (consulta em 2 de maio de 2014).

Não basta, entretanto, que as organizações tenham canais de relacionamento com seus clientes, também é importante que esses canais sejam devidamente comunicados para que os clientes possam claramente saber onde reclamar, sugerir ou solicitar e como fazer isso. Por outro lado, também é fundamental que os canais sejam de fácil acesso. Não é fator gerador de satisfação de clientes que eles encontrem canais de acesso ocupados ou com uma espera interminável para atendimento, ao som de músicas ou gravações não desejadas. Premissas para ter um SAC: ele deve ser amigável, rápido e direto. Não é recomendável que o cliente deva informar 4 ou 5 vezes, em diferentes estágios do atendimento, o número do RG e CPF, o nome do pai e da mãe e a data de nascimento, questionamentos estes que em nada melhoram a imagem que o cliente tem da empresa.

Tratamento das manifestações dos clientes

Estabelecidos os canais de relacionamento, as organizações precisam estar devidamente preparadas para o atendimento das manifestações dos clientes. No caso das reclamações, o que é de se esperar é que sejam adotados, no mínimo, os seguintes procedimentos:

- Recebimento e registro das reclamações. Cabe às organizações definir a quem compete receber reclamações. Pode ser somente um SAC (Serviço de Atendimento ao Cliente) ou qualquer pessoa que faça interação com os clientes. O importante é que haja registro da reclamação em formulário próprio, onde se possa identificar o reclamante e a reclamação. É importante que a reclamação seja muito bem entendida e muito bem anotada, para poder ser adequadamente atendida.
- Análise da procedência de cada reclamação. Nem sempre os clientes têm razão, motivo pelo qual nem todas as reclamações são procedentes. Compete à organização designar áreas ou pessoas competentes para avaliar a procedência das reclamação recebidas. No caso de reclamações não procedentes, deve-se dar retorno ao cliente, justificando a não procedência. O cliente nem sempre tem razão, mas ele sempre tem direito a uma explicação.

- No caso de reclamações procedentes, deve-se buscar classificá-las segundo o grau de dificuldade/gravidade dos problemas apresentados. Problemas mais simples e rotineiros devem ser, quando possível, resolvidos pelos próprios agentes do atendimento. Problemas mais complexos podem exigir a criação de "grupos de trabalho" para análise e solução de cada problema. Como regra geral, estes grupos devem seguir métodos específicos de análise e solução de problemas (como é o caso, por exemplo, do método MASP – Método de Análise e Solução de Problemas –, que tem uma sequência específica e um conjunto de ferramentas adequadas para cada etapa da sequência).
- Deve-se fixar um mínimo tempo ideal para a solução dos problemas, como, por exemplo, 24 horas ou 48 horas. Caso alguns problemas demandem tempo superior ao mínimo desejado, o cliente deverá ser informado.
- Sistema de controle. Reclamações não podem ser perdidas e respostas aos clientes não devem ser demoradas. É necessário que a organização tenha um sistema de monitoramento das reclamações recebidas, que permita o acompanhamento de sua solução e dos prazos de solução.
- Resolvido o problema, o cliente deve ser informado, sendo recomendável, conforme o caso, avaliar sua satisfação quanto à solução adotada.
- As reclamações e as respectivas soluções devem ser registradas em algum banco de dados da organização e analisadas por órgãos competentes de forma abrangente, com o objetivo de serem tomadas medidas voltadas para a redução do número de reclamações (combatendo-se as causas geradoras de reclamações).
- É recomendável que as diferentes áreas da organização sejam informadas a respeito das reclamações recebidas e das providências tomadas, com o objetivo de se evitar fatos geradores de outras reclamações.

Procedimentos similares aos das reclamações devem ser dados às sugestões dadas pelos clientes: registro, definição de responsáveis, definição de tempo de resposta e *feedback* (retorno) aos clientes são práticas desejadas. O mesmo deve acontecer no que trata de esclarecimentos de dúvidas e solicitações (principalmente de informações).

Qualidade do atendimento

Da mesma forma que um cliente tem expectativas a serem atendidas quando realiza uma transação com uma organização, ele também tem expectativas a serem atendidas quando faz uma reclamação, sugestão ou solicitação. Caso a qualidade do atendimento não seja a esperada, isso será fator de insatisfação. Esta é uma verdade fácil de ser identificada, mas não fácil de ser praticada. A esse respeito, vale recorrer a Vicente Falconi (2014), quando ele faz a seguinte afirmação: "muitos executivos demoram a perceber a importância de um bom atendimento ao consumidor. É praticamente regra que esses serviços, geralmente conhecidos como SAC, não funcionem bem. Os diretores de várias companhias, quando questionados a respeito de seus problemas de relacionamento com os clientes, dizem: 'Já temos o SAC'. É verdade. Só que ele não funciona" (p. 82).

Quando um cliente recorre a uma organização para fazer uma solicitação, sugestão ou reclamação, como já visto anteriormente, a ele tanto poderá ser oferecido um atendimento pessoal (contato telefônico, chat ou contato pessoal), como um atendimento por e-mail, ou ainda um autoatendimento. Para todas essas alternativas o cliente tem expectativas e espera que elas sejam atendidas.

Se uma organização disponibiliza um sistema de acesso por e-mails e se compromete a dar retorno em 24 horas, é fundamental que este prazo seja cumprido. Se uma organização disponibiliza um sistema de autoatendimento voltado para esclarecimento das principais dúvidas dos clientes, é fundamental não só que sejam apresentadas, de fato, as perguntas mais frequentes, como também que as respostas a essas perguntas sejam claras e esclarecedoras. Por outro lado, quando o autoatendimento permite a solicitação de serviços ou produtos (consulta de saldos e extratos bancários, solicitação de segundas vias de contas e compras on-line, entre outras), o que o cliente espera é ter suas solicitações atendidas. Agora, quando o cliente busca atendimento pessoal, por contato direto ou telefônico, o que ele espera é um bom atendimento.

Para que haja um bom atendimento pessoal, é de se esperar que os responsáveis pelo atendimento reúnam um conjunto de competências que permitam a satisfação das expectativas dos clientes em relação ao atendimento, mesmo nos casos em que os clientes não tenham razão. Dentre essas competências destacam-se as seguintes: conhecimento, saber se comunicar, empatia e capacidade de gerenciar crises. Afora isso é esperado, também, que tenham autonomia para resolver problemas.

É certo que as pessoas gostam de ser atendidas com amabilidade, civilidade e delicadeza; gostam de perceber que quem as está atendendo demonstra interesse e sabe ouvir, mas isso é apenas um dos requisitos do bom atendimento. O cliente também precisa sentir confiança em que o atendimento está sendo feito por quem entende do que está sendo solicitado, reclamado ou sugerido e saiba o que fazer para que seja atendido ou esclarecido. Isso exige competência e boa comunicação. De nada adianta ser um incompetente simpático e comunicativo, da mesma forma que de nada adianta ser um atendente altamente competente, mas sem nenhuma capacidade de empatia e sem capacidade de comunicação.

Para que a organização possa contar com atendentes com as competências requeridas é fundamental que eles tenham muito treinamento. Cabe a cada organização definir as necessidades de capacitação de seus atendentes, a partir de respostas a indagações do tipo: como queremos que seja o atendimento? Que conhecimentos são necessários para um atendimento adequado? As respostas a essas indagações podem levar a programas de treinamento do tipo: relações interpessoais, atendimento telefônico, gerenciamento de crises, produtos e serviços da organização, entre outros.

Um exemplo da importância do treinamento das pessoas que tratam com os clientes é dada por Connellan (1998), quando apresenta dois treinamentos oferecidos às pessoas que são contratadas pela Disney, para fazer parte de seu grupo de colaboradores.

> O primeiro treinamento é o Tradições. Mas isto é apenas o começo. Depois dele o treinamento que você recebe depende da área para a qual você vai, se de hotéis, parques etc. É um treinamento muito especiali-

zado. (...) Depois, os novos membros do elenco recebem de três a cinco dias de treinamento individual, após o que passam por uma verificação final. Nesse ponto, o treinador decide se o novo membro do elenco necessita ou não de mais treinamento antes de ir para 'o palco'. A última coisa que eles querem é alguém no palco antes da hora (p. 129).

Ainda há mais (...), o Ticket Taking and Seling (Recepção e Venda de Ingressos) é um curso de duas semanas. (...) O curso de Atendimento ao Convidado também leva duas semanas. O exame para esse curso leva de quatro a seis horas.

Ainda que a prática realizada da Disney não seja a mesma das áreas de relacionamento com os clientes existentes nas organizações em geral, vale a semelhança: eles preparam pessoas para se relacionar com os clientes e esta preparação, pelo que se pode entender a partir da citação anterior, somente acaba quando se entende que o colaborador está apto para exercer adequadamente seu papel. Procedimento similar é esperado de quem objetiva qualidade no atendimento ao colocar seus atendentes em ação.

A boa capacitação das pessoas que trabalham nas áreas de relacionamento com os clientes é requisito fundamental para que lhes seja dada a autonomia desejada para que possam resolver problemas, atender a solicitações ou captar sugestões.

Além de se exigir dos atendentes que sejam atenciosos e muito capazes, exige-se ainda que estejam aptos a gerenciar crises, considerando-se o fato de que não é nada fácil atender as manifestações dos clientes, principalmente as reclamações, em especial as reclamações por telefone. Alguns clientes podem ser indelicados, grosseiros, inconvenientes ou até mesmo agressivos e isso pode ser desgastante.

Ter atendentes com conhecimento, capacidade de comunicação, empatia, capacidade de gerenciar crises e autonomia para resolver problemas é indiscutivelmente um requisito fundamental para a qualidade do atendimento às manifestações dos clientes. Isto, entretanto, é uma condição necessária, mas não suficiente. É necessário, também, que existam na estrutura organizacional outros agentes com responsabilidades e autoridade para solucionar, em especial, os casos de reclamações, a começar do principal executivo.

Não existe uma regra geral a respeito da estrutura de atendimento das manifestações dos clientes que possa ser aplicada a qualquer tipo e porte de empresa. Cada organização, de acordo com seu tamanho e do tamanho e do perfil de sua clientela, deve buscar definir a estrutura ideal que garanta o planejamento, a execução, o controle e as ações de melhoria relacionadas ao recebimento e tratamento das reclamações, solicitações e sugestões dos clientes.[2]

Resumo

As organizações têm necessidade de estabelecer canais diretos de comunicação que permitam aos clientes realizar suas manifestações (reclamações, sugestões ou solicitações), sob o risco de eles utilizarem meios indiretos como Procon, Reclame Aqui ou redes sociais, entre outros. Esses canais de comunicação, por sua vez, devem ser adequados aos clientes-alvo que se quer atingir, podendo ser um ou mais dentre os diferentes tipos de linhas telefônicas disponíveis no mercado, ou as comunicações via internet, ou os contatos pessoais, entre outros. É necessário, ainda, que as organizações tenham padrões que orientem o tratamento adequado às manifestações dos clientes, e saibam aprender com elas. Ter equipes competentes e adequadamente preparadas é requisito fundamental para a qualidade do atendimento das reclamações, sugestões ou solicitações dos clientes.

Exercícios

1. Há alguns anos os clientes que se deparavam com situações negativas como, a refeição do restaurante foi servida fria, a entrega do televisor novo atrasou duas semanas, o telefone celular ficou sem sinal durante

---

[2] A respeito das responsabilidades e autoridade dos diferentes agentes que podem estar envolvidos no processo de atendimento das reclamações dos clientes, a norma da ABNT NBR ISO 10.002, intitulada "Gestão da qualidade – Satisfação do cliente – Diretrizes para o tratamento de reclamações" apresenta no seu item 5 – estrutura para tratamento de reclamações – um conjunto de recomendações de atribuições para: a alta direção; o representante da direção; os outros gerentes envolvidos; o pessoal de contato com os clientes; e para todo o pessoal.

todo o final de semana etc., não tinham muito o que fazer senão reclamar com a empresa, com o Procon ou procurar a Justiça. Atualmente, a realidade é outra, os clientes podem, por exemplo, postar em redes sociais na internet o ocorrido, documentado em fotos ou vídeos e causar o afastamento de outros clientes daquela empresa. **O que se pergunta é:** como evitar que clientes que queiram reclamar não procurem os caminhos indiretos da reclamação?
2. Muitas organizações disponibilizam nos seus sites um "fale conosco" que pode conter diferentes canais de acesso (e-mail, telefones, perguntas frequentes, chats etc). O que se solicita é que sejam escolhidas quatro diferentes organizações e sejam comparados os diferentes canais de relacionamento disponibilizados no "fale conosco". Na comparação deverão ser levadas em conta as seguintes variáveis: canais de acesso disponibilizados, facilidade de acesso, rapidez de atendimento e qualidade do atendimento.
3. No link <http://www.procon.sp.gov.br/pdf/ranking_2013_coment.pdf> é encontrada a publicação "Cadastro de Reclamações Fundamentadas 2013: dados, ranking e comentários". As reclamações fundamentadas são aquelas que, apresentadas ao Procon pelos consumidores, não foram solucionadas em fase preliminar de atendimento, e geraram a abertura de processo administrativo de reclamação, abrindo-se novo prazo e oportunidade para o fornecedor reclamado resolver o caso. **Responda:** (a) quais as possíveis implicações para uma organização de fazer parte desse cadastro, em especial do ranking das mais reclamadas? (b) De acordo com as informações apresentadas na publicação, algumas empresas aparecem como destaques positivos entre as cinquenta mais reclamadas. O que se pergunta é: o que fizeram essas empresas para serem consideradas como destaques positivos?

Referências

ASSOCIAÇÃO BRASILEIRA DE NORMAS TÉCNICAS (ABNT) – *ABNT NBR ISO 10002*: 2004 – Gestão da qualidade – satisfação do cliente: diretrizes para o tratamento de reclamações nas organizações. Rio de Janeiro, 2004.

CONELLAN, T. *Nos bastidores da Disney*: os segredos do sucesso da mais poderosa empresa de diversões do mundo. São Paulo: Futura, 1998.

COPASA – DIRETORIA DE OPERAÇÃO METROPOLITANA. *Relatório de Gestão 2013*. Disponível em: <http://www.pnqs.com.br/arquivos/rgs/2013-n4-copasa-dom.pdf>. Acesso em: 14 ago. 2014.

FALCONI, V. Gestão à vista. *Revista Exame*. 19 fev. 2014.

FUNDAÇÃO NACIONAL DA QUALIDADE. *Cadernos de Excelência*: Clientes. São Paulo: Fundação Nacional da Qualidade, 2011.

GIANGRANDE, V.; ANGELO, C. F. (coord.) *Marketing de relacionamento no varejo*. São Paulo: Atlas, 1999.

GORDON, I. *Marketing de relacionamento*: estratégias, técnicas e tecnologias para conquistar clientes e mantê-los para sempre. São Paulo: Futura, 1998.

LAS CASAS, A. L. (coord.) *Marketing interativo*: a utilização de ferramentas e mídias digitais. São Paulo: Saint Paul Editora, 2010.

LIMA, A. *Como conquistar, fidelizar e recuperar clientes*: gestão do relacionamento. São Paulo: Atlas, 2012.

VAVRA, T. G. *Marketing de relacionamento*: aftermarketing. São Paulo: Atlas, 1993.

ZENONE, L. C. *Marketing de relacionamento*: tecnologia, processos e pessoas. São Paulo: Atlas, 2010.

Sites

Fundação PROCON (defesa do consumidor): www.portaldoconsumidor.gov.br/procon.asp

Instituto de Defesa do Consumidor: www.idec.org.br

Proteste – Associação Brasileira de Defesa do Consumidor: www.proteste.org.br

Reclame Aqui: www.reclameaqui.com.br

Unilever – SACs: http://www.unilever.com.br/aboutus/aboutunilever/sac/

Tecnologias de acompanhamento de relacionamentos: CRM e Big Data

10

Marcelo Socorro Zambon

Ao final deste capítulo, os leitores serão capazes de compreender o que é o *Customer Relationship Management* (CRM) e o Big Data, sua importância e aplicação como processo estratégico para o desenvolvimento de relacionamentos duradouros e mutuamente vantajosos entre organizações e clientes. Também compreenderá que as tecnologias da informação fazem emergir os novos horizontes da era da relacionamento com o cliente.

Introdução

As tecnologias voltadas para a gestão do relacionamento com os clientes têm ganhado notoriedade mesmo em empresas de pequeno porte. Por sua vez, as empresas de grande porte já discutem essas tecnologias há vários anos. Organizações conhecidas por seu poderio tecnológico como a IBM e a Microsoft estão na vanguarda quando o assunto são sistemas de informação e processamento de dados sobre o mercado, principalmente sobre os clientes. Essas duas organizações, além de muitas outras, possuem avançados sistemas de *Customer Relationship Management* (CRM), *Enterprise Resource Planning* (ERP), *Data Mining, Business Intelligence* (BI) e *Big Data*, dentre outros.

Neste capítulo é discutido o já tradicionalmente conhecido CRM e o mais recente Big Data. Será vista a importância de se conhecer as principais tecnologias disponíveis para se fazer o acompanhamento sobre os clientes, acompanhamento que inclui seus padrões de compra e consumo, preferências e buscas, condições de pagamento e financiamento, dentre outras.

Basicamente:

- O **CRM** está alicerçado nos clientes e nas relações das organizações com eles, bem como nos potenciais clientes (aqueles que não são clientes, mas têm potencial para sê-lo no futuro), nos concorrentes, nas informações sobre os clientes, nos lançamentos de novos produtos e serviços para atender às demandas dos grupos de clientes e nas ações competitivas estabelecidas entre as organizações.
- O **Big Data** refere-se a um conjunto de soluções tecnológicas capaz de lidar com dados digitais sobre clientes ou sobre qualquer outro aspecto de interesse, sendo que tais dados estão disponíveis ou são encontrados em enorme volume e variedade e cujo processamento se dá em altíssima velocidade. Em termos práticos, o Big Data é uma tecnologia que permite analisar qualquer tipo de informação digital em tempo real, daí sua importância para o processo de tomada de decisão organizacional. Também é importante frisar que, como os volumes de dados são extremamente grandes, sua análise requer ferramentas preparadas especialmente para lidar com eles.

O CRM representa as tecnologias mais tradicionais e difundidas para se realizar o acompanhamento do relacionamento que a empresa tem com seus clientes, especialmente identificando características relativas ao processo de vendas e pós-venda. No entanto, vai bem além, como poderá ser visto neste capítulo. Por sua vez, o Big Data representa o poderio da identificação e do processamento de dados em tempo real, dados que estão disponíveis, por exemplo, na internet e que as empresas conseguem encontrar e analisar, além, claro, de considerar os próprios dados que a empresa registra a cada instante sobre seus clientes.

CRM

Muitas são as maneiras de se entender a abrangência do CRM, o que, na verdade, depende do interesse inerente a sua utilização. Mas como características de sua utilização destacam-se o armazenamento, a tabulação e análise de dados e informações sobre os clientes a fim de saber o que se pode fazer de melhor para agradar cada cliente e aumentar as vendas. Portanto, o CRM interfere, por exemplo, na tomada de decisão sobre as condições da oferta (preço e promoções), condições da entrega (fazer o produto chegar física ou virtualmente ao cliente) etc.

O relacionamento entre clientes e organizações não é novidade, bem como não é nova a busca por atrair e reter clientes lucrativos. Porém, especialmente com o crescimento das organizações, tornou-se necessária a aplicação de ferramentas que possibilitassem melhores registros e análise das vendas e suas condições. Com isso, nasceu o CRM, como uma ferramenta que utiliza processos preestabelecidos para gerenciar as relações, de tal forma que seja possível desenvolver conhecimentos sobre o mercado, dando aos gestores a capacidade de *fazer a coisa certa para o cliente na hora certa*. Com o CRM, os negócios maiores, com grande número de clientes, passam a ser capazes de fazer aquilo que apenas os proprietários de estabelecimentos pequenos eram capazes, ou seja, conhecer profundamente as características de seus clientes, incluindo especialmente as suas preferências e os seus hábitos de consumo.

> Em decorrência da transformação de uma realidade na qual o proprietário do negócio conhecia seus clientes para uma realidade na qual isso é impossível, surgiu o CRM, uma forma de as organizações saberem quem são seus clientes, quantos são, quais são suas preferências etc. O gerenciamento do relacionamento com os clientes possibilitou às empresas tornarem-se enormes em número de clientes atendidos sem perder a capacidade de saber sobre cada cliente.

Uma das principais consequências da disseminação do CRM foi o aumento do número de organizações que o utilizam; praticamente, empresas de quaisquer setores e de quaisquer tamanhos passaram a utilizá-lo. Ele se tornou uma ferramenta segura para gerenciar cada relacionamento que se estabelece com cada cliente individualmente ou grupo de clientes, permitindo que as decisões sejam tomadas por quaisquer gestores atentos a tais informações.

O desenvolvimento do CRM vem de longa data; veja no quadro a seguir um panorama simplificado e cronológico do desenvolvimento dessa ferramenta de gestão do relacionamento com os clientes.

QUADRO 10.1 – Cronologia do desenvolvimento das ferramentas de gestão do relacionamento com o cliente.

Condicionante e período	Explicação
Marketing de massa. Anos 1950 e 1960.	As atividades de produção e vendas estavam baseadas em produzir algo e vendê-lo maciçamente.
Segmentação. Anos 1970.	As atividades de produção e vendas passam a focar grandes grupos de clientes (segmentos) cujo padrão de consumo é particularizado.
Nichos. Anos 1980.	Os segmentos são novamente subdivididos em agrupamentos de clientes com menor número de clientes e com características de consumo mais homogêneas.
Individualização. Anos 1990.	O nível de particularização do relacionamento chega a ser o de um indivíduo, ou seja, tudo é feito de maneira singular, logo, nada pode ser reproduzido para outro cliente. Geralmente envolve altíssimos custos de produto e de relacionamento, por isso a individualização é mais comum no segmento de altíssimo luxo.
Relacionamento com o cliente. Anos 2000.	Tornam-se comuns os sistemas gerenciais capazes de lidar com muitos clientes e suas particularidades ao mesmo tempo (o CRM ganha notoriedade).
Base: http://www	As relações de gerenciamento passam a considerar a rede mundial de computadores (internet), ambiente no qual o crescimento de clientes é enorme.
Relacionamento com o cliente em tempo real. Hoje.	Os clientes buscam soluções imediatas, não importando se o ambiente é físico ou virtual. Deixar o cliente esperando tornou-se um péssimo negócio. A exigência dos clientes aumentou bastante.

Fonte: Desenvolvido pelo autor.

Essa cronologia ajuda a compreender como as transformações, cada uma a seu tempo, contribuíram para se chegar ao contexto de relacionamento com os clientes que se tem hoje. Tal panorama demonstra ainda a necessidade de adaptação das ações organizacionais às demandas do mercado, uma vez que tais demandas refletem o perfil do cliente.

O CRM é dinâmico e adaptável, portanto, pode ser desenvolvido e adequado para qualquer condição. Isso equivale a dizer que é possível, portanto, programar o CRM de acordo com o tipo de relacionamento que a organização tem com seus clientes. Se os produtos comercializados são personalizados ou se são produtos de massa, as ações de marketing de relacionamento serão potencialmente diferentes. Com isso, é possível desenvolver a ação de relacionamento mais adequada à realidade do negócio.

De acordo com Swift (2001), as condições práticas que justificam o investimento em CRM são:

- Custa bem menos manter os clientes atuais do que obter novos.
- A maneira como a organização atende os clientes é um importante diferenciador competitivo.
- O preço é apenas um diferenciador de atração, pois o mesmo pode ser alterado facilmente (pela empresa ou por sua concorrente), por isso, é necessário contar com outros elementos, como o bom atendimento, o conhecimento sobre as preferências do cliente, dentre outros.

Uma consideração sobre a estratégia de diferenciação baseada em "preço mais baixo" é importante neste momento: ela até pode atrair clientes num primeiro momento, mas eles – em sua maioria e invariavelmente – irão embora tão rápido quanto menores forem os preços dos concorrentes no futuro. Ou seja, os motivos que fazem com que o cliente permaneça na organização devem ir muito além de preço; eles devem corresponder à entrega de valor para o cliente, o que só é possível quando muito se sabe sobre seu comportamento e suas preferências.

Definições e entendimentos de CRM

O *Customer Relationship Management* (CRM), traduzido para o português como Gerenciamento do Relacionamento com o Cliente, pode ser entendido como o gerenciamento dos meios utilizados para estabelecer e mensurar os contatos com os clientes, considerando-se que cada contato pode ter como origem o próprio cliente ou a organização.

Segundo Swift (2001), a gestão do relacionamento com os clientes é uma abordagem destinada a entender e a influenciar o comportamento dos clientes por meio de comunicações significativas para melhorar as vendas, a retenção, a lealdade e a lucratividade deles. O CRM, portanto, quando associado ao composto de comunicação mercadológica, auxilia no desenvolvimento de campanhas promocionais com maior capacidade de interferir no resultado da comunicação (mensagem) de tal forma que o cliente é positivamente induzido/orientado em favor da empresa, que, por sua vez, está compromissada com ele.

O entendimento do CRM pode estar alicerçado em diferentes óticas, ou seja, maneiras de compreendê-lo. Seguem algumas das mais relevantes:

- **Olhar conceitual:** segundo o qual o CRM pode ser entendido como um composto filosófico de como, idealmente, se atende (e se deve atender) o cliente, desde o passado até os dias de hoje. Nesse caso, o CRM está fundamentado na capacidade de fazer com que as unidades produtoras (e seus produtos) estejam voltadas para as pessoas, condição que apenas ganhará corpo se houver compromisso com o desenvolvimento de relacionamento baseado no conhecimento do outro (o cliente: seus desejos e necessidades). No campo conceitual, a unidade produtora se vê engajada em saber como pensa e age o cliente para, então, atendê-lo da melhor maneira possível.
- **Olhar de processos:** que vai dizer, por exemplo, que o CRM é composto de processos de negócio que ajudam as empresas a conquistar novos clientes, construindo e retendo uma base leal de clientes. Nesse sentido, em cada interação entre o negócio e seus clientes é possível criar e aprimorar soluções capazes de atendê-los de forma integrada e personalizada, aumentando-se assim a satisfação e retenção. Esse olhar por processos pode ser constatado quando se levam em conta as ferramentas predefinidas para ouvir o cliente e registrar todas as interações com ele, alimentando um banco de dados central que poderá, se necessário, ser pesquisado. Isso pode ajudar a compreender melhor o perfil de um determinado cliente ou grupo de clientes e decidir que tipo de interação é mais apropriada para lidar com ele(s).
- **Olhar tecnológico:** que aponta que o CRM é uma ferramenta tecnológica baseada em bancos de dados sobre os clientes (denominados *Data Warehouses*) e nos respectivos cruzamentos de informações pertinentes sobre o perfil e preferências de consumo de cada um deles. Com isso, são gerados relatórios oportunos ao processo decisó-

rio da organização. Ainda nesse sentido, vale destacar que o CRM deverá contar com um suporte computacional proporcional à demanda da empresa. Por exemplo, negócios com vendas na internet poderão demandar grande capacidade de registro e processamento de dados, diferentemente dos negócios de menor porte.

- **Olhar estratégico mercadológico:** o CRM pode ser entendido como uma estratégia de gestão de negócios que se dá através do relacionamento com o cliente para a realização de maior lucratividade e ganhos de vantagem competitiva frente aos concorrentes, destacando-se para tanto a participação da tecnologia como forma de automatizar os diversos processos de negócio, como vendas, marketing, serviços ao consumidor e suporte a campo (Liggyeri, 2007). Neste sentido, as ações do CRM devem ser estabelecidas pensando-se no longo prazo e no potencial de retorno de cada estratégia, cujo fim é vender mais através da maior atração e retenção de clientes.

Depois de analisar algumas das diferentes bases do CRM, é importante destacar que a intenção aqui não é ressaltar o embate que discute se o CRM é uma tecnologia ou um conceito, principalmente porque, na verdade, a ele cabem as duas posições – afinal, basta saber se no momento a solução demandada pela organização é uma solução mais tecnológica (desenvolver o CRM) ou mais conceitual (fazê-lo funcionar adequadamente, considerando o horizonte dos clientes). É questão de pensar se o que se busca é a capacidade de armazenamento e processamento de dados sobre os clientes ou uma solução mais voltada para o treinamento de pessoal para fazer melhor uso da tecnologia durante o processo de atendimento.

Para um CRM bem-sucedido é importante garantir que todas as atividades da empresa estejam a serviço das necessidades do cliente. Segundo Liggyeri (2007), o CRM integra pessoas, processos e tecnologia para otimizar o gerenciamento de todos os relacionamentos, com os clientes e consumidores, com os parceiros de negócios e demais agentes dos canais de distribuição. Logo, o CRM é uma estratégia de negócios que visa entender, antecipar e administrar, de maneira lucrativa, as necessidades dos clientes atuais e potenciais.

De acordo com Brown (2001), o CRM é uma jornada de estratégias, processos, mudanças organizacionais e técnicas através da qual a empresa deseja administrar melhor o seu próprio empreendimento acerca do comportamento dos clientes. Acarreta em adquirir e distribuir conhecimento sobre os clientes e usar essas informações por meio de vários pontos de contato para equilibrar rendimentos e lucros com o máximo de satisfação dos clientes.

> O CRM é uma filosofia de negócio com o objetivo de gerenciar o relacionamento com os clientes, sendo esta filosofia suportada por um banco de dados denominado *Data Warehouse*, que, por meio de um conjunto de ferramentas de mineração de dados (*Data Mining*), destina-se a entender e a influenciar o comportamento dos clientes, melhorando as comunicações e aumentando significativamente as compras, a retenção, a lealdade e a lucratividade (Adaptado de Brown, 2001).

Ainda segundo Brown (2001), o CRM pode ser explicado como um processo de aquisição e retenção de clientes lucrativos, para os quais a entrega de valor por parte da empresa é fundamental. Nele fica evidente que a relação de ganhos mútuos deve ser proporcional para os clientes e para a organização, construindo, assim, relacionamentos que perdurem por longos períodos de tempo.

Vantagens mercadológicas da implantação do CRM

A implantação do CRM pode trazer diversas vantagens de marketing para as organizações, as quais podem ser consideradas tanto no tradicional ambiente de loja, em que os clientes são atendidos em local e hora bem definidos, ou no ambiente virtual (internet), em que o atendimento pode ser a qualquer hora do dia ou da noite (e-relacionamento). Veja a seguir algumas das vantagens do CRM:

- Ajuda a segmentar o público em grupos de clientes com interesses comuns, ou com características comuns como capacidade de pagamento, volume por compra, frequência de compras etc.

- Ajuda a dar suporte à unidade produtora para competir por clientes não apenas através do preço, mas também graças a serviços diferenciais e demais atributos que possa oferecer.
- Ajuda a acelerar o processo de desenvolvimento e comercialização de produtos, uma vez que cada segmento de mercado é conhecido e bem definido.
- Ajuda a reduzir custos com propaganda, uma vez que o investimento pode ser direcionado para os meios e canais de mídia que atingem de maneira efetiva o público desejado.
- Ajuda a diminuir os riscos de comunicações generalizadas (propagandas de massa) que podem confundir ou irritar o público-alvo, ou, ainda, que podem nem ser notadas.
- Ajuda a melhorar a abordagem a clientes específicos por se concentrar em suas necessidades e na capacidade que a organização tem de atendê-los.
- Ajuda a aumentar a capacidade de se mensurar o resultado de determinada campanha, promoção de vendas, entre outras ações de marketing.
- Ajuda a utilizar mais eficientemente o banco de dados de marketing (em inglês: *Data Base Marketing* – DBM), que armazena os dados e as informações processados pelo Sistema de Informação de Marketing 'SIM' (em inglês: *Marketing Information System* – MIS), que, por sua vez, distribui as informações já compiladas e relevantes para quaisquer áreas ou departamentos solicitantes.
- Ajuda a dimensionar melhor o investimento, o que significa redução de gastos com clientes de baixo valor e incremento de gastos com clientes mais lucrativos. Promove o adequado empenho dos recursos humanos e financeiros a partir do potencial dos clientes (dos grupos de clientes).
- Ajuda a realizar a customização de produtos e serviços, ação que consiste em agregar valor a eles, tornando-os mais bem enquadrados às demandas e aos desejos dos clientes; isso inclui torná-los mais caros, porém mais atraentes e desejados.
- Ajuda a realizar, no ambiente cibernético (internet), a customização em massa, estratégia que se dá nesse caso sem o incremento de preço,

o que é diferente da customização tradicional em ambiente físico, na qual ocorre o aumento de preços. Na rede é mais fácil agir de maneira customizada, pois os softwares são programados para realizar as personalizações desejadas.

(Fonte: adaptado de Brown, 2001, p. 9)

Stone et al. (2001, p. 25) também apontam alguns benefícios do CRM; para estes autores, os benefícios estão em uma ou mais das seguintes áreas:

- Melhor retenção e fidelidade do cliente – os clientes permanecem mais tempo, compram mais e com mais frequência, ou seja, há maior valor em longo prazo.
- Maior lucratividade por cliente – não apenas porque cada um deles compra mais, mas também por causa dos menores custos para recrutá-los e pela não necessidade de se recrutar um grande número de clientes para manter constante o volume de negócios.

Os apontamentos são apenas algumas das vantagens do CRM, logo, é importante destacar que os benefícios somente são possíveis (no CRM) se houver planejamento adequado para o uso das informações e dos recursos disponíveis. Isso exige que se saiba se o cliente concorda ou não com certas atitudes da organização, e se ela realmente os conhece e respeita.

Apoiar-se nos benefícios teóricos do CRM e do e-CRM (*eletronic--CRM*) é um primeiro passo, mas não é suficiente. É fundamental agir com responsabilidade e coerência, desde o instante em que se solicitam informações aos clientes (ou simplesmente capturam tais informações durante as relações), até o momento em que se faz uso delas.

Para Deitel (2003, p. 341), o e-CRM é um *web-service* (serviço web), "uma solução utilizada na integração de sistemas e na comunicação entre aplicações diferentes. Com esta tecnologia, é possível que novas aplicações possam interagir com aquelas que já existem e que sistemas desenvolvidos em plataformas diferentes sejam compatíveis." Do ponto de vista dos usuários (não especialistas em informática), é possível compreender que o *web--service* é um serviço disponível, um tipo de serviço que talvez muitos usuários/clientes nem se dão conta de que existe, mas que está lá, atuando para deixar mais amigáveis as interações entre diferentes sistemas e plataformas. Para Carvalho (2004, p. 19), o e-CRM é mais barato, rápido e acessível, ou seja, representa mais uma vantagem do CRM, agora em ambiente virtual.

> O e-CRM: é um tipo de web-service, portanto, ele é mais barato, rápido e acessível. (Adaptado de Deitel (2003, p. 341) e Carvalho (2004, p. 19)).

No campo do CRM, o sucesso não deve ser medido apenas pelo lucro ou prejuízo imediatos, mas também pelo potencial de retorno (lucro) de cada grupo de clientes no futuro. Um exemplo desta aplicação são as contas estratégicas, aquelas que podem ser explicadas como sendo um investimento, já que são aceitas perdas em um determinado momento, e por certo tempo, até que tais contas se tornem lucrativas no futuro. Em outras palavras, investe-se em clientes que por algum tempo não dão lucro, mas que, com o passar do tempo, tenderão a ser muito rentáveis. É o que ocorre com boa parte das contas universitárias que, muitas vezes, são deficitárias para os bancos nos primeiros anos, mas no futuro, seus titulares, profissionais já formados, garantirão sua rentabilidade.

Outro ponto importante sobre o uso do CRM é considerar que cada negócio é, de certo modo, único. As ações tais quais criadas e utilizadas por uma organização podem não ser boas para outra organização. Isso quer dizer que as soluções devem ser criadas e implantadas em cada negócio, seguindo-se as características e particularidades daquele negócio e dos clientes que ele atende. É por isso que pensar no potencial do CRM e nas suas ferramentas é geralmente melhor que pensar em copiar a solução adotada por concorrentes.

Segundo Swift (2001), pode-se ainda pensar nas vantagens quanto aos custos e benefícios da gerência do relacionamento com os clientes:

- **Menores custos de recrutamento de clientes**, o que envolve economia (de marketing) com mala direta; contatos pessoais, telefônico e por e-mail; acompanhamento das solicitações dos clientes; verificação do desempenho dos retornos dados aos clientes.
- **Não é necessário conseguir tantos clientes para manter um grande volume de negócios**, isso se os clientes existentes tiverem sido devidamente selecionados e atendidos, gerando fidelização.

- **Custo reduzido de vendas,** pois clientes ativos, junto aos quais se tenha instaurado um eficiente processo de relacionamento, requerem menos recursos para concretizar as compras, o que aumenta o ROI (retorno sobre o investimento).
- **Maior lucro por cliente,** que se baseia na qualidade da seleção de clientes e na qualidade do relacionamento desenvolvido com eles. Com isso, tais clientes passam a dar preferência ao produto e à marca daquela empresa, tendendo a ampliar o valor por compra e o número de compras realizadas por período.
- **Aumento da lealdade,** pois os clientes permanecem por mais tempo interessados nos produtos e marca(s) da empresa, compram mais e entram em contato com a empresa sempre que sentem necessidade.
- **Análise da lucratividade por cliente,** a importância de saber quando, exatamente, é o retorno gerado por cada cliente. É importante separá-los por categorias ou classes de retorno e, sempre que possível, buscar meios para aumentar o retorno.

Portanto, o CRM é mensurável e pode ser útil para aumentar a lucratividade de uma cadeia de valor.

Riscos do CRM

O CRM não é uma solução milagrosa, tampouco definitiva; na verdade, é uma solução muito inteligente quando usada corretamente. Talvez o principal erro possível com o CRM seja aplicá-lo como se fosse uma solução para todos os problemas relativos a clientes, tais como vendas, aceitação de produtos, fidelização etc., sem considerar que ele precisa ser acompanhado "bem de perto" e que sua implantação deve respeitar o perfil do negócio e dos clientes que se deseja atingir.

Um risco grave, se a implantação do CRM for mal configurada, é o de adquirir e manter os clientes errados, ou seja, aqueles que não dão e não darão lucro e que não fazem parte do perfil de clientes que o negócio gostaria de atingir. Portanto, focalizar a retenção do cliente como sendo a grande prioridade dos negócios pode ser uma atitude bastante ingênua se a maioria dos clientes cooptados não for lucrativa.

Em muitos setores, como o bancário, de seguros ou de serviços públicos, uma porção razoável de clientes não é lucrativa, porque o custo de lhes prestar serviços é muito maior que os benefícios gerados por eles. Para Stone et al. (2001), em tais situações, as técnicas de gestão de clientes destinam-se a reduzir os custos dos serviços prestados ou até mesmo a "abandonar" os clientes não lucrativos.

Talvez o mais oportuno seja dizer que, de fato, o caso não é o "risco do CRM", mas sim o risco da escolha, desenvolvimento, implantação e utilização incorretos do CRM.

Tipos de CRM

De maneira geral o CRM é explicado como sendo operacional, analítico ou colaborativo, embora existam outras formas de tipificá-lo. Segundo Mendes e Manfredi (2010), essas três formas são bastante relevantes e podem ser assim explicadas:

- O **CRM Operacional** contempla os sistemas e dispositivos voltados para a criação de canais de relacionamento adequados com os clientes e registro dos contatos, portanto, ele trata dos sistemas Front Office, Back Office, do Autoatendimento dos Clientes, dos Sistemas Mobile Office etc.
- O **CRM Analítico** contempla a identificação e a classificação dos clientes em grupos de interesse, portanto, da geração de banco de dados e da utilização/análise dos mesmos para conhecer o comportamento de compra e consumo, por exemplo. Ele visa saber consistentemente sobre o cliente por meios dos dados recolhidos pelo CRM Operacional.
- O **CRM Colaborativo** contempla as redes colaborativas das informações sobre os clientes, objetivando subsidiar a construção do melhor relacionamento com cada um dos clientes atendidos – seja qual for o canal de comunicação que o cliente utilize para entrar em contato com a empresa – basicamente, a ideia é gerar valor para o cliente pelo uso colaborativo das informações que se tem sobre

ele, aumentando a chance de se construir relacionamentos de longo prazo vantajosos para empresa e cliente.

Resumidamente: O CRM Operacional visa à criação de canais de relacionamento com o cliente. O CRM Analítico utiliza os dados recolhidos pelo CRM Operacional e os aplica para melhorar as condições de atendimento e a oferta de produtos. O CRM Colaborativo utiliza dados recolhidos para se chegar à colaboração inteligente dos clientes.

CRM e o retorno sobre o investimento (ROI)

O entendimento do potencial do CRM e seu desenvolvimento adequado às necessidades do negócio podem colaborar com o resultado final (lucro ou prejuízo) da organização. Para isso, é importante implantar o CRM orientado para o Retorno sobre o Investimento (ROI). Embora esta seja, geralmente, uma função da área financeira, é importante que os gestores de relacionamento com clientes tenham sempre em mente que todas as ações tomadas, como investimento em ampliação do *call center* para fazer uso do telemarketing ativo (aquele que liga para os clientes para fazer ofertas), deverão ser mensuradas de alguma maneira.

Na maioria das vezes, uma maneira aceitável de se fazer tal mensuração é a checagem do resultado financeiro antes e depois da ação implementada, quando se subtrai o investimento do resultado do período atual e verifica-se se o que sobra é significativamente maior que o resultado do período anterior.

Embora esse raciocínio possa parecer simples e até óbvio, não obstante toda sua simplicidade, ela aponta para o que muitos gestores esquecem-se de fazer quando verificam se o investimento realizado para ampliar o potencial de relacionamento com os clientes realmente culminou no aumento de vendas e de clientes fidelizados, ou seja, se o resultado desejado foi atingido ou não, para então saber o que fazer a partir daí.

No CRM, dar ênfase ao relacionamento com os clientes mais lucrativos é um objetivo valioso. Tal medida pode gerar eficiência das ações de relacionamento e tal eficiência é uma maneira de economizar recursos financeiros e humanos, mas também de fornecer à organização o caminho para se chegar aos clientes certos, que, por sua vez, devem ser atendidos da maneira certa, recebendo os produtos certos.

Segundo Swift (2001), a oportunidade fundamental do marketing de relacionamento e do ROI é facilitar a lealdade do cliente por meio de compras repetidas de seus produtos e serviços e, então, gerar novas referências de clientes para criar oportunidades de negócios e clientes. Nada é mais tranquilizador do que uma indicação/referência positiva de um cliente satisfeito para outro cliente potencial que deseja obter o mesmo benefício e vantagens de ser estabelecer e manter relacionamento com a empresa.

Em resumo, para que o CRM seja bem-sucedido, é necessário primeiramente bom-senso. De nada adianta investir em CRM se ele não for desenvolvido considerando-se as reais demandas de cada uma das partes (expectativas dos clientes, ou seja, suas necessidades e seus desejos e os objetivos e metas da organização, ou seja, lucro e desenvolvimento). O CRM precisa ser capaz de acompanhar as transformações e evoluções dos clientes; ele deve estabelecer registros e análises que mostrem para onde os clientes estão indo e se isso será feito junto com a empresa ou não.

Big Data

O Big Data envolve a utilização de ferramentas especialmente desenvolvidas para lidar com um volume gigantesco de dados, de forma que toda e qualquer informação nestes meios possa ser encontrada, analisada e aproveitada em tempo hábil.

Boa parte dos indivíduos troca muita informação e faz isso constantemente, por exemplo, enviam e-mail, acessam dados bancários, fazem consultas de preços e sobre a disponibilidade de produtos, estudam as características tangíveis e intangíveis dos bens. Além disso, no campo profissional, criam sofisticadas soluções gerenciais para a cadeia de suprimentos, soluções que trocam muitos dados e informações entre parceiros comerciais e fornecedores. Todo esse tráfego de dados pode ser registrado, compilado e analisado, e o Big Data é uma ferramenta que faz isso adequadamente e no tempo necessário.

Uma das principais justificativas para a importância do Big Data é a contundente afirmação de que informação é poder. Longe de um jargão, esta afirmação pode tomar proporções até há bem pouco tempo inesperadas em termos de conhecimento de clientes e tempo de desenvolvimento de ações para chamar sua atenção e vender para eles. Com essa tecnologia, as ações mercadológicas tornam-se mais efetivas, logo, mais apropriadas para cada tipo de cliente ou grupo de clientes.

Segundo Manyika et al. (2011), o Big Data é a próxima fronteira da inovação, competição e produtividade entre as organizações. Para Alecrim (2014), a proposta de uma solução de Big Data é a de oferecer uma abordagem ampla no tratamento do aspecto cada vez mais "caótico" dos dados para tornar as referidas aplicações mais eficientes e precisas. Nesse sentido, o conceito leva em consideração não apenas a grande quantidade de dados, a velocidade de processamento e análise e a disponibilização destes aos interessados, mas também considera a relação com e entre os volumes.

O Big Data é especialmente importante na medida em que o volume de dados e registros aumenta globalmente. Em casos como os registros telefônicos dos clientes de uma operadora de telefonia móvel, as trocas de mensagens nas redes sociais (em especial no Facebook), as pesquisas sobre produtos nos sites da Amazon, das Americanas ou do Ponto Frio, por exemplo, somente permitem uma análise profunda (de tais dados em seu volume total) se a opção for pelo uso do Big Data, caso contrário, os dados podem chegar tarde demais para a cúpula decisorial.

> As tecnologias atuais nos permitiram – e permitem – aumentar exponencialmente a quantidade de informações no mundo e, agora, empresas, governos e outras instituições precisam saber lidar com esta "explosão" de dados. O Big Data se propõe a ajudar nesta tarefa, uma vez que as ferramentas computacionais usadas até então para gestão de dados, por si só, já não podem fazê-lo satisfatoriamente.
>
> A quantidade de dados gerada e armazenada diariamente chegou a tal ponto que, hoje, uma estrutura centralizada de processamento de dados já não faz mais sentido para a maioria absoluta das grandes entidades. O Google, por exemplo, possui vários *data centers* para dar conta de suas operações, mas trata todos de maneira integrada. Este "particionamento estrutural", é bom destacar, não é uma barreira para o Big Data – em tempos de computação nas nuvens, nada mais trivial (Alecrim, 2013).

Volume, velocidade, variedade, veracidade e valor no Big Data

Segundo Alecrim (2013), objetivando deixar o Big Data mais compreensível, alguns especialistas passaram a resumir o assunto em aspectos que conseguem descrever satisfatoriamente a base do conceito; para isso, utilizam-se de 5Vs: volume, velocidade e variedade, com os fatores veracidade e valor aparecendo posteriormente.

O quadro a seguir apresenta cada um dos 5Vs e sua explicação.

QUADRO 10.2 — 5Vs do Big Data.

Volume *volume*	Trata de quantidades de dados realmente grandes, que crescem exponencialmente e que, não raramente, são subutilizados justamente por estarem nestas condições.
Velocidade *velocity*	Para dar conta de determinados problemas, o tratamento dos dados (obtenção, gravação, atualização) deve ser feito em tempo hábil, muitas vezes em tempo real. Se o tamanho do banco de dados for um fator limitante, o negócio pode ser prejudicado: imagine, por exemplo, o transtorno que uma operadora de cartão de crédito teria – e causaria – se demorasse horas para aprovar uma transação de um cliente pelo fato de o seu sistema de segurança não conseguir analisar rapidamente todos os dados que podem indicar uma fraude.
Variedade *variety*	Os volumes de dados são consequência também da diversidade de informações. Existem dados estruturados, isto é, já armazenados em bancos como Oracle e PostgreSQL, e dados não estruturados oriundos de inúmeras fontes, como documentos, imagens, áudios, vídeos etc. É necessário saber tratar a variedade como parte de um todo, nesse caso, um determinado tipo de dado pode ser inútil se não for associado corretamente a outros.
Veracidade *veracity*	De nada adianta lidar com a combinação "volume + velocidade + variedade" se não houver dados confiáveis. É necessário que haja processos que garantam o máximo possível a consistência dos dados. No exemplo da operadora de cartão de crédito, imagine o problema que a empresa teria se o seu sistema bloqueasse uma transação genuína por analisar dados não condizentes com a realidade, deixando o cliente impedido de fazer uma compra.
Valor *value*	Informação é poder e patrimônio. A combinação "volume + velocidade + variedade + veracidade", além de todo e qualquer outro aspecto que caracteriza uma solução de Big Data, se mostrará inviável se o resultado não trouxer benefícios significativos e que compensem o investimento, afinal, os gastos serão elevados, portanto, o valor ao qual se pretende chegar deve ser maior que todo o empenho financeiro para atingi-lo.

Fonte: Adaptado de Alecrim, 2013.

Estes 5Vs não precisam ser tomados como a definição única ou com poder de excluir outras abordagens; o objetivo de sua proposta é apenas de facilitar a compreensão do poder no Big Data no tocante a verificar, em grandes volumes de dados, condições e características que possibilitem a tomada adequada de decisões, sempre à luz de um processo que, do ponto de vista da organização, está relacionado ao acompanhamento do perfil e da evolução de cada cliente que a organização possui.

Muitos outros conhecimentos e aplicações do Big Data se tornarão comuns nos próximos anos, mas em especial é importante destacar que sua evolução depende da capacidade de se ter acesso aos dados estruturados e de analisá-los, assim como das condições de armazenamentos de tais dados, pois, se qualquer dado for perdido, todo o processo do Big Data pode ser comprometido por tal ausência; em caso extremo talvez uma variável relevante sobre certos clientes seja simplesmente desconsiderada e a decisão final dos gestores – por não ter considerado essa variável – pode apresentar viés (erro).

Por fim, o valor do Big Data está em ser mais um meio (talvez o mais moderno em voga) que torna possível analisar/conhecer os clientes, seus perfis e comportamentos, para então fazer com que os profissionais de marketing tenham melhores condições de fazer ofertas mais adequadas, logo, com maior poder de solucionar suas demandas.

Considerações finais

É importante considerar que o CRM não é apenas uma tecnologia; além disso, ele se refere a um conceito e uma postura filosófica, de como fazer a coisa certa e na hora certa para os clientes e, consequentemente, para a própria organização. Nele deve existir uma balança capaz de perceber mais que os resultados imediatos, mas também o potencial de futuros resultados (contas estratégicas).

O CRM é considerado uma das melhores ferramentas para as organizações que desejam construir relacionamentos mutuamente vantajosos e duradouros com seus clientes. Conhecer os potenciais riscos e vantagens do CRM ajuda a evitar a construção de estratégias desatentas à realidade do negócio e dos propósitos de seu crescimento futuro.

Pensar em um modelo de CRM mais adequado à realidade do negócio inclui envolvê-lo em todos os processos anteriores à implantação da solução tecnológica, pois assim é possível que o próprio negócio contribua com o desenvolvimento do CRM mais adequado, já que ajuda a envolver as pessoas da organização e explica a elas o que será feito, por que será feito, quando será feito e por quem.

O CRM possui enorme potencial, desde que seja desenvolvido e utilizado adequadamente. É muito arriscado para uma organização adquirir uma solução CRM que não tenha sido desenvolvida para sua realidade e adaptada às suas condições de trabalho e funcionamento. Isso, na verdade, pode se tornar perda de tempo e dinheiro, pois as soluções que não são utilizadas ou as que não geram dados relevantes geram ostracismo e prejuízo.

Em tempos de organizações gigantescas, crescente número de clientes e de relações com os clientes e aumento da necessidade de registrar e analisar todas as operações praticadas por eles, surgiu o Big Data, cuja configuração em muito se associa ao CRM, pois suas finalidades são semelhantes. Ambos querem auxiliar o processo de tomada de decisão e buscam aproximar organização e clientes na medida em que ajudam as empresas a conhecer mais profundamente como pensa e como se comporta seu público-alvo.

O Big Data ainda está em processo de amadurecimento, mas em breve seu potencial será conhecido por mais gestores e profissionais de TI. Com isso, mais ele poderá se tornar presente no dia a dia das organizações. Esse caminho é sem dúvida irrevogável, dado o crescimento do volume de informações gerado pelos clientes a cada instante. Talvez o que se deva buscar aprofundar é como fazer essa tecnologia chegar mais rapidamente em empresas de maior porte, mas, nesse aspecto, é possível dizer que as soluções estão demandando hoje muito menos tempo entre sua criação e o atendimento efetivo de boa parcela do mercado.

Resumo

O estudo do CRM e do Big Data contribui para o desenvolvimento do negócio a partir do conhecimento sobre os clientes e do processo de tomada de decisão mercadológica, o que reflete em melhores processos de atendimento e de fidelização. Cada qual com suas particularidades, CRM e Big Data parecem ser parte de um mesmo contínuo, no qual tanto é necessário o desenvolvimento de soluções para realidades pormenorizadas (como nas pequenas e médias empresas), como o desenvolvimento de soluções de ampla capacidade (como as requeridas pelas empresas de grande porte).

Exercícios

1. Discuta a importância da evolução das tecnologias de relacionamento com o cliente.
2. Reflita sobre a importância do CRM no processo de tomada de decisão sobre os esforços de vendas.
3. Discuta como o CRM pode ajudar a melhorar o retorno sobre o investimento (ROI).
4. Explique o que é e qual a importância do Big Data.
5. Explique os seguintes tipos de CRM: (a) operacional, (b) analítico e (c) colaborativo.

Referências

ALECRIM, E. O que é Big Data? *Info Wester*. 2013. Disponível em: <http://www.infowester.com/big-data.php>. Acesso em: 1º set. 2014.
BROWN, S. A. CRM – *Customer Relationship Management*: uma ferramenta estratégica para o mundo *e-Business*. São Paulo: Makron Books, 2001.
CARVALHO, R. L. *Gestão do relacionamento com o cliente via internet para grupos de pesquisa*. 2004. Monografia de graduação, Universidade Federal de Goiás. Disponível em: <http://www.eee.ufg.br/cepf/pff/2003/pf2003_38.pdf>. Acesso em: 26 jun. 2010.
DEITEL, H. M. et al. *XML*: como programar. Porto Alegre: Bookman, 2003.
FUNDAÇÃO NACIONAL DA QUALIDADE (FNQ). *Cadernos de excelência*: Clientes, Série Cadernos de Excelência, n. 3. São Paulo: FNQ, 2008.
HSM MANAGEMENT. O modelo CRM. *HSM Management*, n. 23, ano 4, nov./dez. de 2000. Disponível em: <http://br.hsmglobal.com/adjuntos/14/documentos/000/060/0000060709.pdf>. Entrevista com Martha Rogers.

INTERNATIONAL BUSINESS MACHINE (IBM). IBM Global Business Services. Customer relationship management. Disponível em: <http://www.ibm.com/br/services/bcs/crm.phtml>. Acesso em: 21 jun. 2010.

LIGGYERI, S. Conheça mais sobre o CRM – Customer Relationship Management. BIGJUS – *Boletim de Informações Gerenciais da Justiça Federal*, n. 22, 15 ago. 2007. Disponível em: <http://www2.cjf.jus.br/jspui/bitstream/handle/1234/5447/N_22_15082007.pdf?sequence=1>. Acesso em: 20 maio 2010.

LÓGICA DIGITAL. CRM. Disponível em: <http://www.logicadigital.com.br/desenv_softwares_crm.asp>. Acesso em: 21 jun. 2010.

MANYIKA, J. et al. Big data: The next frontier for innovation, competition, and productivity. *McKinsey Global Institute*. May, 2011. Disponível em: <http://www.mckinsey.com/insights/business_technology/big_data_the_next_frontier_for_innovation>. Acesso em: 1º set. 2014.

MENDES, Jorge; MANFREDI, Vanilde. Implementação e Gestão de CRM: *customer relationship management*. Universidade Federal do Rio de Janeiro/Pontifícia Universidade Católica-RJ, 2010. Disponível em: <http://www.cce.puc-rio.br/administracao/implementacaocrm.htm>. Acesso em: 21 jun. 2010.

SALESFORCE. Primeiro a estratégia, depois a tecnologia. Disponível em: <http://www.salesforce.com/br/products/what-is-crm.jsp>. Acesso em: 21 jun. 2010.

STONE, M.; WOODCOCK, N.; MACHTYNGER, L. *CRM*: marketing de relacionamento com os clientes. São Paulo: Futura, 2001.

SWIFT, R. *CRM*: o revolucionário marketing de relacionamento com o cliente. Rio de Janeiro: Elsevier, 2001.

Era do (e-)relacionamento e as regras da economia

11

Marcelo Socorro Zambon

Ao final deste capítulo, o leitor terá compreendido o que vem sendo chamado de era do e-relacionamento (relacionamento por meio eletrônico). Além disso, espera-se que o leitor compreenda as "novas" regras da economia que servem como base para a existência do e-relacionamento e, então, entenda a relevância desse conteúdo no cotidiano das organizações, em especial no que se refere ao adequado contato e atendimento dos seus clientes, destacando-se que o e-relacionamento deve levar em consideração o marketing de permissão.

Introdução

Cuidar do relacionamento com os clientes não é uma necessidade recente, porém, alguns meios para que isso seja realizado adequadamente são novos. Com o desenvolvimento e a profusão de novas tecnologias em diversos setores da economia, o que se vê hoje é uma alteração marcante no modo pelo qual as organizações de todos os setores e tipos interagem com seus clientes – seja vendendo-lhes algo, informando sobre o lançamento de produtos ou serviços, por exemplo –, o modo como as dúvidas são sanadas, as modalidades de pagamento e as possibilidades de entrega do produto ou prestação do serviço.

Com o desenvolvimento dos meios e métodos de comunicação com o público-alvo, cresceram as preocupações com as estratégias mercadológicas e com a formatação da comunicação desejada, ou seja, aquela que melhor atende a cada público em certos momentos ou circunstâncias. A partir dessa realidade é possível constatar todo um movimento articulado que objetiva reorganizar os recursos das organizações em função do seu perfil (missão e visão) e do perfil dos clientes que atende, considerando que eles têm necessidades e desejos, os quais muitas vezes não podem ser explicados com exatidão, o que faz do planejamento estratégico de marketing peça fundamental ao se buscar compreender quais são as variáveis (momentos-verdade e atributos) valorizadas pelos clientes e por quê.

O momento para as organizações é crucial, não só pelo fato de que precisam aprender a lidar com novas ferramentas tecnológicas e mercadológicas, como também porque, se não o fizerem rapidamente, podem perder significativa participação de mercado para a concorrência. Por essa razão, é importante destacar que, quanto mais sensível a organização e seus dirigentes estiverem para a compreensão e o uso de novas ferramentas tecnológicas, em especial quando se busca saber se os clientes concordam com o que se propõe comunicar e de que forma isso deve ser feito, maiores serão as chances de obter sucesso nesse contexto da economia mundial em que o conhecimento, os recursos e a disposição de "fazer acontecer" são primordiais.

A gestão do relacionamento com o cliente vem se tornando cada vez mais importante para as organizações com relação à manutenção da estratégia competitiva e à identidade do negócio ante o mercado. Partindo da necessidade de gerenciar o relacionamento com os clientes, propõe-se compreender o e-relacionamento, ou seja, o relacionamento por meio eletrônico, presente no cotidiano das grandes organizações, na maioria das médias e cada vez mais comum nas pequenas. Desse contexto, nascem algumas indagações:

- O que é a gestão do e-relacionamento com o cliente?
- Quais são as novas regras da economia que norteiam o relacionamento entre organizações e clientes e, portanto, que servem de pano de fundo para o e-relacionamento?
- Quais os novos principais perigos da era do e-relacionamento?
- Os clientes e as organizações conseguem falar a mesma língua?
- Será que as organizações têm permissão para entrar em contato com os clientes?

Essas questões servem como ponto de partida e orientação para a reflexão pretendida neste capítulo.

Entendendo a gestão do relacionamento com o cliente: e-relacionamento

Em princípio é preciso explicar que o termo e-relacionamento é derivado da expressão em inglês *electronic relationship*, traduzida para relacionamento eletrônico em português e, então, abreviada para "e-relacionamento". Posto isso, a gestão do relacionamento com o cliente também pode ser entendida como o gerenciamento dos meios utilizados para se estabelecer e mensurar os contatos com os clientes, sendo considerado que cada contato pode ter como origem o próprio cliente ou a organização. Embora não seja algo novo, o relacionamento com os clientes se tornou mais notável à medida que a competição entre as unidades produtoras aumentou, o que fez com que cada uma delas adotasse meios e técnicas para atrair e reter clientes lucrativos.

Nesse sentido, é importante destacar que, por exemplo, algumas organizações adotaram o *Customer Relationship Management* (CRM), o que as levou a compreender melhor as interações entre demanda e oferta e as ferramentas tecnológicas necessárias para atingir melhores resultados com tais interações (o assunto CRM é tratado no Capítulo 10).

O e-relacionamento é um tipo de relacionamento que toma como base a utilização de meios de comunicação mais imediatos, geralmente empregados em tempo real, como a internet, pelos clientes e pelas organizações.

No e-relacionamento, para que qualquer benefício possa ser atingido quando o contato com o cliente é estabelecido, é necessário que haja planejamento adequado do uso das informações e dos recursos disponíveis. Para isso, é preciso saber se o cliente concorda com certas atitudes da organização: se aceita o contato dela, quando ela o faz e em que condições e, claro, através de que meios de comunicação (internet, telefone, pessoalmente, carta etc.).

Entra em cena a necessidade da permissão do cliente, que é um levantamento feito pelo Marketing de Permissão para descobrir se o cliente concorda, ou melhor, dá permissão para ser fonte direta de informações para a organização, se aceita receber material publicitário, se autoriza a divulgação de seus dados etc.

Segundo Barros (s/d), muitas são as justificativas para o crescimento do relacionamento eletrônico. Para ele, o tão difundido e utilizado método de comunicação pela via eletrônica pode transparecer, ao sentimento dos clientes mais desavisados, que se trata apenas de um fenômeno de adequação tecnológica aos novos tempos ou até mesmo uma exigência de mercado sob a égide do atendimento e da informatização. É claro que não é só isso. Barros complementa ainda que o principal motivo desta prática metodológica transcende qualquer argumento de apelo modernista e paira mesmo sobre a redução dos custos operacionais; entretanto, é sabido que esta modalidade de comunicação contempla inúmeras justificativas, não só as econômicas. Dentre elas é possível destacar a velocidade, a facilidade e a agilidade na troca de informações. Mas, que fique claro, são os atributos custo/rentabilidade que governam o incentivo para a disponibilização do e-relacionamento.

"Novas" regras da economia que norteiam o relacionamento entre organizações e clientes

Entre as novas regras da economia que podem ser destacadas como pano de fundo para a maximização do valor do relacionamento e do e-relacionamento entre organizações e clientes, estão:

1. A matéria perde sua importância.
2. Ocorre a "aceleração" do tempo.
3. Importe-se com as pessoas.
4. Clientes também são recursos: transforme-os em vendedores.
5. Quanto maior a participação de mercado, possivelmente maior será o valor.
6. Quanto maior a quantidade e a qualidade das informações, maior o valor: sugue o infomediário.
7. Intermediários: morte e revitalização no ambiente da internet.
8. Customização em massa e aumento de valor.

9. Acessibilidade: espaço e tempo.
10. Outros tópicos relevantes.

Cada um deles pode ser assim explicado:

1. A matéria perde sua importância

O tamanho das organizações deixa de ser justificativa irrefutável de poder e autonomia. Além disso, se uma organização fabrica produtos que são maiores e mais pesados que outros, isso não quer necessariamente dizer que tenham valor maior que os outros, menores e mais leves. Por peso, por exemplo, os automóveis têm menor valor agregado que os computadores, e estes, menor valor que seus softwares.

Um outro exemplo que pode ajudar a entender o sentido de "perda" de valor da matéria é a internet, cujo valor está na informação, nos serviços, no conhecimento e no entretenimento que fornece. Em contrapartida, o valor dos materiais utilizados na construção (montagem) dos computadores – metal, plástico, entre outros – diminui periodicamente. Nesse caso, há uma valorização crescente das informações disponíveis na rede mundial de computadores, ao mesmo tempo que há um barateamento do custo do seu armazenamento (Fiore, 2001, p. 26).

A relação de custos e matéria torna-se ainda mais importante para os negócios, especialmente no que se refere ao estudo de viabilidade de investimento. A internet é, nesse caso, um grande instrumento que ajuda a promover uma rearticulação dessa realidade, à medida que muitos produtos e serviços tradicionais são comercializados por meio dela, porém, em muitos casos, com um valor agregado diferente, podendo ocorrer um incremento ou um decréscimo de valor (o que é mais frequente).

Dentro ou fora da rede mundial de computadores, continuará havendo possibilidades de investimentos. Resta saber qual será o potencial de absorção de cada um pelos clientes, uma vez que a conectividade é cada vez maior.

> **Pense nisso:**
> Isso não quer dizer que coisas boas como livros, CDs, móveis, roupas, presentes e outros artigos não serão vendidos on-line. Longe disso. Todo produto tem uma certa quantidade de informação ligada a ele,

e essa informação pode ser utilizada para comercializar e vender esse produto de modo mais eficiente e efetivo na rede (Fiore, 2001, p. 26).

No mundo dos negócios, o que realmente importa são os relacionamentos geradores de saldo positivo para as partes envolvidas (clientes e unidades produtoras). Sejam quais forem os recursos ou a realidade instaurada, seja no tradicional vendedor-cliente dentro da loja, seja em realidade virtual, on-line, em *real-time*, é o relacionamento desenvolvido com sustentabilidade que garantirá o sucesso hoje e no futuro. Em *e-business*, por exemplo, é o e-relacionamento que vale na busca de gerar e manter contatos mais eficientes com os clientes.

2. Ocorre a "aceleração" do tempo

Tempo é dinheiro e, se as empresas puderem economizar tempo, especialmente o de seus clientes e consumidores, isso certamente será revertido em maior quantidade de dinheiro disponível em seu caixa (Fiore, 2001, p. 28). Os consumidores estão se tornando cada vez mais exigentes. As pessoas passam a sentir que há menos tempo disponível para realizar as suas tarefas, especialmente as ligadas ao relacionamento, entretenimento, lazer e trabalho. O total de horas despendidas em frente aos computadores, seja para fins pessoais, seja para fins profissionais, vem crescendo na maior parte do mundo. Muitos motivos servem de justificativa para essa realidade em que o tempo parece mais curto. Veja alguns deles:

- quantidade de informações disponíveis;
- qualidade das informações disponíveis;
- fontes de informações, de inseguras a muito seguras;
- entretenimento visual e sonoro;
- busca por prazer;
- possibilidade de desenvolver relacionamento a distância etc.

Em qualquer lugar, a qualquer hora, é possível acessar conteúdos específicos da própria autoria ou de outros. É possível escolher o que comprar e efetivar a compra a qualquer hora do dia ou da noite; é possível solicitar informações; fazer certos tipos de ensaios etc. Embora para as organizações as tecnologias da informação proporcionem melhores meios e chances de estabelecer relacionamento com os clientes, é importante lembrar que o mesmo ocorre com as organizações concorrentes, portanto, ao estabelecer contato, é fundamental ser eficiente e valorizar o tempo disponibilizado pelos clientes.

A "aceleração" do tempo é uma dimensão simbólica que as sociedades criam, de certa forma naturalmente, em razão do incremento de novas tecnologias. Mas serve também para fazer lembrar a reflexão que diz: "O criador torna-se escravo da sua criação". Ou seja, tudo que é criado para melhorar e facilitar a vida de alguma maneira pode ser representativo de um nível quase insuportável de desconforto e estresse, caso não funcione como planejado. Como exemplo, seria como estar em um dia muito frio e o aquecedor ou chuveiro de sua casa deixasse de funcionar exatamente na hora em que você entra para tomar banho.

3. Importe-se com as pessoas

Na "nova" economia, na qual a gestão do relacionamento ganha ainda mais importância estratégica, o capital intelectual é mais valioso que o dinheiro. Para ter sucesso, é necessário desenvolver a capacidade de cultivar pelo menos dois tipos de fontes de capital intelectual fundamentais: os funcionários e os clientes (Fiore, 2001, p. 29).

Os funcionários, quando reconhecidos e valorizados, geralmente retribuem empenhando-se mais para o sucesso do negócio e, claro, dos clientes atendidos. Isso sugere que os funcionários têm consciência de seu papel, de sua importância e parcela de participação e responsabilidade nos resultados finais. Por sua vez, os clientes, quando percebem que são cuidadosamente atendidos, surpreendidos e valorizados, costumam retribuir comprando mais, voltando mais vezes aos pontos de venda (mesmo que seja na rede mundial de computadores). Os clientes geralmente preferem ficar na empresa em que sabem que são reconhecidos, ou seja, sabem que, até certo ponto, suas preferências, estilos e formas de pagamento são conhecidos e respeitados. Tradução: os clientes retribuem porque personificam as relações comerciais que têm com as organizações, muitas vezes criando laços afetivos com vendedores e organizações relacionadas.

Os negócios e as relações comerciais devem ir além das técnicas e pressupostos dos negócios, aliás, as organizações são criadas por seres humanos para servir seres humanos. Portanto, focar pessoas, cuidar delas e valorizá-las é caminho para o sucesso.

Mesmo quando se tem muitos clientes problemáticos, eles ainda são melhores do que não ter cliente algum. Clientes problemáticos, quando são muito numerosos, por certo representam algum problema nos processos organizacionais, portanto, é preciso rever os processos de atração e retenção e, principalmente, como os contatos/relacionamento estão acontecendo. Clientes são pessoas e se comportam com base em emoções e razão; os gestores não podem se esquecer disso se realmente desejam mostrar que se importam com eles.

4. Clientes também são recursos: transforme-os em vendedores

A ideia aqui não é usar os clientes como recursos estratégicos exploráveis, mas, sim, entender que, se forem bem atendidos e surpreendidos, os clientes podem se tornar fonte segura e alternativa de comunicação positiva da organização (os clientes fazem publicidade favorável ao negócio).

Para os profissionais de marketing é possível tornar o cliente uma fonte de publicidade positiva. Os pessoas, clientes ou não, gostam de falar sobre produtos, marcas e outras pessoas, portanto, é necessário dar aos clientes bons argumentos para que eles façam marketing de boca a boca (*buzzy marketing*) favorável. O efeito da opinião positiva dos clientes, quando falam sobre a organização e seus produtos, pode ser absorvido como sincero e convicto, influenciando outros a fazer negócio com a empresa. O melhor de tudo é que isso é feito pelos clientes sem cobrar nada em troca.

Nesse sentido, quanto melhor for a imagem do produto e da marca na mente do cliente, melhor será a argumentação dele em defesa da organização. Quem valoriza e surpreende positivamente os clientes tende a conseguir deles maiores esforços para divulgar o que, para eles, a empresa tem de melhor.

5. Quanto maior a participação de mercado, possivelmente maior será o valor

Na internet, a chave para o sucesso é a participação de mercado e as relações dela advindas, ou seja, quanto mais pessoas visitam seu site, em tese mais valioso seu negócio (site) é.

Em outras palavras, quanto mais a organização é conhecida da rede (quanto mais ela é identificada no ambiente virtual), melhor. No ambiente tradicional, físico, maior participação de mercado costumeiramente é revertido em maior valor.

6. Quanto maior a quantidade e a qualidade das informações, maior o valor: surge o infomediário

Uma interessante constatação trazida pelo advento da internet é a relação de valor que se tem com a informação. Mesmo sendo cada vez mais numerosa e disponível, quanto mais precisa ela for, mais valor ela poderá conferir.

Um fator que chama a atenção nessa relação entre valor e informação é o que vem ocorrendo com os intermediários. A rede mundial de computadores é capaz de facilitar o contato entre quem produz e quem consome, o que acaba pondo fim a muitas estruturas intermediárias. Enquanto a rede extingue uma série de intermediários, cria outros adequados a sua realidade. Nasce o "infomediário", um tipo de intermediário cujo espaço de atuação é a internet.

O que justifica o surgimento dessa nova modalidade de intermediário é a necessidade de eficiência e acesso a conteúdos cada vez mais numerosos e dispersos, portanto, mais difíceis de manejar. Em certos casos, a quantidade de informação disponível tornou-se tamanha que especialistas na identificação e utilização de suas partes específicas passaram a ser fundamentais.

Como exemplo de atuação dos infomediários, tem-se os sites de pesquisa de preço, nos quais os clientes podem encontrar comparações atualizadas de suas listas de compras em supermercados. Também podem encontrar tabulações sobre hotéis e motéis, restaurantes, casas noturnas, farmácias, vendedores de eletrodomésticos, concessionárias de automóveis etc. Talvez dentre as principais preocupações relativas à atuação dos infomediários encontremos: a necessidade de fontes seguras para o levantamento dos dados (geralmente os próprios fornecedores de determinado produto ou serviço são essas fontes); a necessidade de meios de tabular os dados disponíveis (gerar informações e conhecimento de estatística); e fazer tudo isso chegar aos usuários da rede assim que demandadas as informações.

Com isso, percebe-se que, quanto maior a quantidade e a qualidade das informações disponíveis, maior seu valor de uso, ou seja, o valor de certas atividades aumenta genericamente, tornando-as mais notórias à medida que maior número de pessoas passa a utilizá-las direta ou indiretamente. Quanto maior o número de pessoas que utilizam serviços de comparação de preços em ambiente on-line, ou mesmo classificados de jornais, maior será o valor da prática profissional que dá suporte e torna possível o serviço que está sendo prestado, bem como o valor da própria informação.

7. Intermediários: morte e revitalização no ambiente da internet

Com o uso da internet em transações comerciais, especialmente a partir do momento em que se constatou seu potencial de atingir todos os segmentos de mercados e todos os clientes e consumidores ativos, ocorreu um forte movimento com o princípio competitivo de repensar o papel dos intermediários. No primeiro momento, muitos segmentos de mercado, destacando-se o varejo tradicional, sofreram fortes tensões com a desintermediação. Porém, a preocupação com a desintermediação era apenas parte da história. Segundo Kotler (2000a), mesmo com vários intermediários estabelecidos saindo dos negócios, novos intermediários surgiram para suprir as necessidades ligadas aos serviços na internet, tanto dos consumidores como das organizações. Portanto, com a preocupação da desintermediação, muitos sucumbiram, mas também muitos perceberam a oportunidade de exercer novas formas de intermediação.

Para os clientes, o papel do intermediário também é importante na rede, porque presta um serviço de estabelecer contato entre cliente e fornecedor: se algum interessado em comprar um produto qualquer sem sair de casa não sabe qual é o endereço eletrônico da empresa fornecedora, poderá acessar certo tipo de intermediação, a dos sites de busca, e facilmente encontrá-lo. Além disso, os consumidores podem pesquisar preços em sites que oferecem comparações de mercado, além de checar outros fornecedores diretamente, custo e tempo de entrega.

Para as organizações, os intermediários são importantes, porque representam mais uma possibilidade de acesso de clientes potenciais aos seus produtos. Por isso, elas precisam desenvolver suas principais competências, incluindo preço e comunicação, para competirem com maior chance de sucesso na internet e, principalmente, estarem abertas a interações com os intermediários e não os encarar como empecilho.

8. Customização em massa e aumento de valor

Para Fiore (2001, p. 36), é mais fácil customizar a informação do que os bens materiais. O item anterior deixa clara a importância da informação como valor disponível, se sabiamente utilizada. A customização em massa não é fácil de fazer, especialmente no mercado tradicional; por outro lado, a customização da informação chega a ser feita automaticamente na rede. Por exemplo: em *e-business*, pode-se coletar informações sobre fornecedores, clientes e demais *stakeholders* e, a partir delas, melhorar o relacionamento com os clientes por meio da personalização dos relacionamentos.

No que é possível chamar de "velha economia", vivia-se em função das empresas de produtos, sendo seu principal impulso a padronização da produção, dos produtos e dos processos de negócios. Em tal contexto, os fabricantes buscavam beneficiar-se de economias de escala e, até então, a chave para gerir as empresas e seus recursos era a instauração de um sistema de comando e controle que operasse o negócio como uma máquina (Kotler, 2000a).

A nova economia é apoiada pelos dados e informações e pelo conhecimento deles advindo. A informação tem a vantagem de ser fácil de diferenciar, customizar, personalizar e transmitir pelas redes, e a velocidades cada vez maiores. À medida que as organizações se tornam mais eficientes no levantamento de informações sobre os clientes, elas se tornam mais flexíveis, ágeis e capazes de personalizar até individualmente as ofertas e as mensagens em função de cada objetivo.

9. Acessibilidade: espaço e tempo

Nesse novo contexto econômico projetado pela internet, ocorre uma reconfiguração da ação de consumo. Não é mais necessário comprar determinado bem ou contratar determinado serviço dentro de um horário específico, porque não há mais um horário estipulado de atendimento. É possível acessar os conteúdos disponíveis a qualquer hora do dia ou da noite e realizar suas compras e/ou contratações em geral. O cliente é livre para entrar e sair dos conteúdos de uma empresa no www (*World Wide Web*) quantas vezes quiser, fazer sugestões, críticas, baixar conteúdos, acompanhar o andamento da fabricação, o despacho até a entrega, a cobrança de seu pedido etc. Mas não é só isso: os clientes veem aumentados os recursos de comparação de preços, tempo de entrega, entre outros, o que pode fazer a diferença na hora de comprar de uma ou outra empresa.

Sob essa óptica, a internet serve como reguladora de mercado, especialmente no tocante à competição. A atenção à rede mundial de computadores poderá servir como força competitiva ou representar uma fraqueza para as organizações menos habilidosas.

Na obra *Competindo em tempo real*, de 1998, McKenna faz uma boa reflexão para as organizações que precisam e se dispõem a competir em tempo real. Ele destaca que os clientes nunca estão totalmente satisfeitos e, por isso, é necessário sempre atentar ao que se pode fazer para atraí-los e mantê-los, sendo, para isso, cada vez mais necessário conhecer bem o perfil de seus grupos (segmentos) de clientes e, se possível, conhecê-los individualmente.

Se qualquer tecnologia é capaz de criar um ambiente humano totalmente novo (McLuhan, 1967), é possível crer que realmente não há nenhum agente da revolução industrial que pudesse penetrar na cultura de forma tão furtiva quanto o microcomputador (McKenna, 1998). É graças ao seu uso e à sua possibilidade de contínuo desenvolvimento e integração com outros recursos e tecnologias que se pôde tornar a acessibilidade um item tão importante, de modo a causar uma reflexão simbólica do sentido de espaço e tempo.

Hoje, todo produto está virtualmente disponível em qualquer lugar, em todo momento, pelo menos no que se refere ao acesso à informação e à possibilidade de aquisição. O espaço da prateleira da rede é ilimitado (Fiore, 2001). No passado, a maioria dos aparelhos e sistemas, como telefones, relógios de pulso, gravadores e reprodutores de música, funcionavam com informação analógica; hoje, deram lugar ao digital. Essa consideração faz-nos refletir que é, também, graças à capacidade de digitalização que se tem o mercado nos moldes atuais, especialmente quando se pensa sobre o potencial da rede mundial de computadores (Kotler, 2000b).

Enfim, a acessibilidade é uma tendência que veio para ficar. Sua notoriedade deve aumentar nos próximos anos, especialmente com o aumento do acesso móvel (sem fio). A questão do tempo é vista de maneira simples e prática, pois as pessoas buscam aproveitar o máximo possível dos recursos disponíveis para "economizar" tempo, já que, assim, podem aproveitar melhor suas vidas.

10. Outros tópicos relevantes

Vários outros tópicos poderiam ser citados, porém, os mencionados até aqui são, pelo menos, de irrefutável notoriedade global. A seguir são apresentados sinteticamente mais alguns tópicos, que também devem ser levados em consideração, sobretudo porque contribuem com novas formas de pensar os negócios, de agir e de aprender.

a) **Lançar primeiro para corrigir depois:** um tipo de relação entre a demanda de mercado e a ideia do produto. Nesse caso, a organização lança o produto para ser corrigido pelo próprio mercado. O produto é adaptado de acordo com as considerações dos clientes, colhidas diretamente no mercado através dos primeiros usuários, geralmente através da internet (questionários, sugestões e reclamações). Embora pareça uma atividade muito arriscada para a maioria das pessoas, em alguns casos isso pode ser feito sem grandes riscos. Ao que parece, produtos pouco custosos, fáceis de adequar e com baixos índices tecnológicos são os preferidos pelas empresas, mas pode haver casos de produtos sofisticados.

b) **Pensar localmente e agir globalmente:** na economia digital, agir globalmente – sobretudo para quem trabalha com nichos – ficou mais fácil. Uma vez vencidas as barreiras de língua e legislação, muitos empresários encontram oportunidades de aumentar o faturamento aproveitando mercados que, sem a internet, seriam praticamente inacessíveis. Suas ações, mesmo quando em outros países, parecem locais para o público nativo, mas, na verdade, a organização está, às vezes, do outro lado do mundo.

c) **Comunidades de interesses comuns estabelecidas virtualmente (comunidades virtuais):** esta é uma realidade totalmente fundamentada na internet e na economia digital, em que comunidades de interesses comuns se formam, se relacionam e se mantêm organizadas. O acesso a tais comunidades pode tornar-se uma ótima forma de vender produtos, principalmente quando concebidos para tais públicos. As comunidades virtuais podem ser entendidas como segmentos ou nichos de mercados com interesses comuns, mas organizados na rede; se a organização tiver acesso a tal público, terá a oportunidade de vender e lucrar mais.

d) **Usuários têm o poder da comunicação, logo, são "líderes publicitários":** as organizações já perceberam que, na realidade digital, a comunicação não é guiada pelos moldes tradicionais de difusão (seja para as massas ou para os nichos), como ocorre na televisão aberta e nas revistas e jornais de grande tiragem. Na internet, muitos esforços promocionais podem dar em nada simplesmente porque os usuários da rede não se interessaram ou porque o interesse foi muito restrito (de maneira natural). É preciso ter em mente que, no contexto virtual, as pessoas podem dar opiniões, ajudando a disseminar a mensagem promocional; elas podem buscar informações, fazendo com que algumas mensagens sejam acessadas de maneira surpreendentemente grande, ao mesmo passo que outras mensagens podem cair no ostracismo. Algumas informações buscadas hoje, em poucos dias serão desinteressantes e sem reflexo; outras permanecem de interesse por semanas. Por fim, é necessário frisar que os usuários podem cruzar interesses e informações do ambiente virtual (internet) com o ambiente tradicional (TV, revistas e jornais). Talvez a campanha promocional seja mais bem-sucedida se tiver reforço de comunicação utilizando-se o ambiente cibernético e o ambiente tradicional.

e) **Novas marcas (globais ou regionais) continuam nascendo na rede:** na economia digital o lançamento de novas marcas é constante, algumas delas com alcance restrito a um público e/ou localidade, mas cujo crescimento pode depender da disseminação do interesse por ela.

f) **Personalização em massa da informação e do ambiente virtual:** na internet existem capacidades tecnológicas que tornam bem mais fácil personalizar a informação e o ambiente virtual do usuário do que produtos, o que faz do relacionamento eletrônico com os clientes um campo aberto de ideias e ações personalizadas para tornar o ambiente virtual e o contato com as pessoas mais agradável, coerente e fácil.

g) **Poder de autoatendimento na rede:** na internet o cliente pode pesquisar sobre o produto, fazer sua escolha e comprar o que quiser sem a interferência direta de pessoas. Ele faz a compra e paga, informa o destino e as condições da entrega e ainda consegue acompanhar o andamento do processo entre o momento da compra e a chegada do produto, sempre de maneira independente e direta, portanto, sem ter que fazer qualquer tipo de solicitação a terceiros. O autoatendimento é um exemplo da natureza simplificada da rede.

Eficiência no relacionamento com o cliente: fale a língua dele

Para que a organização seja eficiente ao gerenciar o relacionamento com os clientes, virtuais ou tradicionais, ela precisa, pelo menos, considerar e determinar alguns elementos. São eles:

- Definir seus objetivos e limitações: o que se deseja e o que é possível fazer.
- Conhecer profundamente o perfil dos clientes atuais e potenciais: saber se os objetivos e as limitações vão ao encontro, ou não, das necessidades e dos desejos dos clientes.
- Definir a estratégia de clientes: para cada grupo de clientes (segmentos) pode ser necessário um tipo de atendimento, portanto, deve-se definir uma estratégia adequada às expectativas daquele grupo.
- Entender a importância de uma estratégia de infraestrutura consistente e integrada aos demais setores da empresa: é preciso ser capaz de realizar o que foi planejado, o que geralmente tem início na própria estrutura gerencial e de processos da organização, tanto para os aspectos eletrônicos como para os físicos (neste último, deve haver especial atenção com a gestão do canal de entrega, por exemplo).
- Cumprir os compromissos estabelecidos: os clientes não querem ficar esperando pelos produtos, muito menos receber justificativas do porquê algo deu errado; eles querem apenas receber aquilo que adquiriram.

É necessário destacar agora que o **Marketing de permissão** deve ser utilizado, pois os clientes atual e potenciais podem não gostar de ser incomodados pelas informações de campanhas publicitárias, por exemplo. É preciso que se pergunte ao cliente se ele se interessa pelo contato feito pela empresa e, em caso positivo, que tipo prefere e em que momentos ou condições. Os gestores precisam garantir que as ações sejam limitadas para ir até onde o cliente permitiu. Infelizmente, nos últimos anos não é isso que muitos usuários da rede têm observado: muitas empresas, algumas de caráter duvidoso, estão congestionado caixas postais eletrônicas de potenciais clientes com mensagens, geralmente de vendas de produtos, absolutamente desinteressantes e fora dos padrões de consumo dos clientes. Pior ainda, muitos clientes tentam avisar as empresas de que não têm interesse, mas elas insistem em enviar mensagens que fazem apenas irritar seus recebedores.

Conectar-se ao cliente é importante, mas com sua permissão. A privacidade é uma das principais condições que as pessoas querem preservar em suas vidas. Ao que parece, algumas organizações pensam que os clientes são "máquinas de comprar" e esquecem que são pessoas com sentimentos.

É imprescindível que as organizações e seus clientes se entendam. Isso corresponde a dizer que não podem ocorrer discrepâncias entre o que é de responsabilidade de cada uma das partes. Caso isso ocorra, que não seja a organização a culpada pela discrepância, pois o cliente não costuma perdoar com facilidade erros dessa natureza.

Em outras palavras, cada organização precisa estar atenta aos anseios de seus clientes, portanto, precisa estar "conectada" a eles. Ela deve conquistar a participação dos clientes em vez de apenas focar a participação no mercado, pois clientes satisfeitos e participantes tendem a repetir com maior frequência as compras, permanecer como clientes ativos e indicar novos clientes. Isso quer dizer que a participação positiva dos clientes (envolvimento deles) acaba provocando aumento na participação de mercado.

Obter a atenção de um consumidor não é nada fácil. Na era do e-relacionameto, entretanto, captar e manter a atenção de um cliente é a chave para o sucesso de qualquer organização que atue no ambiente virtual (Fiore, 2001).

Os seres humanos costumam dar valor a elementos como compromisso, honra, verdade, portanto, faça com que sua organização seja honrada e possivelmente terá clientes honrosos. Afinal, todos têm direitos e, sobretudo, responsabilidades; quando o cliente percebe isso, tende a ser fiel, mesmo com as constantes e tentadoras ofertas de outros fornecedores na internet.

Considerações finais

Cada organização precisa estar atenta aos anseios, desejos e às necessidades de seus clientes, colocando-se em seu lugar para compreendê-los e saber até que ponto é capaz de realizar o que eles desejam.

As organizações com maiores chances de sucesso no e-relacionamento são aquelas que não perdem de vista sua missão e visão, sobretudo buscando saber se são capazes de identificar quais são os reais interesses dos públicos que atendem. Tais organizações devem buscar no arcabouço das novas regras da economia oportunidades de ação no mercado.

Enfim, muitas constatações podem ser feitas no que se refere ao e-relacionamento, pois o comércio eletrônico, assim como o convencional, apresenta oportunidades de negociação para a maioria dos produtos e serviços existentes, portanto, depende de cada organização saber aproveitar as oportunidades para desenvolver um bom relacionamento com o seu *e-customer* (consumidor eletrônico).

Resumo

Conhecer o e-relacionamento já é visto como fundamental. O momento para as organizações é crucial, não apenas porque precisam aprender a lidar com novas ferramentas tecnológicas e mercadológicas, como também porque, se não o fizerem, e rápido, podem perder participação de mercado. A gestão de relacionamento com o cliente é cada vez mais importante para as organizações de quaisquer setores, logo, o entendimento das novas regras da economia que norteiam o relacionamento entre organizações e clientes tornam-se primordiais, principalmente no caso das organizações comprometidas em manter os clientes satisfeitos e lucrar com isso.

Exercícios

1. Disserte sobre como o relacionamento eletrônico com os clientes pode mudar a realidade de uma organização que até então atuava apenas no comércio tradicional.
2. Quem é o intermediário na rede mundial de computadores (internet)? Será que ele é necessário? Justifique sua resposta.
3. Por que é importante desenvolver meios de comunicação (relacionamento) entre os clientes e as organizações, de tal forma que todos "falem a mesma língua", ou seja, que se entendam?

4. Por que é importante ter a permissão dos clientes para entrar em contato com eles e fazer-lhes ofertas?

Referências

BARROS, C. D. C. Relacionamento eletrônico: *o fenômeno da comunicação virtual*. s. d. Disponível em: <http://www.holosteam.com.br/artigos.php?id=26>. Acesso em: 10 maio 2010.

BROWN, S. A. *CRM – Customer relationship management*: uma ferramenta estratégica para o mundo e-business. São Paulo: Makron Books, 2001.

FIORE, F. *E-marketing estratégico*. São Paulo: Makron Books, 2001.

GOLDSCHMIDT, A. Stakeholds – como interagir com tantos públicos diferentes. *Integração*, revista eletrônica do Terceiro Setor. Disponível em:. <http://integracao.fgvsp.br/ano6/04/financiadores.htm>. Acesso em: 10 ago. 2005.

KOTLER, P. *Administração de marketing*: a edição do novo milênio. São Paulo: Prentice Hall, 2000a.

KOTLER, P. *Marketing para o século XXI*: como criar, conquistar e dominar mercados. São Paulo: Futura, 2000b.

KOTLER, P. *O marketing na nova economia*. Disponível em <http://www.prenhall.com/kotler_br>. Acesso em: 10 abr. 2005.

McKENNA, R. *Competindo em tempo real*: estratégias vencedoras para a era do cliente nunca satisfeito. Rio de Janeiro: Campus, 1998.

McKEOWN, M. *E-customer*: os clientes estão mais rápidos e mais espertos. Capture-os. São Paulo: Makron Books, 2002.

McLUHAN, M. et al. *The medium is the message*. Corte Madera: Ginko Press Inc., 1967.

MORGAN, G. *Imagens da organização*. São Paulo: Atlas, 1996.

PEPPERS AND ROGERS GROUP. *CRM series*: marketing one to one. 2. ed. São Paulo: Makron Books, 2001.

ROSENBERG, M. J. *E-learning*: estratégias para a transmissão do conhecimento na era digital. São Paulo: Makron Books, 2002.

ROSEN, E. *Marketing boca a boca*. São Paulo: Futura, 2001.

ZAMBON, M. S.; BENEVIDES, G. Compra por impulso e dissonância cognitiva no varejo. In: GIULIANI, A. C. *Gestão de marketing no varejo*. São Paulo: OLM, 2003.

Satisfação e insatisfação de clientes

12

Manuel Meireles

O objetivo deste capítulo é abordar dois conceitos importantes para conquistar e mantes clientes: a satisfação e a insatisfação. Estes dois conceitos não são complementares, o que significa dizer que, se uma empresa tem 10% de clientes insatisfeitos, não significa que 90% dos clientes estão satisfeitos. Pesquisas mostram que há uma relação indireta que liga a satisfação dos clientes à lucratividade nas empresas: a qualidade dos produtos ou serviços leva à satisfação do cliente; esta leva à lealdade, que conduz à lucratividade. Se uma empresa quer ser lucrativa, a satisfação dos seus clientes é fundamental para isso.

Introdução

Para Oliver (1980), a satisfação do consumidor é considerada um julgamento avaliativo de pós-escolha de uma ocasião específica de compra. Ou seja, após a escolha e consumo do produto ou serviço o cliente pode fazer um julgamento quanto ao grau de satisfação que obteve. Este autor acrescenta que satisfação é um preenchimento prazeroso, ou seja, o consumidor sente que o consumo preenche alguma necessidade, desejo ou objetivo de forma prazerosa, o que gera um desempenho favorável em comparação a um padrão existente. Yi (1990) conceitua satisfação como o julgamento atitudinal que se realiza após a compra ou após uma série de interações do consumidor com um produto. Como resultante da satisfação, segundo Jones et al. (2000), ocorre a retenção de clientes, o que leva, como afirmam Bansal e Taylor (1999), ao bom desempenho organizacional.

Satisfação

Satisfação é a resposta de plenitude do consumidor: é o julgamento de que um aspecto de um produto ou serviço, ou o próprio produto ou serviço, oferece (ou está oferecendo) um nível prazeroso de plenitude relacionado ao consumo, incluindo níveis de satisfação baixos ou elevados (Oliver, 1997).

A satisfação do consumidor, no entender de Rossi e Slongo (1998), possui duas dimensões essenciais: a satisfação referente a uma transação específica e a satisfação acumulada, isto é, um conjunto de situações de satisfação. Homburg et al. (2005) verificaram que a satisfação do consumidor influencia positivamente o julgamento de aumento de preço, gerando intenções de futuras recompras. Ou seja, quando um cliente é bem atendido, comprando um produto que gere *status*, prazer ou satisfação, ele se dispõe a pagar mais e não considera injusto se houver um aumento de preço.

Oliver (1997) defende que o efeito da satisfação nos lucros ocorre por meio da retenção (ou lealdade). De acordo com este autor, clientes satisfeitos com uma empresa (1) aumentam o volume de compras nessa empresa; (2) toleram elasticidades de preços mais baixas; (3) estão mais atentos aos esforços de comunicação dessa empresa; e (4) ficam mais isolados ou menos atentos às ofertas da concorrência.

Atingir a satisfação do cliente não é uma tarefa fácil, dizem Stone e Woodcock (1998); entretanto, persegui-la pode trazer vantajosas compensações. Devido à grande concorrência existente nos dias de hoje, os consumidores estão buscando relacionamentos longos com empresas que possam lhes dar conforto, confiança e segurança.

O gerenciamento da **satisfação de clientes** se transformou em um imperativo para o sucesso de grande parte das empresas, no entender de Anderson et al. (1994); Oliver (1997); Anderson e Mittal (2000).

É importante levar em conta que altos níveis de satisfação, às vezes, são acompanhados de um crescimento contínuo na deserção de clientes. Em pesquisa realizada por Reichheld (1993), descobriu-se que 65% a 85% dos clientes que trocaram de fornecedor disseram estar satisfeitos com o fornecedor antigo. Pode-se afirmar, desta forma, que a satisfação nem sempre é suficiente para gerar comportamentos de lealdade por parte dos clientes e que a retenção pode depender de fatores adicionais como, por exemplo, os custos de mudança.

Insatisfação

Tão ou mais importante que a satisfação para o resultado da empresa é a insatisfação dos clientes. Segundo Evrard (1993), a satisfação pode ser vista como um *continuum* unidimensional entre dois polos opostos: satisfação e insatisfação. Maddox (1981) amplia esse conceito criando sua "*two-factor theory*" (a teoria dos dois fatores), em que propõe que a satisfação e a insatisfação são dois conceitos diferentes, uma vez que ambos não estão diretamente relacionados. O autor indica que os níveis de satisfação e insatisfação são independentes, utilizando-se, para explicá-los, da metodologia do incidente crítico, uma metodologia que permite a reconstrução do que acontece entre o fornecedor e o cliente.

Para Mittal e Lassar (2000), o impacto dos desempenhos negativos sobre a satisfação dos consumidores é bem maior que o impacto dos desempenhos positivos. Desta forma, a insatisfação pode anular a satisfação, embora o contrário não ocorra. Esta influência assimétrica explica por que aumentos na satisfação não são seguidos por correspondentes aumentos na retenção, apesar do grande impacto da insatisfação na troca de empresa em um mercado competitivo.

De acordo com Day (1984), a insatisfação é uma emoção negativa gerada pela desconfirmação de expectativas na experiência de consumo.

A teoria da desconfirmação, de acordo com Oliver (1980), é utilizada como apoio para explicar o processo de formação da satisfação nos consumidores, pois envolve expectativas e performance. A comparação entre a performance e a expectativa origina a desconfirmação, que pode ser positiva (performance superior à expectativa), neutra (igualdade entre performance e expectativa) ou negativa (performance inferior à expectativa).

Para este autor, "a satisfação é uma resposta emocional complexa que se segue à desconfirmação de experiências" (p. 41).

O paradigma da desconfirmação é utilizado como indicador de satisfação no qual o escore obtido (ESC) é a média da somatória das diferenças entre a *performance percebida* (P) e a *expectativa* (E) para cada um dos atributos (*i*) do produto ou do serviço:

$$ESC = \frac{\sum_{i=1}^{n}(P_i - E_i)}{n}$$

Recentemente, uma crítica ao paradigma da desconfirmação apareceu no trabalho de Spreng et al. (1996), que reexaminaram os determinantes da satisfação do consumidor. Este exame confirmou que há uma relação entre os desejos do consumidor e sua satisfação. Os autores afirmam que a satisfação geral do consumidor decorre tanto da congruência de seus desejos quanto da **desconfirmação positiva** de suas expectativas. Ou seja: quanto mais um produto ou um serviço se aproxima da expectativa que o cliente tem de tal produto ou serviço, melhor tende a ser a avaliação do cliente de tal serviço ou produto.

Reclamações

Reclamação é um tipo de comportamento pós-insatisfação. Singh (1989) define o comportamento pós-insatisfação como um conjunto de múltiplas respostas (comportamentais ou não), algumas delas (ou todas) geradas por uma insatisfação percebida em um episódio de compra.

Singh (1989) sugere que as respostas dos clientes à insatisfação podem ser categorizadas em três grandes grupos: 1) respostas por voz, incluindo a reclamação direta à empresa; 2) comunicação boca a boca negativa, incluindo troca de empresa; e 3) ações junto a agências externas e ações legais. Um ponto importante é que estas ações não são mutuamente excludentes, isto é, os clientes podem desenvolver ações de um ou mais grupos.

Para Andreasen e Best (1977), uma em cada cinco experiências de compra resulta em algum tipo de insatisfação. De acordo com Bell e Zemke

(1987), um em cada quatro clientes de empresas médias norte-americanas está aborrecido o suficiente para interromper qualquer vínculo com elas, caso encontre uma alternativa razoável. Essas situações, para Berry e Parasuraman (1995) e Bitner et al. (1990), parecem ser ainda mais comuns no setor de serviços, devido a algumas características peculiares inerentes à atividade, tais como a intangibilidade, maior interdependência entre as partes e maior contato pessoal entre funcionários e clientes. Devido a essas características, são geradas maiores e mais constantes divergências entre os consumidores e a empresa.

Um cliente insatisfeito que não reclama à empresa gera uma série de inconvenientes: (1) a empresa perde a oportunidade de remediar o problema e reter o cliente (Hirschman, 1970); (2) a reputação da empresa pode ser danificada por comunicação boca a boca negativa realizada por clientes insatisfeitos (Richins, 1983), resultando em perda de clientes potenciais e correntes; (3) a empresa é privada de informações valiosíssimas sobre a qualidade de seus produtos e serviços (Fornell e Wernerfelt, 1987), o que a impede de rever seu processo e realizar melhorias.

Índices de satisfação

Há que se distinguir bem entre cliente e consumidor, como apontado em capítulo precedente, embora os dois termos apareçam muitas vezes como sinônimos, o que não é o caso.

De acordo com Kruel et al. (2008), a pesquisa de satisfação de clientes capta a voz de tais clientes para obter o sentimento resultante de uma experiência de consumo de determinado produto ou serviço (ou de ambos), a fim de verificar se esse resultado confirma ou não a expectativa prévia desses consumidores. É, na realidade, o ponto de vista do cliente em relação à performance da empresa que, a partir disso, fornece subsídios para que a organização tome decisões futuras de comercialização e marketing.

Há diversos modelos destinados a captar os níveis de satisfação e insatisfação dos clientes, destacando-se os modelos ECSI e ACSI. O ECSI (*European Costumer Satisfaction Index* – Índice de Satisfação do Consumidor Europeu) analisa o relacionamento da satisfação com seus antecedentes (imagem, expectativa, qualidade e valor) e consequentes (reclamação e lealdade); o ACSI (*American Customer Satisfaction Index* – Índice de Satisfação do Consumidor Americano) é um índice norte-americano de desempenho, baseado no mercado, para empresas, indústrias, setores econômicos e economias nacionais.

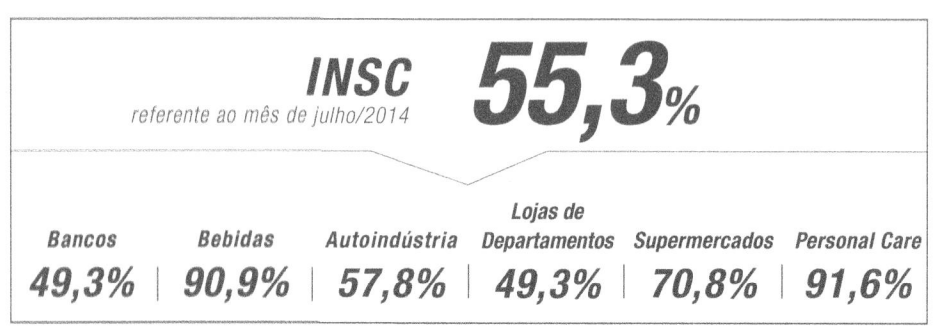

	INSC **55,3%**				
referente ao mês de julho/2014					
Bancos	Bebidas	Autoindústria	Lojas de Departamentos	Supermercados	Personal Care
49,3%	**90,9%**	**57,8%**	**49,3%**	**70,8%**	**91,6%**

Fonte: http://www.insc.com.br/resultados/.

FIGURA 12.1 – Resultados do INSC referentes a julho de 2014.

No Brasil há dois importantes índices que medem a satisfação do público-alvo das empresas:

1. INSC – Índice Nacional de Satisfação do Consumidor (http://www.insc.com.br/), desenvolvido pela Escola Superior de Propaganda e Marketing (ESPM), é de âmbito nacional e tem por objetivo avaliar a qualidade dos bens de consumo e serviços com base na opinião do consumidor. Essa opinião é publicada na internet e refere-se a bens de consumo e serviços dos vários setores representativos da economia brasileira. Os resultados são divulgados sempre no dia 10 de cada mês ou no próximo dia útil. A Figura 12.1 mostra um extrato da satisfação.
2. BCSI ou IBSC – Índice Brasileiro de Satisfação do Cliente (http://www.braziliancsi.com.br/), criado em 2012 por uma iniciativa da Universidade de São Paulo (USP), em parceria com a Universidade Nova Lisboa, de Portugal, e a Universidade de Michigan, dos Estados Unidos. O objetivo é medir o grau de satisfação do consumidor e levantar os pontos fortes e fracos das empresas para que melhorem a prestação de seus serviços.

O Índice Brasileiro de Satisfação do Cliente faz parte da rede ACSI – *American Customer Satisfaction Index*, presente em 17 países com mais de 40 setores estudados, o que possibilita a análise comparativa de desempenho em nível global.

Qualidade percebida do produto
- Confiabilidade
- Customização
- Total

Qualidade percebida do serviço
- Confiabilidade
- Customização
- Total

Qualidade global percebida
- Confiabilidade
- Customização
- Total

Valor percebido
- Preço, dada a qualidade
- Qualidade, dado o preço

Expectativas dos clientes
- Confiabilidade
- Customização
- Total

Satisfação dos clientes (BCSI)
- Satisfação
- Comparação vs ideal
- Concorda/discorda
- Expectativas

Reclamações dos clientes
- Comportamento de reclamação

Lealdade dos clientes
- Probabilidade de compra
- Tolerância a preços
- Preço de reserva

Fonte: http://www.braziliancsi.com.br.

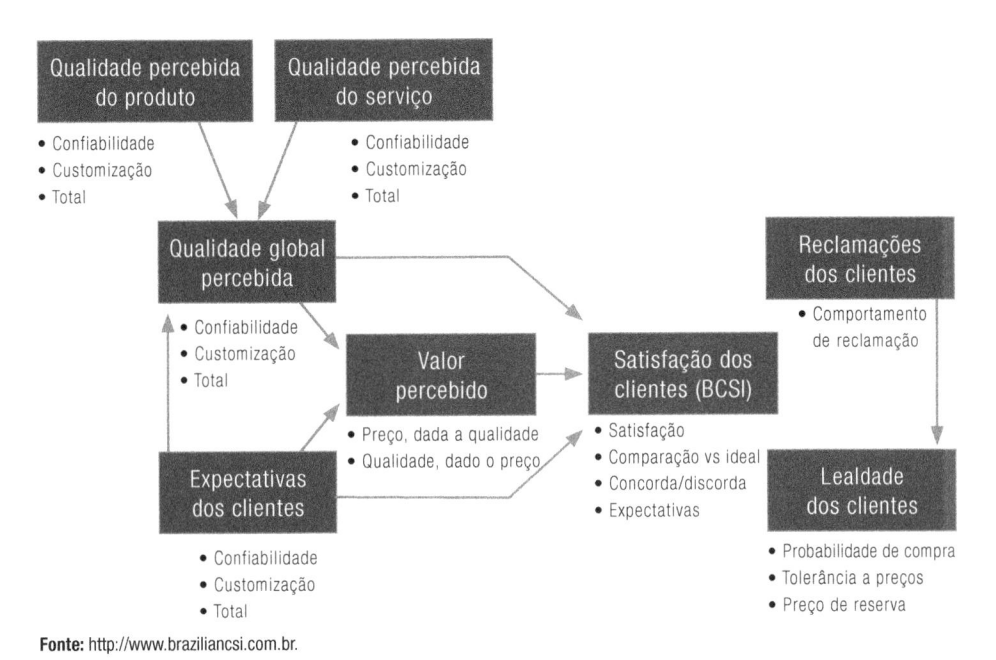

FIGURA 12.2 – Modelo BCSI.

O modelo do Índice Brasileiro de Satisfação do Cliente é exibido na Figura 12.2. Esse modelo considera que a (i) **qualidade percebida** e a (ii) **expectativa dos clientes** concorrem para o (iii) **valor percebido**. Estes três elementos são fundamentais para o nível de (iv) **satisfação dos clientes**, que promove a (v) **lealdade do cliente**, que se reduz caso ocorra (vi) **insatisfação** expressa pelas (vii) **reclamações dos clientes**.

Esses conceitos são vistos ou revistos a seguir:

i. **qualidade percebida.** Para Fornell et al. (1996), o primeiro determinante da satisfação geral é a qualidade percebida ou performance. A qualidade percebida, para tais autores, é a avaliação feita pelo mercado servido de recente experiência de consumo, e espera-se que tenha um efeito direto e positivo na satisfação geral do consumidor. A qualidade percebida está diretamente associada à satisfação, pois é o resultado de um processo de comparação entre as expectativas do consumidor e a percepção do desempenho do serviço, segundo Parasuraman e Grewal (2000). Por este motivo, o estudo da qualidade percebida está ligado às pesquisas sobre a satisfação, já que ela utiliza raciocínios similares fundamentados na desconfirmação de expectativas sobre o desempenho de um serviço. Parasuraman e Grewal (2000) argumentam que a principal diferença entre tais constructos é que a satisfação seria o resultado da avaliação que um consumidor faz de uma transação específica, enquanto a qualidade percebida é interpretada como uma atitude relacionada à avaliação global que o consumidor efetua da oferta de um serviço.

ii. **expectativa dos clientes.** As expectativas, de acordo com Fornell et al. (1996), representam a prévia experiência de consumo com a oferta da empresa, incluindo informação não experenciada, disponível através de propaganda, boca a boca e previsão da capacidade do fornecedor de entregar qualidade futura. Desta forma, o papel preditivo da expectativa sugere um efeito positivo sobre a satisfação geral. As expectativas são apenas um dos elementos de referência pelos quais os consumidores, segundo Oliver (1997), avaliam suas experiências. De acordo com Churchill e Surprenant (1982, p. 492), os consumidores podem usar diferentes tipos de expectativas na formação de opiniões a respeito da "performance antecipada" dos produtos.

iii. **valor percebido.** O valor percebido é a avaliação geral feita pelo consumidor da utilidade de um produto, baseada em percepções do que é recebido e do que é dado, ou seja, uma escolha forçada entre o que é recebido pelo consumidor em troca do que é dado à empresa, conforme Zeithaml (1988). Este autor afirma que o valor pode assumir quatro significados: (a) preço baixo, (b) obtenção do que se quer junto ao produto, (c) qualidade recebida comparada ao preço pago e (d) recebimento em relação ao que se paga. Desta forma, o valor percebido, segundo Zeithaml (1988), é um constructo que traduz a relação entre os benefícios provenientes de uma determinada oferta *versus* os sacrifícios a que o cliente incorre para a sua obtenção. Resulta de uma avaliação global do cliente mediante a comparação entre aquilo que recebe (benefícios) e o que lhe é dado em troca (sacrifícios). O valor percebido, de acordo com Rust et al. (2001), é o principal esteio que sustenta os relacionamentos existentes entre uma empresa e seus clientes, pois tem como função representar aquilo que o cliente entende, em um dado momento, como valioso para o início e para a manutenção de um relacionamento duradouro com um fornecedor específico no decorrer de sua vida útil de compra ou de consumo.

iv. **satisfação dos clientes.** A satisfação de um cliente com o produto ou serviço recebido expressa a sua avaliação quanti-qualitativa sobre o mesmo. Oliver (1999) afirma que a satisfação frequente e acumulativa afeta a lealdade, possibilitando que eventos individuais e sucessivos de satisfação formem, junto com outras variáveis, um sentimento de preferência duradoura pelo produto ou serviço.

v. **lealdade dos clientes.** A lealdade é a existência de um comprometimento profundo de comprar ou utilizar novamente um serviço no futuro e, assim, ocorrerem compras repetidas na mesma empresa, apesar de influências situacionais e esforços de marketing terem o potencial de causar comportamento de mudança (Oliver, 1999). De acordo com Griffin (1998), a lealdade do cliente pode ser definida em relação ao comportamento de compra. Para o autor, leal é o cliente que realiza compras regulares e repetidas, compra as diversas linhas de produtos e serviços da empresa, recomenda os produtos e os serviços a outras pessoas, mostra-se imune aos apelos da concorrência. A ideia deste autor é que a lealdade baseia-se exclusivamente no comportamento dos clientes, e é definida por ele como compras não aleatórias ao longo do tempo. O termo "não aleatório" é destacado pelo autor, pois o cliente leal tem uma tendência específica em relação àquilo que compra e de quem compra. Suas escolhas não ocorrem aleatoriamente. Para Gerpott et al. (2001), lealdade é a atitude favorável de um cliente perante uma empresa e seus serviços. Stone e Woodcock (1998) afirmam que os retornos das empresas ao conquistarem a lealdade e a credibilidade dos clientes podem ser enormes: o aumento no volume de vendas e o consequente aumento nos lucros.

vi. **insatisfação.** A insatisfação, de acordo com Howard e Sheth (1969), pode ser entendida como o estado cognitivo de se estar inadequadamente gratificado em uma situação de compra, pelo sacrifício que o cliente fez. A satisfação não tem como seu oposto a insatisfação.
vii. **reclamações dos clientes.** As reclamação são comportamentos dos clientes denotando algum grau de insatisfação com o produto ou serviço.

Pesquisas de satisfação e insatisfação do cliente

De acordo com Churchill e Surprenant (1982), as pesquisas sobre satisfação do cliente começaram a receber destaque na década de 1970. Para Anderson e Mittal (2000), a insatisfação tem maior impacto sobre a intenção de recompra do que a satisfação: à medida que a insatisfação aumenta, clientes tendem a examinar outras marcas. Dessa maneira, a insatisfação também pode ser monitorada como forma de índice ou métrica em relação à intenção de recompra, podendo impactar nos resultados financeiros em longo prazo da empresa.

Giacobo et al. (2003) afirmam que clientes insatisfeitos propagam, a outros clientes ou a potenciais consumidores, com muita satisfação e facilidade, as péssimas impressões deixadas por uma empresa.

Rossi e Slongo (1998) afirmam que as pesquisas de satisfação de clientes podem ser vistas como uma das principais ferramentas do sistema de informação, sendo muito úteis para embasar o processo de tomada de decisões e para mensurar a performance da organização a partir do ponto de vista do cliente, indicando caminhos para as decisões futuras de aperfeiçoamento nas diretrizes organizacionais.

Segundo Salazar e Farias (2006), foi na década de 1970, com os trabalhos sobre a desconfirmação das expectativas e a sua influência na avaliação dos produtos, que o estudo da satisfação começou a ser legitimado como campo de pesquisa. Mas foi apenas na década seguinte que esses estudos se disseminaram e forneceram contribuições para organizações públicas e privadas. Desde então, percebe-se um interesse mais intenso por esse tipo de estudo, uma vez que, nesse momento, já se tinha plena consciência de que a satisfação do cliente determina, conforme colocado anteriormente, uma recompra, a lealdade e o boca a boca positivo. Além disso, o próprio impulso dos movimentos em direção à qualidade total deu ênfase às pesquisas neste campo.

Pesquisas regulares da satisfação de seus clientes são importantes para as empresas que estejam voltadas para o mercado e atentas às respostas dos clientes aos seus produtos e serviços. De acordo com Kohli e Jaworski (1990), a geração e a disseminação de informações, juntamente com a resposta ao mercado, assumem uma posição de destaque no desempenho das organizações, uma vez que fornecem as bases para o direcionamento das ações de melhoria na satisfação do cliente. Além disso, pesquisas de satisfação transmitem aos clientes a mensagem de que a empresa está preocupada em melhorar sua oferta, gerando mais valores e benefícios.

Kruel et al. (2008) afirmam que a pesquisa de satisfação de clientes capta a voz do cliente para obter o sentimento resultante de uma experiência de consumo de determinado produto ou serviço (ou ambos) para se verificar se esse resultado confirma ou não a expectativa prévia deste consumidor. Na realidade, é o ponto de vista do cliente em relação à performance da empresa, que, a partir disso, fornece subsídios para que a organização tome decisões futuras de comercialização e marketing. Para Rossi e Slongo (1998), há também outros benefícios proporcionados pela pesquisa de satisfação de clientes: perspectiva mais positiva dos clientes quanto à empresa, informações mais precisas e atualizadas quanto às necessidades dos clientes, relações de lealdade com os clientes, baseadas em ações corretivas, e confiança desenvolvida em função de maior aproximação com o cliente.

A taxa de retenção de clientes é vista por Rust e Zahorik (1993) como o componente mais importante para que a empresa consolide sua participação no mercado, sendo direcionada pela satisfação do consumidor. Embora a satisfação não seja obrigatoriamente revertida em lealdade, segundo Reichheld (1993), as empresas devem persegui-la e reconhecer que ela é alcançada pela entrega consistente de valor superior ao cliente.

Estudiosos da área da satisfação do consumidor têm proposto inúmeros estudos que objetivam contribuir para um modelo de aplicação que consiga mensurar a satisfação dos clientes. Nesse sentido, muitos autores têm trazido contribuições dos mais variados enfoques.

A pesquisa de satisfação e insatisfação

Para uma boa avaliação da satisfação e insatisfação dos clientes, é necessário que haja pesquisas periódicas. Tais pesquisas podem ser feitas por meio de uma escala tipo Likert (1-5), como mostrada na Figura 12.3.

Pesquisa de opinião					
Proposições	DT	D	I	C	CT
A qualidade dos pratos é boa				X	
A variedade dos pratos é grande			X		
A TV no ambiente é agradável		X			
O ambiente é higiênico/limpo				X	
Posso pagar de diversas formas				X	
O atendimento é rápido			X		
Os atendentes são simpáticos			X		
Os manobristas são confiáveis			X		

Fonte: Elaborada pelo autor.

FIGURA 12.3 – Exemplo de resposta obtida.

Por exemplo, uma pesquisa de opinião referente à satisfação feita com 100 clientes produziu os seguintes resultados, mostrados na Figura 12.4.

Pesquisa de opinião							Mediana	Desempenho
Proposições	DT	D	I	C	CT	Total	Observada	desejado (Kano)
A qualidade dos pratos é boa				X		100	4	3-4
A variedade dos pratos é grande		X				100	2	1-3
A TV no ambiente é agradável	X					100	1	1-3
O ambiente é higiênico/limpo				X		100	3	4-5
Posso pagar de diversas formas				X		100	4	4-5
O atendimento é rápido			X			100	3	1-3
Os atendentes são simpáticos			X			100	4	4-5
Os manobristas são confiáveis			X			100	4	3-4

Fonte: Elaborada pelo autor.

FIGURA 12.4 – Tabulação e análise de desempenho.

Para cada proposição, calcula-se a mediana observada. No caso, como n = 100, calcula-se onde estará o 50º valor. Para a proposição "a qualidade dos pratos é boa", o 50º valor encontra-se na coluna 4 (0 + 2 + 21 + 65); para a proposição "a variedade dos pratos é grande", a mediana está na coluna 2 (7 + 45); para a proposição "o ambiente é higiênico/limpo", a mediana está na coluna 3.

A mediana observada medida é comparada com o desempenho desejado, que deve ser estabelecido pelo modelo de Kano. Note que, neste exemplo, verifica-se um caso em que a mediana observada é inferior ao desempenho adequado. A empresa deve fazer esforços para melhorar o atributo "higiene/limpeza".

Outra análise da pesquisa produz um índice geral de satisfação. Veja a Figura 12.5. Com base na coluna "desempenho adequado", pode-se observar quantos clientes estão satisfeitos e quantos estão insatisfeitos. Isso é feito apenas para os atributos atrativos, obrigatórios e unidimensionais. Os atributos atrativos requerem um desempenho igual ou superior a 3 (em

Análise de satisfação e insatisfação dos clientes						Satisfeitos	Insatisfeitos	Desempenho adequado	Colunas consideradas para satisfeitos	Peso	Satisfação ponderada	Insatisfação ponderada
Proposições	DT	D	I	C	CT							
	1	2	3	4	5							
A qualidade dos pratos é boa				X		98	2	3-4	3-4-5	1	98	2
A variedade dos pratos é grande		X						1-3				
A TV no ambiente é agradável	X							1-3				
O ambiente é higiênico/limpo			X			37	63	4-5	4-5	2	74	126
Posso pagar de diversas formas				X		56	44	4-5	4-5	2	112	88
O atendimento é rápido			X					1-3				
Os atendentes são simpáticos			X			60	40	4-5	4-5	2	120	80
Os manobristas são confiáveis				X		98	2	3-4	3-4-5	1	98	2
										Total	502	298

Fonte: Elaborada pelo autor.

FIGURA 12.5 – Análise da satisfação e insatisfação dos clientes.

uma escala de 1 a 5); os atributos obrigatórios e unidimensionais requerem um desempenho igual ou superior a 4 (na mesma escala).

A coluna "satisfeitos" conta o número de ocorrências atendidas pelo desempenho; a coluna "insatisfeitos" conta o número de ocorrências cujo desempenho não foi considerado satisfatório. Para o atributo "qualidade dos pratos", das 100 respostas coletadas, 98 apontavam desempenho igual ou superior a 3; para o atributo "higiene/limpeza", apenas 37 respostas apontavam desempenho igual ou superior a 4.

A coluna "peso" mostra a importância relativa dos atributos: os atributos atrativos possuem peso 1; os atributos obrigatórios e unidimensionais possuem peso 2. A coluna "satisfação ponderada" (Sp) leva em conta o produto da coluna "satisfação" pelo respectivo peso do atributo; da mesma forma, calcula-se a "insatisfação ponderada" (Ip).

A seguir, calculam-se os totais das colunas ponderadas. É com esses valores que se constrói um oscilador que mostra a força relativa entre a satisfação e a insatisfação (OSI). O oscilador segue a proposta de Wilder (1981) e gera um número entre o mínimo de zero e o máximo de 100. Os níveis 20 e 80 são níveis de referência. A fórmula geral é:

$$OSI = 100 - \left(\frac{100}{\frac{Sp}{Ip} + 1} \right)$$

No presente exemplo, o oscilador de satisfação/insatisfação é dado por:

$$OSI = 100 - \left(\frac{100}{\frac{Sp}{Ip} + 1} \right) = 100 - \left(\frac{100}{\frac{502}{298} + 1} \right) = 100 - \left(\frac{100}{268} \right) = 100 - 37.3 = 62.68$$

De acordo com Wilder (1981), valores iguais ou superiores a 80 denotam uma boa relação entre satisfação e insatisfação. A melhoria deste índice é feita pela redução do nível de insatisfação.

Exercícios

Com vistas a aprofundar o assunto, tente responder adequadamente às seguintes questões:

1. Suponha que no organograma de uma empresa exista o Gerente da Satisfação de Clientes. A qual Diretoria (Compras, Produção, Finanças, Marketing, Vendas) tal gerência, no seu entender, deveria estar vinculada? Justifique a resposta.
2. Qual é a importância de a empresa ter um canal que receba facilmente e processe as reclamações dos clientes?
3. A Figura 12.1 mostra alguns resultados do Índice Nacional de Satisfação do Consumidor (INSC) referentes a julho de 2014. Em dezembro de 2014, o INSC das Lojas de Departamentos que era de 49,3 passou para 80,5. O que pode, no seu entender, justificar tal crescimento?

Considerações finais

Espera-se que o objetivo deste capítulo, que foi apresentar dois conceitos importantes para conquistar e manter clientes, a satisfação e a insatisfação, tenha sido alcançado. Destacou-se que estes conceitos não são complementares e pesquisas mostram que há uma relação indireta que liga a satisfação dos clientes à lucratividade nas empresas: a qualidade dos produtos ou serviços leva à satisfação do cliente; esta leva à lealdade, que conduz à lucratividade. Neste capítulo, por meio de um exemplo, foi mostrado como se pesquisa o cliente e como se avalia a performance da empresa em relação à satisfação/insatisfação por meio de um indicador.

Referências

ANDERSON, E. W.; MITTAL, V. Strengthening the satisfaction-profit chain. *Journal of Service Research*, v. 3, n. 2, p. 107-120, 2000.

ANDERSON, E. W.; FORNELL, C.; LEHMANN, D. R. Customer satisfaction, market share, and profitability: findings from Sweden. *Journal of Marketing*, v. 58, p. 53-66, jul. 1994.

ANDREASEN, A. R.; BEST, A. Consumers complain, does business respond. *Harvard Business Review*, v. 55, n. 4, p. 93-101, jul./ago., 1977.

BANSAL, H. S.; TAYLOR, S. F. The Service Provider Switching Model (SPSM), a model of consumer switching behavior in the services industry. *Journal of Service Research*, v. 2, n. 2, p. 200-218,1999.

BELL, C.; ZEMKE, R. Service breakdown. *Management Review*, v. 76, n. 10, p. 32-6, 1987.

BERRY, L.; PARASURAMAN, A. *Marketing services*. Nova York: The Free Press, 1995.

BITNER, M. J.; BOOMS, B. H.; TETREAULT, M. The service encounter: diagnosing favorable and unfavorable incidents. *Journal of Marketing*, v. 54, p. 71-84, jan. 1990.

CHURCHILL, G. A.; SURPRENANT, C. An investigation into the determinants of customer satisfaction. *Journal of Marketing*, v. 19, n. 4, p. 491-504, nov. 1982.

DAY, R. Modeling choices among alternative responses to dissatisfaction with durable products. In: BELK, R. *Advances in consumer research*. 11 ed. Ann Arbor: ACR, 1984.

EVRARD, Y. *A satisfação dos consumidores*. Working Paper, 1993.

FORNELL, C.; JOHNSON, M. D.; ANDERSON, E. W.; CHA, J.; BRYANT, B. E. The american customer satisfaction index: nature, purpose, and findings. *Journal of Oliver Marketing*, Chicago, v. 60, n. 4, p. 7-12, out. 1996.

FORNELL, C.; WERNERFELT, B. Defensive marketing strategy by customer complaint management. *Journal of Marketing Research*, v. 24 n. 4, p. 337-346, 1987.

GERPOTT T. J., RAMS W., SCHINDLER A. *Customer retention, loyalty, and satisfaction in the German mobile cellular telecommunications*. Telecommunications Policy. Rio de Janeiro: Elsevier, 2001.

GIACOBO, F. et al. Logística reversa: a satisfação do cliente no pós-venda. *REAd*, ed.35, v. 9, n.5, p.1-17, set.-out. 2003.

GRIFFIN, J. *Como conquistar e manter o cliente fiel*: transforme seus clientes em verdadeiros parceiros. São Paulo: Futura, 1998.

HIRSCHMAN, A. *Exit, voice and loyalty*. Cambridge: Harvard University Press, 1970.

HOMBURG, C.; HOYER, W. D.; KOSCHATE, N. Customers' reactions to price increases: do customer satisfaction and perceived motive fairness matter? *Journal of The Academy of Marketing Science*, v. 33, n. 1, p. 36-49, 2005.

HOWARD, J. A.; SHETH, J. *The theory of buyer behavior*. Nova York: Wiley, 1969.

JONES, M. A.; MOTHERSBAUGH, D. L.; BEATTY, S. E. Switching barriers and repurchase intentions in services. *Journal of Retailing*, 2000.

KANO, N.; SERAKU, N.; TAKAHASHI, F.; TSUJI, S. Attractive quality and must-be quality. *Journal of the Japanese Society for Quality Control*, 14, 2, p. 39-48, abr. 1984.

KOHLI, A. K.; JAWORSKI, B. J. Market orientation: the construct, research propositions, and managerial implications. *Journal of Marketing*, v. 54, n. 2, p. 1-18, abr. 1990.

KRUEL, M.; DARONCO, E.; DILL, R. P. *Mensuração da satisfação*: um estudo comparativo entre lógica nebulosa (fuzzy logic) e programação linear. XXXII Encontro da Associação Nacional de Pós-graduação e Pesquisa em Administração, Rio de janeiro, set 2008.

MADDOX, R. N. Two-factor theory and consumer satisfaction: replication and extension. *Journal of Consumer Research*, v. 8, n. 1, p. 97-103, jun. 1981.

MITTAL, B.; LASSAR, W. M. Why do customers switch? The dynamics of satisfaction. *Journal of Services Marketing*, v. 12, n. 2/3, p. 177-195, 2000.

OLIVER, R. L. Whence consumer loyalty?. *Journal of Marketing*, v. 63, p. 33-44, 1999.

OLIVER, R. L. *Satisfaction*: a behavioral perspective on the consumer. Boston: Irwin / McGraw-Hill, 1997.

OLIVER, R. L. A cognitive model of the antecedents and consequences of satisfaction decisions. *Journal of Marketing Research*, v. 17, n. 4, p. 460-469, nov. 1980.

PARASURAMAN, A.; GREWAL, D. The impact of technology on the quality-value-loyalty chain: a research agenda. *Journal of Academy of Marketing Science*, v. 28, inverno 2000.

REICHELD, F. Loyalty-based management. *Harvard Business Review*, v. 71, n. 2, p. 64-73, 1993.

RICHINS, M. L. Negative word-of-mouth by dissatisfied consumers: a pilot study. *Journal of Marketing*, v. 47, p. 68-78, 1983.

ROSSI, C. A. V.; SLONGO, L. A. Pesquisa de satisfação dos clientes: o estado da arte e a proposição de um modelo brasileiro. *Revista de Administração Contemporânea*, v. 2, n. 1, jan./abr. 1998.

ROUSSEAU, D. M.; SITKIN, S. B.; BURT, R. S.; CAMERER, C. Not so different after all: a cross-discipline view of trust. *Academy of Management Review*, v. 23, n. 3, p. 393-404, 1998.

RUST, R. T.; ZAHORIK, A. J. Customer satisfaction, customer retention, and market share. *Journal of Retailing*, 1993.

RUST, R. T.; ZEITHAML, V.; LEMON, K. *O valor do cliente*: o modelo que está reformulando a estratégia competitiva. Porto Alegre: Bookman, 2001.

SALAZAR, V. S.; FARIAS, S. A. Atmosfera de serviços em restaurantes gastronômicos: influências hedônicas na satisfação do consumidor. *Anais do XXX Encontro da Associação Nacional de Pós-graduação e Pesquisa em Administração*, 2006.

SINGH, J. Determinants of consumers' decisions to seek third party redress: an empirical study of dissatisfied patients. *Journal of Consumer Affairs*, v. 23 n. 2, p. 329-54, 1989.

SPRENG, R. A.; MACKENZIE, S. B.; OLSHAVSKY, R. W. A reexamination of the determinants of consumer satisfaction. *Journal of Marketing*, v. 60, n. 3, p. 15-32, 1996.

STONE, M.; WOODCOCK, N. *Marketing de relacionamento*. São Paulo: Littera Mundi, 1998.

WILDER JR., J. W. *New concepts in technical trading systems*. Nova York: Trends Research, 1981.

YI, Y. A critical review of consumer satisfaction. In: ZEITHAML, V. A. *Review in marketing*. Ann Harbor: AMA, 1990. p. 68-113.

ZEITHAML, V. Consumer perceptions of price, quality, and value: a means-end model and synthesis of evidence. *Journal of Marketing*, v. 52, n. 3, p. 2-22, jul. 1988.

Modelo de Kano para identificação de atributos

13

Manuel Meireles

O objetivo deste capítulo é capacitar o leitor a utilizar o modelo proposto por Kano et al. (1984) para determinar atributos do serviço ou do produto que sejam importantes de acordo com a percepção dos clientes. O modelo de Kano classifica os atributos do produto ou serviço baseado na forma como eles são percebidos pelos clientes e seu efeito sobre a satisfação do cliente. Esta classificação é útil para orientar as decisões do projeto do produto ou serviço na medida em que mostra a preferência dos clientes.

Introdução

A Fundação para o Prêmio Nacional da Qualidade (FPNQ) destaca a importância dos indicadores associados aos processos gerenciais que contribuem diretamente para a satisfação dos clientes e sua fidelização aos produtos e marcas. De forma específica, são requeridas as formas como são avaliadas e comparadas a satisfação, a fidelidade e a insatisfação dos clientes, inclusive em relação aos clientes dos concorrentes.

Para avaliar e acompanhar a evolução da satisfação e insatisfação dos clientes é necessário que se façam pesquisas periódicas com os clientes; quanto à fidelidade, esta pode ser medida e comparada pelo número de "clientes em carteira".

Deve-se notar, entretanto, que é extremamente importante que a empresa obtenha desempenho elevado nos atributos dos produtos ou serviços considerados mais importantes pelos clientes. Para conhecer que atributos são esses, recomenda-se o uso do modelo de Kano. O modelo proposto por Kano et al. (1984) é adequado para identificar quais atributos devem ser considerados para satisfazer os clientes. Roos et al. (2009) apresentam este modelo como alternativa para a medição do grau de satisfação que um atributo da qualidade pode trazer na prestação de um serviço sem fins lucrativos.

Operacionalização do modelo de Kano

Para explicar melhor como se aplica o modelo de Kano e como se pode fazer a avaliação do grau de satisfação e de insatisfação dos clientes, daremos, a seguir, um exemplo. Inicialmente, aplica-se o modelo proposto por Kano para saber quais atributos do produto ou do serviço são valorizados pelos clientes.

Passo 1: Definir atributos do serviço ou do produto. Em se tratando de um restaurante, muitos são os atributos que podem ser considerados:

- Qualidade dos pratos
- Variedade dos pratos
- Ambiente com TV
- Higiene/Limpeza
- Formas de pagamento
- Rapidez de atendimento
- Simpatia dos atendentes
- Estacionamento com manobrista

Passo 2: Elaborar instrumento de coleta. O modelo de Kano classifica os atributos de qualidade em (A) atrativos, (U) unidimensionais, (R) reversos, (N) neutros, (O) obrigatórios e (Q) questionáveis.

- **(O) Obrigatórios** (ou óbvios): atributos esperados pelo cliente. Caracterizam-se por não produzirem grande aumento da satisfação quando fornecidos adequadamente. Contudo, quando fornecidos de forma imprópria, causam grande insatisfação. Atributos obrigatórios são os critérios básicos de um produto ou serviço. Se estes atributos não estiverem presentes ou não atingirem um nível de desempenho suficiente, os clientes ficarão extremamente insatisfeitos. Por outro lado, quando estes atributos estiverem presentes ou forem suficientes, não trarão satisfação. De fato, os clientes veem esses atributos como pré-requisitos. Por exemplo, a limpeza em um restaurante é vista como necessária pelos clientes. Caso seja insuficiente, trará insatisfação; porém, se estiver presente, não trará satisfação. Os atributos obrigatórios geralmente não são exigidos explicitamente pelos clientes, pois eles os consideram inerentes.

- **(U) Unidimensionais** (ou lineares): trazem maior satisfação aos clientes à medida que aumenta o nível de desempenho; são atributos que causam satisfação quando fornecidos de forma adequada e insatisfação quando não presentes ou são fornecidos com desempenho baixo. Quanto aos atributos lineares ou unidimensionais, a satisfação do cliente é proporcional ao nível de atendimento: quanto maior o nível de atendimento, maior será a satisfação do cliente e vice-versa. Por exemplo, para uma determinada classe de automóvel, se o gasto de combustível por quilômetro rodado estiver abaixo de um certo nível, quanto menor for o consumo, tanto maior será a satisfação do cliente. Caso o gasto com combustível por quilômetro rodado estiver acima deste nível, o cliente ficará insatisfeito. Podemos dizer que, quanto menor a quilometragem por litro de combustível, tanto maior será a insatisfação do cliente referente a este requisito. Neste exemplo, o nível "zero" é a média da indústria para aquela classe de automóvel. Geralmente, atributos unidimensionais são exigidos explicitamente pelos clientes.
- **(A) Atrativos** (ou excitantes): surpreendem de maneira positiva o consumidor; são atributos que causam satisfação quando fornecidos, mas sua ausência ou fornecimento com baixo desempenho não diminuem a satisfação. Os atributos atrativos ou excitantes são importantes para a satisfação do cliente. O atendimento destes atributos traz uma satisfação mais que proporcional, mas não há insatisfação caso não sejam atendidos. Por exemplo, para um automóvel popular, a

presença de ar-condicionado como equipamento de série traz satisfação, já sua ausência não traz insatisfação. Atributos atrativos não são expressos explicitamente nem esperados pelo cliente.

- **(N) Neutros** (ou indiferentes): atributos que não causam nem satisfação nem insatisfação. Os atributos indiferentes ou neutros são aqueles cuja presença não traz satisfação e cuja ausência não gera insatisfação. São aqueles atributos que nunca – ou apenas raramente – são usados pelo cliente, ou que o cliente não sabe como poderia utilizá-los.
- **(R) Reversos:** atributos cuja presença causa insatisfação. Por exemplo, para algumas pessoas, a presença de aparelhos de TV em restaurantes não é bem-vinda. Para estes clientes, a TV pode ser considerada um atributo reverso.
- **(Q) Questionáveis:** a bem dizer, não chegam a ser atributos. Um atributo questionável indica que a pergunta foi formulada incorretamente, ou que o cliente não a entendeu. O atributo questionável não é representado no modelo teórico de Kano.

O segundo passo no sentido de classificar os atributos se dá por meio de uma pesquisa com os clientes. Para tanto, é necessário que se elabore um instrumento de coleta para ser aplicado, e isso começa pelo entendimento da escala a ser adotada. Para cada atributo, elabora-se um par de questões diametralmente opostas. Isso se deve ao fato de que o respondente pode ter percepções diferentes para a presença e para a ausência de um determinado atributo.

Para cada atributo considerado no passo 1 devem ser elaboradas duas questões. A primeira refere-se à reação positiva de um cliente quando um determinado atributo está presente ou é ofertado com elevado nível de desempenho. Já a outra questão do par se refere à reação negativa do cliente se este mesmo atributo não for oferecido (ou for oferecido de forma medíocre).

Kano et al. (1984) propõem uma escala de Likert de seis posições baseada nas seguintes opções: gosto, aceito, nenhum sentimento (tanto faz), deve ser, não gosto e outros. Neste caso, adotou-se um diferencial semântico com cinco opções:

- Não gosto nem tolero.
- Não gosto mas posso tolerar.
- Indiferente: pouco me importa.

- Deve ser assim (é obrigatório).
- Gosto.

Indique abaixo o que sente se nosso restaurante:	Não gosto nem tolero	Não gosto mas posso tolerar	Indiferente: pouco me importa	Deve ser assim (é obrigatório)	Gosto
Tiver uma excelente qualidade dos pratos que oferece				X	
Tiver uma grande variedade de pratos na sua carta			X		
Tiver muitas formas possíveis de se pagar a conta (cartões, cheques etc)					X
Tiver um atendimento muito rápido				X	
Tiver atendentes muito simpáticos					X
Tiver estacionamento com manobrista			X		
Tiver TV no ambiente	X				

Fonte: Elaborada pelo autor.

FIGURA 13.1 – Reação para elevado nível de desempenho.

Indique abaixo o que sente se nosso restaurante:	Não gosto nem tolero	Não gosto mas posso tolerar	Indiferente: pouco me importa	Deve ser assim (é obrigatório)	Gosto
Tiver uma qualidade razoável dos pratos que oferece		X			
Tiver uma variedade reduzida de pratos na sua carta		X			
Tiver poucas formas possíveis de se pagar a conta (cartões, cheques etc)		X			
Tiver um atendimento um pouco demorado	X				
Tiver atendentes formais e sem muita simpatia		X			
Não tiver estacionamento					
Não tiver TV no ambiente					X

Fonte: Elaborada pelo autor.

FIGURA 13.2 – Reação para baixo nível de desempenho.

Passo 3: Aplicar o questionário aos clientes. A escala elaborada é aplicada aos clientes. Cada cliente deve responder às duas partes do questionário (Figuras 13.1 e 13.2).

Passo 4: Tabular respostas. Para cada cliente é feita a tabulação das respostas recebidas, considerando-se cada um dos atributos. Nos exemplos dados na Figura 13.3, são mostradas as tabulações para os atributos "qualidade dos pratos" e "variedade dos pratos" levando-se em conta as respostas dadas nos exemplos anteriores.

	Qualidade dos pratos que oferece	Questão negativa (disfuncional)				
		Não gosto nem tolero	Não gosto mas posso tolerar	Indiferente: pouco me importa	Deve ser assim (é obrigatório)	Gosto
Questão positiva	Não gosto nem tolero					
	Não gosto mas posso tolerar					
	Indiferente: pouco me importa					
	Deve ser assim (é obrigatório)			X		
	Gosto					

Fonte: Adaptado de Kano et al. (1984).

	Variedade de pratos	Questão negativa (disfuncional)				
		Não gosto nem tolero	Não gosto mas posso tolerar	Indiferente: pouco me importa	Deve ser assim (é obrigatório)	Gosto
Questão positiva	Não gosto nem tolero					
	Não gosto mas posso tolerar					
	Indiferente: pouco me importa			X		
	Deve ser assim (é obrigatório)					
	Gosto					

Fonte: Elaborada pelo autor.

FIGURA 13.3 – Tabulações.

Passo 5: Contar as respostas. Para cada atributo, devem ser contabilizadas as respostas recebidas. Foram pesquisados 40 clientes: neste caso, a soma das respostas para cada atributo deve ser também de 40 respostas (Figura 13.4).

MODELO DE KANO PARA IDENTIFICAÇÃO DE ATRIBUTOS 231

	Qualidade dos pratos que oferece	Questão negativa (disfuncional)				
		Não gosto nem tolero	Não gosto mas posso tolerar	Indiferente: pouco me importa	Deve ser assim (é obrigatório)	Gosto
Questão positiva	Não gosto nem tolero					
	Não gosto mas posso tolerar					
	Indiferente: pouco me importa					
	Deve ser assim (é obrigatório)	12	2			
	Gosto	20	6			

	Variedade de pratos	Questão negativa (disfuncional)				
		Não gosto nem tolero	Não gosto mas posso tolerar	Indiferente: pouco me importa	Deve ser assim (é obrigatório)	Gosto
Questão positiva	Não gosto nem tolero					
	Não gosto mas posso tolerar					
	Indiferente: pouco me importa	18	3			
	Deve ser assim (é obrigatório)	9				
	Gosto	2	5	3		

Fonte: Elaborada pelo autor.

FIGURA 13.4 – Contagens.

Passo 6: Contar percentualmente as respostas. Trata-se, neste caso, de expressar as contagens em valores percentuais (Figura 13.5).

	Qualidade dos pratos que oferece	Questão negativa (disfuncional)				
		Não gosto nem tolero	Não gosto mas posso tolerar	Indiferente: pouco me importa	Deve ser assim (é obrigatório)	Gosto
Questão positiva	Não gosto nem tolero					
	Não gosto mas posso tolerar					
	Indiferente: pouco me importa					
	Deve ser assim (é obrigatório)	0,300	0,050			
	Gosto	0,500	0,150			

	Questão negativa (disfuncional)				
Variedade de pratos	Não gosto nem tolero	Não gosto mas posso tolerar	Indiferente: pouco me importa	Deve ser assim (é obrigatório)	Gosto
Questão positiva Não gosto nem tolero					
Não gosto mas posso tolerar					
Indiferente: pouco me importa	0,450	0,075			
Deve ser assim (é obrigatório)	0,225				
Gosto	0,050	0,125		0,750	

Fonte: Elaborada pelo autor.

FIGURA 13.5 – Porcentagens.

Passo 7: Classificar os atributos. Para classificar os atributos, deve-se levar em conta a classificação do atributo segundo Kano. A tabela apresentada na Figura 13.6 é adotada.

	Questão negativa (disfuncional)				
Atributos	Não gosto nem tolero	Não gosto mas posso tolerar	Indiferente: pouco me importa	Deve ser assim (é obrigatório)	Gosto
Questão positiva Não gosto nem tolero	Q	R	R	R	R
Não gosto mas posso tolerar	O	N	N	N	R
Indiferente: pouco me importa	O	N	N	N	R
Deve ser assim (é obrigatório)	O	N	N	N	R
Gosto	U	A	A	A	Q

Q = questionável   A = atrativo   U = unidimensional   R = reverso   N = neutro   O = obrigatório

FIGURA 13.6 – Classificação dos atributos.
Fonte: Adaptado de Kano et al. (1984).

De acordo com esta tabela, o atributo "qualidade dos pratos" obteve a seguinte classificação (Figura 13.7):

	Questão negativa (disfuncional)				
Atributos	Não gosto nem tolero	Não gosto mas posso tolerar	Indiferente: pouco me importa	Deve ser assim (é obrigatório)	Gosto
Não gosto nem tolero	Q	R	R	R	R
Não gosto mas posso tolerar	O	N	N	N	R
Indiferente: pouco me importa	O	N	N	N	R
Deve ser assim (é obrigatório)	O = 0,300	N = 0,05	N	N	R
Gosto	U = 0,500	A = 0,15	A	A	Q

Q = questionável A = atrativo U = unidimensional R = reverso N = neutro O = obrigatório
Fonte: Elaborada pelo autor.

FIGURA 13.7 – Classificação de atributo.

Berger (1993) fornece as seguintes fórmulas para o cálculo do quanto um atributo satisfaz (coeficiente de satisfação do cliente) ou não satisfaz os clientes (coeficiente de insatisfação do cliente).

Aplicando estas fórmulas, no caso do atributo "qualidade dos pratos", tem-se:

$$CS_{QP} = \frac{A+U}{A+U+O+N} = \frac{0.15+0.50}{0.15+0.50+0.30+0.05} = \frac{0.65}{1} = 0.65$$

$$CI_{QP} = \frac{(U+O)-1}{A+U+O+N} = \frac{(0,50+0.30)-1}{0.150.50+0.30+0.05} = \frac{-0.20}{1} = -0.20$$

Cálculos semelhantes são feitos para o atributo variedade de pratos (Figura 13.8).

	Questão negativa (disfuncional)				
Variedade de pratos	Não gosto nem tolero	Não gosto mas posso tolerar	Indiferente: pouco me importa	Deve ser assim (é obrigatório)	Gosto
Não gosto nem tolero	Q	R	R	R	R
Não gosto mas posso tolerar	O	N	N	N	R
Indiferente: pouco me importa	O = 0,450	N = 0,075	N	N	R
Deve ser assim (é obrigatório)	O = 0,225	N	N	N	R
Gosto	U = 0,050	A = 0,125	A = 0,75	A	Q

Q = questionável A = atrativo U = unidimensional R = reverso N = neutro O = obrigatório
Fonte: Elaborada pelo autor.

FIGURA 13.8 – Classificação de atributo.

Aplicando estas fórmulas, no caso do atributo "variedade de pratos", tem-se:

$$CS_{VP} = \frac{A+U}{A+U+O+N} = \frac{0.20+0.05}{0.20+0.05+0.675+0.075} = \frac{0.25}{1} = 0.25$$

$$CI_{VP} = \frac{(U+O)-1}{A+U+O+N} = \frac{(0,05+0.675)-1}{0.20+0.05+0.675+0.075} = \frac{-0.275}{1} = -0.275$$

Os valores CS e CI podem ser posicionados em um quadro dividido em quatro quadrantes.

No presente exemplo, ocorre o ilustrado na Figura 13.9.

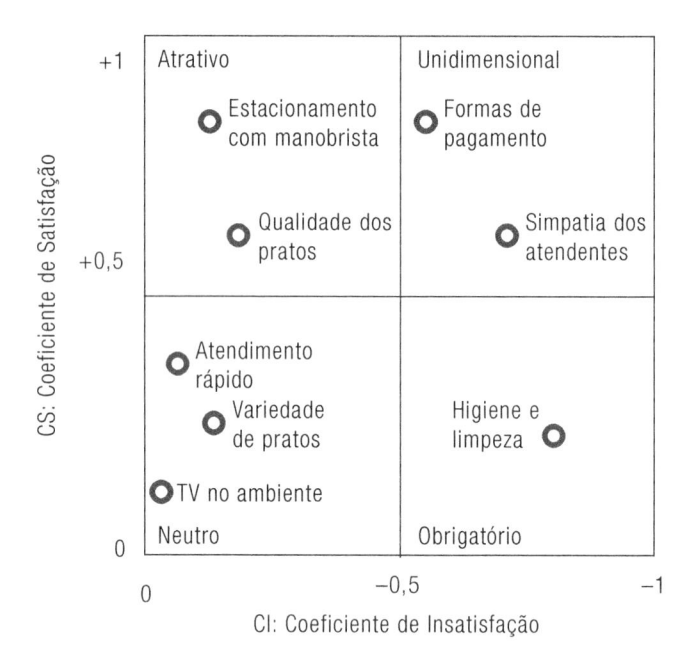

Fonte: Elaborada pelo autor.

FIGURA 13.9 – Posicionamento em quadrantes.

Para os clientes, estacionamento com manobrista e qualidade dos pratos são atributos **atrativos**. Estes atributos são importantes para a satisfação do cliente e trazem uma satisfação mais que proporcional. Não trazem insatisfação se não forem atendidos.

Formas de pagamento e simpatia dos atendentes são atributos considerados **unidimensionais** pelos clientes. Trazem maior satisfação aos clientes à medida que aumenta o nível de desempenho; são atributos que causam satisfação quando fornecidos de forma adequada e insatisfação quando não presentes ou são fornecidos com desempenho baixo.

Atendimento rápido, variedade de pratos e aparelho de TV no ambiente foram considerados atributos **neutros** pelos clientes. Estes atributos não causam nem satisfação nem insatisfação. São atributos cuja presença não traz satisfação e cuja ausência não traz insatisfação.

Higiene ou limpeza é um atributo considerado **obrigatório**. Não produz grande aumento da satisfação quando fornecida adequadamente; contudo, se fornecida de forma imprópria, causa grande insatisfação.

Esta análise permite estabelecer o "desempenho adequado" para cada um dos atributos do serviço, como mostra a Figura 13.10, na qual 1 representa um desempenho moderado e 5, um desempenho excelente.

Atributos	Desempenho adequado		
	Neutros 1-3	Atrativos 3-4	Obrigatórios e unidimensionais 4-5
Qualidade dos pratos		X	
Variedade dos pratos	X		
Ambiente com TV	X		
Higiene/limpeza			X
Formas de pagamento			X
Rapidez de atendimento	X		
Simpatia dos atendentes			X
Estacionamento com manobrista		X	

Fonte: Elaborada pelo autor.

FIGURA 13.10 – Desempenho adequado.

Considerações finais

Espera-se que o objetivo deste capítulo tenha sido alcançado e o leitor consiga determinar a importância relativa dos atributos de um produto ou serviço, sob a óptica dos clientes por meio do modelo de Kano et al. (1984).

Exercícios

Com vistas a aprofundar o assunto, tente responder à seguinte questão:
Veja a Figura 12.4 no capítulo anterior e observe que a coluna Desempenho desejado (Kano) contém os valores calculados e exibidos na Figura 13.10. Quanto ao atributo "o ambiente é higiênico/limpo" os clientes avaliaram com uma nota (mediana) 3. Qual avaliação mínima deveria ser observada? O que você, como gerente, faria para corrigir este problema?

Referências

BERGER, C. Kano's methods for understanding customer-defined quality. *Journal of the Japanese Society for Quality Control*, p. 3-35, outono 1993.

KANO, N. et al. Attractive quality and must-be quality. *Journal of the Japanese Society for Quality Control,* v. 14, n. 2, p. 39-48, abr. 1984.

ROOS, C.; SARTORI, S. E GODOY, L. P. Modelo de Kano para a identificação de atributos capazes de superar as expectativas do cliente. *Revista Produção On-Line*, v. 9, n. 3, 2009.

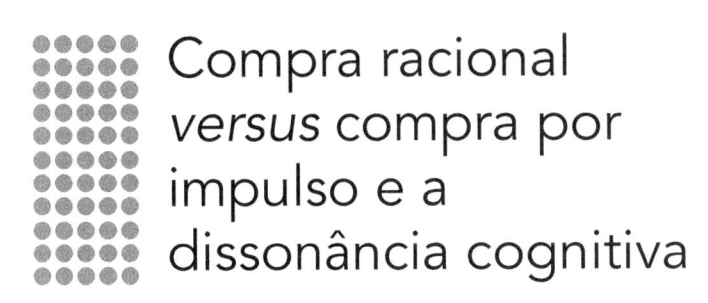

14 Compra racional *versus* compra por impulso e a dissonância cognitiva

Marcelo Socorro Zambon

Ao final deste capítulo, o leitor deve compreender o sentido e a importância de se conhecer os processos de compra racional, de compra por impulso e da dissonância cognitiva. Espera-se que compreenda, portanto, que o gerenciamento do relacionamento com o cliente e os resultados almejados por meio dele não devem ser desprovidos de tais conhecimentos, pois clientes satisfeitos que retornam trazem consigo novos clientes, do mesmo modo que muitos clientes insatisfeitos se vão, levando outros. As condições psíquicas dos compradores fazem da compra um ato racional ou impulsivo, e acabam por exercer forte influência no "pós-compra", que é quando o cliente avalia o ato realizado e assume uma postura satisfatória ou não em relação a ele. Se o resultado de sua avaliação for negativo, ocorre a dissonância cognitiva, ou seja, um tipo de revés ou arrependimento das relações estabelecidas pelo cliente com a organização. Com ela, o indivíduo transfere suas frustrações com o produto ou serviço para o estabelecimento em que realizou a compra.

Introdução

As relações entre clientes e organizações são palco para muitas discussões, destacando-se, entre elas, os motivos que levam os indivíduos a comprar, as formas como fazem isso e de que modo se sentem após a compra. Nesse sentido, pelo menos três aspectos são fundamentais para se compreender o processo de compra de um cliente e seus efeitos:

- O primeiro é que o cliente, ao praticar qualquer aquisição, o faz de maneira racional, portanto, programada e, geralmente, baseada em necessidades claramente definidas.
- O segundo é a compra impulsiva, que normalmente ocorre no próprio estabelecimento comercial, na internet, ou ainda quando o cliente se depara com determinada informação (propaganda) atraente. Ela se caracteriza pela pouca ou nenhuma programação prévia, ou seja, não há uma necessidade a ser atendida ou uma condição previamente racionalizada. Ocorre uma pulsão (desejo) que acaba transmutada em compra.
- O terceiro é a dissonância cognitiva, que pode estar relacionado tanto à compra racional quanto à compra por impulso. Ela envolve as condições emocionais de cada indivíduo após a compra. Nesse sentido, quando o cliente, após a compra, carrega consigo sensações de satisfação ao perceber que as expectativas presentes no ato da compra foram satisfeitas, não há dissonância cognitiva. Porém, se depois da compra o cliente se vê com pensamentos negativos sobre o produto adquirido, que acarretam qualquer sensação de arrependimento sobre o ato praticado, ocorre a dissonância cognitiva, basicamente, um sentimento de arrependimento de maior ou menor intensidade que pode interferir em compras futuras.

Para qualquer empresa ou vendedor, é importante que seus clientes não se sintam arrependidos da compra que realizaram, principalmente porque sabem que os clientes insatisfeitos tendem a comprar de outra empresa, com outro vendedor, outra marca etc.

Não satisfazer os clientes é visto como uma situação tão crítica nas organizações que os gestores constantemente buscam formas de evitar tal ocorrência e, nesse sentido, a compreensão sobre a dissonância cognitiva pode contribuir com a redução da insatisfação e potencializar relacionamentos duradouros.

Conceito de dissonância cognitiva

O termo dissonância cognitiva não é recente e é proveniente dos estudos de Festinger (1957), apresentados em sua obra *A theory of cognitive dissonance*. Desde sua concepção, muitas discussões sobre o assunto vêm sendo feitas. Por exemplo, no campo dos negócios, a pauta ficou principalmente a cunho do marketing, graças a seus esforços para relacionar as atividades organizacionais às atividades individuais dos clientes e consumidores, bem como pela sua aproximação com os discursos sociológico, psicológico e antropológico, além do filosófico. Na óptica do marketing, todas as medidas propostas que vislumbrem o bom andamento das relações entre organizações e seus clientes devem levar em conta o estabelecimento de vantagens para todas as partes envolvidas (clientes e organizações).

Segundo Festinger (1957), a dissonância cognitiva refere-se exatamente ao processo final cognitivo e emocional de verificação da diferença entre o que se esperava e o que ocorreu. Já para Giglio (2002), Festinger apresentou o conceito de maneira ampla, incluindo toda e qualquer discordância entre as ações (o corpo em ação), a ideia (o mundo de ideias) e a ética do sujeito (código de ética de relações), visão que amplia a compreensão do conceito de dissonância cognitiva no campo organizacional e, consequentemente, o interesse sobre o assunto e seus potenciais práticos no cotidiano das relações com os diversos clientes atendidos.

Nesse sentido, a compreensão de que a ocorrência da dissonância cognitiva após a compra ou após consumo revela a existência de um ambiente psíquico (uma predisposição) para o surgimento de julgamentos negativos em relação ao produto, o que interfere naquela etapa imediatamente anterior à compra, de acordo com Giglio (2002), é muito importante, pois pode levar os gestores a buscarem alternativas para minimizar sua ocorrência. A ocorrência da dissonância deve ser entendida como risco para o negócio, dado que pode evitar que o cliente repita a compra do produto no futuro, ou ainda, pode fazer com que ele não compre mais o produto em determinado estabelecimento, adquirindo-o em um concorrente.

Portanto, de acordo com Zambon e Benevides (2003), a dissonância ocorre quando o consumidor faz uma comparação dos resultados da compra (o pós-compra) com as expectativas que originaram a mesma, e chega a uma constatação diferente e inferior à expectativa previamente estabelecida. Ou seja, ele vê o seu julgamento primário, reduto de uma expectativa de como o produto deveria servi-lo, transformar-se em uma negação daquilo que foi adquirido, negação baseada em uma depreciação clara e consciente do que se adquiriu *versus* o que se esperava. Veja no quadro a seguir um esquema simplificado da ocorrência da dissonância cognitiva na compra de produtos.

QUADRO 14.1 – Esquema simplificado da ocorrência da dissonância cognitiva.

Clientes	Constatação	Resultados
Produto adquirido	Inferior às expectativas	Cliente em dissonância cognitiva.
Produto adquirido	Dentro das expectativas	Cliente meramente satisfeito.
Produto adquirido	Superior às expectativas	Cliente muito satisfeito.

Fonte: Desenvolvido pelo autor.

O quadro proposto, mesmo que de forma simplificada, busca demonstrar o quão é importante direcionar todos os esforços organizacionais para a máxima satisfação dos clientes, não bastando ter clientes meramente satisfeitos – isso outras empresas concorrentes também são capazes de fazer. É preciso ir além, é necessário surpreender positivamente cada cliente ou grupo de clientes.

A dissonância cognitiva pode acontecer por meio de um sentimento de arrependimento comparativo, quando o consumidor percebe que, se não tivesse comprado alguma coisa, por mais útil que seja, poderia ter adquirido outra, talvez mais importante ou interessante. Ou então teria, por exemplo, dinheiro para aplicar ou investir.

É importante esclarecer que as organizações nem sempre são responsabilizadas pelo sentimento de arrependimento enfrentado pelo cliente, muito embora seja este o cenário mais comum. Algumas vezes o cliente dissonante apresenta como fonte do sentimento negativo alguma expectativa ou variável de seu dia a dia, e não o produto ou a compra propriamente; mesmo sim, aquele momento tornou-se um tipo de imperativo com a capacidade de interferir na percepção do indivíduo e em suas escolhas.

Uma indagação útil: para o cliente, é mais fácil irritar-se com o produto, com a empresa que o fez, com a loja em que o comprou ou irritar-se consigo mesmo? É claro que o cliente preferirá despejar suas frustrações em outros agentes, a fim de ver reduzido seu desapontamento com a compra que praticou. Por isso, é importante que as empresas preocupem-se com a ocorrência da dissonância cognitiva objetivando minimizá-la, pois clientes menos dissonantes são, geralmente, clientes mais satisfeitos e felizes.

As organizações frente à atitude de compra e à dissonância cognitiva

É importante distinguir o comportamento do consumidor do comportamento de consumo. O comportamento do consumidor é representado pelas atividades físicas, mentais e emocionais realizadas na seleção, compra e uso de produtos e/ou serviços para satisfação de necessidades e desejos. O comportamento de consumo é o comportamento ou atividade de procura, busca, ato de compra, uso e avaliação de um produto ou serviço para satisfazer a determinadas necessidades.

A compra por impulso expressa os elementos manifestos ou latentes de desejo dos consumidores sobre os quais os profissionais de administração e marketing empenham seus esforços para desenvolver ações mercadológicas que maximizem o desejo de consumir e, portanto, o ato de comprar. Por sua vez, a dissonância cognitiva é o oposto do que os profissionais desejam, ou seja, todos os esforços possíveis são empenhados para que ela não aconteça, dado que é uma manifestação psicológica que prejudica a recompra do produto, ao gerar na mente do consumidor a nefasta sensação de que ele fez um mau negócio. Para Zambon e Benevides (2003), é um forte sentimento de negação sobre a compra realizada.

O estudo do comportamento do consumidor, no qual a compra por impulso está inserida, é oriundo da psicologia, da sociologia e da antropologia, como já foi mencionado. O objetivo sintético de tal estudo para as organizações é compreender por que o indivíduo escolhe certo produto ou marca, gerando uma constatação que serve como referência para as empresas ao desenvolverem suas ações de marketing sobre o produto, o preço, a praça e promoção.

O interesse que as organizações têm de estudar e compreender a dissonância cognitiva, principalmente quando se trata de compra impulsiva, residem no fato de ela ser a responsável pelo surgimento de um julgamento negativo sobre o produto adquirido ou serviço contratado, fato que pode levar ao efeito substituição, ou seja, o cliente passa a buscar outro produto (similar) e até outro estabelecimento comercial para fazer suas compras, em função dos arrependimentos ou das frustrações relacionados ao produto ou serviço adquirido. Os gestores certamente temem essa situação, pois, entre outras coisas, ela pode significar a perda de clientes para a concorrência, o desenvolvimento de uma imagem negativa na mente de alguns potenciais clientes (através da opinião daqueles que deixaram de comprar), direta redução da participação de mercado e, consequentemente, menores lucros ou até mesmo o fim do negócio.

O marketing de relacionamento com o cliente é fundamental neste processo, pois sem ele as organizações poderiam deixar passar despercebidos alguns dos elementos julgados importantes pelos clientes, elementos estes que os influenciam na hora da compra.

Três abordagens de compra impulsiva

Buscando mais esclarecimentos conceituais sobre a ocorrência da compra por impulso foram identificadas três abordagens propostas por Almeida (2000) que descrevem as variações comportamentais dos clientes quando compram impulsivamente. As abordagens são vistas conceitualmente como: (a) tradicional, (b) comportamental simples e (c) comportamental exagerada.

a) **O conceito tradicional** compreende a compra não planejada, genericamente motivada pelo ambiente; o ato impulsivo de comprar está fundamentado nas condições do ponto de venda, tais como a disposição dos produtos, a possibilidade de fazer comparação simples entre produtos e preços etc. Exemplo: ocorre quando uma pessoa, ao observar um produto em uma vitrine, se vê fortemente motivada a possuí-lo e compra sem nenhum discernimento sobre necessidade e utilidade. Nesse caso é mais comum a compra de produtos simples e relativamente baratos, que não levariam o comprador a um endividamento significativo ou à incapacidade de pagamento.

b) O **conceito comportamental simples** compreende a compra impulsiva motivada por elementos emocionais, portanto, é geralmente provocada pela situação sentimental momentânea de cada indivíduo, como estar feliz ou triste, entusiasmado ou desanimando. Exemplo: quando alguém está triste, vai ao shopping center e acaba comprando para receber atenção do vendedor, desse modo, distrai-se e esquece, por alguns momentos, das mágoas, tristezas ou qualquer outro sentimento que abala negativamente a motivação. O principal problema desta compra por impulso é que, corriqueiramente, o indivíduo (cliente) volta para casa e depara com sacolas de produtos e se vê ainda mais angustiado, especialmente, porque se dá conta que a compra não resolveu o problema e, em muitos casos, deixou um comprometimento financeiro (uma conta a pagar).

c) O **conceito comportamental exagerado** compreende a compra impulsiva como um tipo de distúrbio que deve ser acompanhado e tratado como patológico (tratar uma doença). Exemplos: pessoas que sofrem de transtorno obsessivo compulsivo de comprar constantemente sem capacidade de racionalizar sobre os efeitos negativos de tal ato, como a incapacidade de verificar se possui ou não meios de pagar pelas compras, podem sofrer ainda mais quando se dão conta de que não possuem as condições necessárias para pagar todas as dívidas assumidas decorrentes das frequentes compras impulsivas.

O conhecimento de tais abordagens pode ajudar as organizações a avaliar mais eficientemente o processo de tomada de decisão de compra dos clientes e, com isso, pode ajudá-los a comprar mais conscientemente, o que contribui para o desenvolvimento de relacionamentos duradouros entre as partes e, portanto, mutuamente lucrativos.

Na prática, as organizações podem auxiliar na busca de meios que promovam o envolvimento dos clientes com os objetos comprados, para que sejam reduzidas ou evitadas as ocorrências de dissonância, já que, de certa forma, os clientes envolvem-se tanto com os produtos que acabaram fortalecendo a relação pós-compra, evitando-se assim os arrependimentos. Em outras palavras, o compromisso das organizações com o sucesso dos clientes ajuda na consolidação de um ambiente favorável no qual os próprios clientes justificam para si mesmos por que a compra realizada é importante.

O cliente durante o processo de decisão de compra

Segundo Costa (2000), um dos momentos mais críticos em todo o processo de decisão de compra se dá no ambiente da loja, onde a maior parte das decisões se concretiza. É o momento em que ocorre um comportamento que abrevia todo o processo decisório de compra. Na busca da compreensão do processo de decisão de compra dos clientes, entende-se que esse processo tem como princípios:

i. Identificação da necessidade.
ii. Busca e avaliação das alternativas.
iii. Escolha e aquisição do produto.
iv. Consumo e a avaliação pós-compra.

Embora o comportamento de compra ainda não esteja satisfatoriamente explicado em sua plenitude, e talvez nunca venha a ser, é possível considerar que o processo de compra tem uma estrutura processual e/ou de tomada de decisão passível de rastreio. Nesse sentido, o processo de compra impulsiva ocorre quando um cliente – frente a uma situação de consumo – sente uma incontrolável necessidade de adquirir algo imediatamente. Nesse caso, a explicação baseia-se no "conceito comportamental simples", que descreve a compra fundamentada em elementos emocionais e, dessa forma, desconsidera as consequências do ato de compra (Engel et al., 2000).

Na mente das pessoas, as justificativas para que, em determinado momento, consumam algo ou deixem de consumi-lo podem ser as mais diversas. Algumas vezes, o processo todo é bem fundamentado, outra vezes, as pessoas simplesmente fazem algo quase sem consciência. Alguns gestores, de maneira oportunista, agem baseados nesses momentos de baixa racionalidade dos clientes objetivando aumentar as vendas para níveis bem acima das necessidades dos clientes (estímulo à compra impulsiva). Essa atitude focada em elevar o volume de vendas e o lucro pode trazer melhores condições para as organizações no curto prazo, porém, não apenas louros costumam ser colhidos com tais medidas: muitas marcas acabam tendo problemas com a aceitação de alguns de seus produtos em determinados locais ou no mercado geral, porque exageram na dose de estímulo e facilitação ao consumismo. Quanto maior for o valor agregado dos produtos que se comercializa, mais equivocada poderá ser um estratégia de estímulo inconsequente ao consumismo, ou seja, o ideal é que os gestores estejam comprometidos com os clientes e não que apenas, por meio deles, almejem o lucro.

Quando a aquisição de algum produto ocorre de maneira indiscriminada pelo cliente, o resultado pode ser muito mais danoso à organização do que alguns gestores são capazes de perceber ou imaginar. Quando, no pós-compra, o cliente faz uma comparação entre os resultados da compra e as expectativas que a originaram, e chega a uma constatação diferente e inferior à expectativa previamente estabelecida, certamente instaura-se a dissonância cognitiva e, com ela, um dos principais problemas que a organização pode ter, que são clientes insatisfeitos. Nesse caso, muitos clientes tendem a não mais comprar o produto, marca ou em determinada loja.

Embora seja quase impossível evitar a ocorrência da dissonância cognitiva, é importante e necessário tentar fazê-lo. Ou seja, melhores resultados terão as organizações que possuírem maior quantidade e qualidade de informações sobre seus clientes e que as utilizarem sabiamente para satisfazê-los de fato, e não apenas para satisfazer a si próprias. Uma máxima que representa esse contexto diz que:

> É melhor deixar de realizar uma venda no presente do que perder o cliente e todas as potenciais vendas futuras para ele.

As organizações, quando oferecem seus produtos, serviços e marcas ao mercado, precisam estar comprometidas com os resultados para os destinatários e não apenas com os próprios resultados, ou seja, elas devem valorizar e entender a importância do produto para os clientes e que soluções eles representam no cotidiano das pessoas. É fundamental estar atento à diferença entre o que o cliente espera e o que efetivamente ocorre. O oposto pode representar o risco máximo frente ao relacionamento com os clientes, cujo resultado pode ser o fim do negócio ou de parte dele. Clientes magoados com certa empresa tendem a evitar o contato com ela, e podem até mesmo em iguais proporções fazer com que outras pessoas (clientes ou potenciais clientes) de seu círculo social façam o mesmo.

Conhecer o público-alvo, seus desejos e suas necessidades pode representar a construção de relacionamentos duradouros e sustentáveis, que tendem a se fundamentar na fidelidade ou até mesmo, em certos casos, na lealdade. Essa situação representa um processo contínuo de vendas a clientes cativos, atração de novos clientes por indicação dos clientes atuais, além da consolidação da marca e de suas qualidades percebidas. Esse é o espectro cotidiano que todas as organizações deveriam almejar, logo, onde deveriam centrar todos os esforços possíveis.

O que deve existir entre a organização e o cliente é um estado de recompensa por estarem juntos em uma relação de "ganha-ganha" para cada uma das partes. Os benefícios da relação devem ser evidentes.

Não se esqueça:

A importância de se estudar e compreender a dissonância cognitiva no contexto das relações de negócio entre organizações e clientes, principalmente quando se trata de compra impulsiva, reside no fato de ela ser a responsável pela ocorrência, após a compra, de um estado psíquico (uma predisposição) propício para o surgimento do julgamento negativo em relação ao produto, serviço ou marca. Isso vai interferir na etapa imediatamente anterior à realização de novas compras no futuro, podendo levar a uma negação da recompra, que acaba culminando na busca por marcas ou produtos substitutos, por se ter instaurado uma má impressão do que foi anteriormente adquirido, em outras palavras, o cliente vai para a concorrência (Giglio, 2002).

A dissonância cognitiva pode ser eliminada?

Conforme a teoria de Festinger (1957), os profissionais de administração e de marketing não podem eliminar a dissonância cognitiva, mas podem compreender sua ocorrência e podem agir de forma a minimizar seus efeitos. Essa afirmação indica que o estudo do tema não está concentrado na erradicação da dissonância, mas sim em maximizar a capacidade dos profissionais e das organizações no desenvolvimento de ações de negócio focadas na satisfação dos clientes por meio da conscientização sobre o processo de compra e de consumo, tornando-os, em certos aspectos, mais conscientes; logo, a compra será mais bem justificada na mente dos clientes. A ideia, portanto, é identificar e aproveitar as justificativas positivas que levam os clientes a comprarem, sem perder de vista que, quanto mais seguro da compra o cliente estiver, menores serão as chances de ele se arrepender da mesma futuramente.

Mas, atenção, não se trata de evitar os impulsos de compra (contexto emocional, compra por impulso), e sim de estimular atribuições que as validem emocionalmente, de tal forma que essas emoções não se tornem danosas para a organização devido ao arrependimento da compra realizada. Portanto, valorizar elementos racionais que justificam uma compra emocional dará ao cliente mais e melhores argumento para que não se sinta arrependido posteriormente.

Já que não se pode evitar a dissonância cognitiva, tudo o que for feito para reduzir sua intensidade é bem-vindo. As organizações, pequenas, médias ou grandes que mais avançam nesse sentido estão, em sua maioria, comprometidas com o eficiente desenvolvimento de campanhas mercadológicas e de relacionamento com o cliente, focadas no bem-estar deles para que, a partir disso, consigam melhorar seus resultados de vendas.

É importante dizer que o emprego de sistemas que registrem o perfil de compra dos clientes e outras informações relevantes sobre seu comportamento, estilo de vida e padrões de consumo podem contribuir com o desenvolvimento do tipo de esforço de relacionamento e de vendas que melhor poderá funcionar com cada cliente ou grupo de clientes. Nesse sentido, um sistema muito útil é o *Customer Relationship Management* (CRM) – ver o assunto no Capítulo 10. Outro aspecto importante é que de nada adiantam os melhores sistemas de gestão de relacionamento se as pessoas que os operam não estiverem comprometidas com o clientes e com a organização. Portanto, uma boa linha de pensamento é o da construção de uma "cultura focada no bem-estar dos clientes e no desenvolvimento de relacionamento duradouro com eles", o que leva tempo, mas pode trazer contribuições absolutamente significativas para o negócio, em especial podendo reduzir os custos de atração de novos clientes, uma vez que clientes satisfeitos tendem a trazer mais clientes consigo. Além disso, pode melhorar o total de vendas por clientes, pois clientes que valorizam a empresa e a marca muitas vezes acabam comprando mais apenas para valorizar o relacionamento.

O que fazer quando a dissonância cognitiva ocorre

É importante esclarecer que a abordagem utilizada aqui se concentra, principalmente, na dissonância ocorrida em decorrência da compra e/ou do consumo, e que a intensidade e o tipo de respostas para a redução dos efeitos de sua ocorrência dependem do grau de importância dada ao consumo consciente e justificado por necessidades e por desejos centrado num forte estado de prazer e bem-estar. Nesse caso, segundo Giglio (2002), observações informais e pesquisas de psicologia social têm demonstrado que, ao serem acometidas de dissonância cognitiva, as pessoas percorrem três soluções básicas:

1. **Os indivíduos distorcem as percepções.**
   Resumidamente, essa interpretação pode ser assim entendida: "Quem ama o feio, bonito lhe parece". Em outras palavras, como a percepção é uma seleção de estímulos, ao sucumbirem à dissonância, os indivíduos alteram as percepções.

2. **Os indivíduos depreciam a fonte da dissonância.**
   Resumidamente, essa interpretação pode ser assim entendida: "Mas quem foi que disse isso?". Em outras palavras, trata-se do entendimento de que, às vezes, os estímulos não podem ser negados, por serem evidentes.

3. **Os indivíduos buscam apoio social.**
Resumidamente, essa interpretação pode ser assim entendida: "Amigo é para essas coisas". Geralmente, essa situação ocorre quando as duas anteriores não são suficientes para reduzir a dissonância, logo, é a mais forte delas. Ela deve funcionar quando os estímulos são fortes demais para serem negados e a própria pessoa não consegue reunir depreciações adequadas, daí a necessidade de apoio externo (os amigos/grupo social).

Além dessas situações, há outra que associa a dissonância ao consumo. Trata-se da dissonância que ocorre por motivos independentes do consumo e que leva os indivíduos a um consumo específico com resposta para eliminá-la. Por exemplo: muitas mulheres, quando deprimidas ou frustradas por quaisquer motivos, não têm dúvidas em ir passear e consumir no shopping center como alívio das tensões diárias e da frustrações. Segundo Giglio (2002), para elas, essa é uma forma eficaz de mudar os sentimentos negativos. Seguindo o mesmo entendimento, os profissionais mais observadores aproveitam os momentos de dissonância coletiva, como a morte do Papa João Paulo II, para promover a venda dos seus produtos ou imagem.

As organizações, por sua vez, necessitam entender que a primeira coisa a ser feita é influenciar a etapa referente à construção das expectativas, ou seja, precisam esclarecer, o mais detalhadamente possível, quais são os benefícios que o consumidor pode esperar do produto ou serviço oferecido. Por exemplo, devem deixar claro o que é o produto, como é utilizado, quais são as garantias, como são oferecidas a assistência técnica, as formas de pagamento, os custos com a manutenção, adaptabilidade, qualidades, entre outros.

Uma dica útil para os gestores e vendedores é tratar o processo de vendas não como um meio de tirar pedidos, mas sim, como uma prestação de serviço no qual haja o compromisso com o esclarecimento das dúvidas dos clientes. Deve haver preocupação com a demonstração do produto (sempre que possível), a apresentação de informações sobre as características do processo produtivo e das responsabilidade sociais e ambientais do fabricante do produto, do envolvimento da marca com causas sociais relevantes, dentre outros, pois tais argumentos podem auxiliar na geração de uma percepção favorável na mente dos clientes com a marca, o que, por si só, talvez justifique a compra e destitua qualquer chance de dissonância.

Um exemplo interessante e, sobretudo, positivo é o esforço que a Ford Motors Company faz nos Estados Unidos e até mesmo no Brasil para divulgar as qualidades ambientais de seus veículos híbridos, qualidades que vão muito além da economia de combustível, perpassando por menores índices de poluição, consumo consciente dos recursos, comprometimento com o futuro, desenvolvimento de tecnologias de ponta, segurança, dentre outros, argumentos que podem ser decisivos para levar um consumidor a pagar bem mais caro por um veículo e não se arrepender disso depois. Este exemplo mostra que o melhor a fazer é agir antes da ocorrência da dissonância, pois todos os esforços que forem realizados depois podem ser paliativos e trazer pouco resultado efetivo. Portanto, para a indagação "O que fazer quando a dissonância cognitiva ocorre?", surge uma crítica e reflexão sobre o que deveria ter sido feito antes que ela acontecesse, ainda no processo de oferta do produto e no seu respectivo processo de venda. Isso não resolveria todo o problema, mas ajudaria bastante a minimizá-lo. Para confirmar essa proposta, basta verificar os índices de satisfação de clientes em mercado de ampla concorrência: quanto mais comprometida é a empresa com seus clientes, melhores serão os indicadores de satisfação dos clientes e maiores serão os índices de permanência de tais clientes na marca.

De acordo com Giglio (2010), é importante que as organizações cuidem de gerar nos clientes a percepção sobre os benefícios obtidos em negociar com ela, o que consiste em atuar no momento da venda e no pós-venda, que é quando o cliente constrói a noção do que está obtendo em comparação ao que se esperava obter. Dois aspectos são considerados nesta situação, as **expectativas** dos clientes quanto ao produto adquirido e os **resultados** constatados com tal aquisição. O esforço a ser feito é aquele que promova na mente do cliente a percepção de que os resultados estão de acordo com as suas expectativas ou mesmo que sejam superiores a elas.

As organizações precisam realizar pesquisas constantes sobre o comportamento de seus clientes. Por exemplo, indagar aos funcionários do *front-office* e alguns clientes sempre é útil quando se quer saber sobre elementos favoráveis e desfavoráveis concernentes ao relacionamento entre as partes, como qualidade e/ou problemas sobre produtos, percepção sobre preço, formas de pagamento etc.; tais informações poderão levar a modificações nas ações que deverão ser tomadas imediatamente ou no futuro, sempre objetivando atrair e reter clientes, vender mais, agradar mais ao público-alvo e lucrar mais.

Nesse campo de conhecimento vindouro das pesquisas, outro levantamento significativo é questionar os <u>não clientes</u> sobre o produto ou serviço. Muitas vezes, as respostas obtidas poderão surpreender os gestores, sobretudo no que se refere aos motivos apontados pelos respondentes para não comprarem da empresa. Muitos indivíduos informam não comprar em determinado estabelecimento devido ao elevado número de críticas que ouvem de terceiros sobre o local ou críticas que leram na internet, fato que, por certo, está diretamente ligado à situação de dissonância dos clientes atuais (sua insatisfação). Essa situação pode e deve causar uma redefinição das atividades de relacionamento com os clientes atuais por parte da empresa, que precisará buscar formas de resolver os problemas que causaram as insatisfações e as críticas dos atuais clientes de tal forma que não se repitam no futuro, objetivando que os potenciais clientes não sejam mais influenciados por tais apontamentos negativos.

Com o incremento da competição entre as organizações por clientes em praticamente todos os segmentos da economia, mais complexas se tornarão as estratégias e as táticas para chamar a atenção do público-alvo e para cativá-lo, pois maior será a percepção das pessoas sobre o que lhes interessa e o que cada empresa tem a oferecer. Portanto, serão bem-sucedidas as organizações que mais conhecerem como pensam e se comportam os clientes e que melhor adequarem seus produtos e mesmo seu comportamento de vendas para tais clientes.

A dica final aos gestores é: faça de seu cliente um amigo; retribua sua dedicação e seja sempre, antes mesmo de qualquer posicionamento, dedicado a ele. Não espere nada antes de ter-lhe dado algo.

Resumo

O objetivo deste capítulo foi tornar o leitor capaz de compreender a importância de se conhecer o processo de compra racional, por impulso e a dissonância cognitiva. Para isso, foram explorados os conceitos inerentes ao tema, os principais pontos e/ou aspectos que as organizações precisam levar em consideração sobre o comportamento dos clientes para minimizar a ocorrência da dissonância, pois, uma vez que eliminá-la não é possível, os gestores devem empenhar-se para enfraquecer seus efeitos.

Exercícios

1. Discuta por que é importante para as organizações compreenderem os seguintes conceitos e como seu conhecimento pode ajudar a melhorar os resultados organizacionais, sobretudo os resultados de vendas:
   a) Compra racional.
   b) Compra por impulso.
   c) Dissonância cognitiva.
2. Discuta por que é importante que as organizações empreendam esforços para minimizar os efeitos da ocorrência da dissonância cognitiva na mente de seus clientes no pós-compra.
3. Explique e diferencie cada uma das três abordagens da compra impulsiva.
   a) Compra por impulso: como conceito tradicional.
   b) Compra por impulso: como conceito comportamental simples.
   c) Compra por impulso: como conceito comportamental exagerado.
4. Explique por que, na prática, não é possível eliminar a dissonância cognitiva.
5. O que você faria se a empresa em que você trabalha estivesse sofrendo duras perdas de faturamento devido ao número de reclamações de clientes insatisfeitos, quanto:
   a) ao atendimento prestado pelos vendedores?
   b) aos defeitos em produtos vendidos?

Referências

ALBRECHT, K. *A única coisa que importa*: trazendo o poder do cliente para dentro da sua empresa. São Paulo: Pioneira Thomson Learning, 1997.
ALMEIDA, C. F. et al. Comportamento do consumidor: um estudo de caso em supermercado. In: SILVEIRA, J. A.; DE ANGELO, C. F. *Varejo competitivo*. v. 4. São Paulo: Atlas, 2000.

COSTA, F. C. X. Influências ambientais no comportamento de compra por impulso: um estudo exploratório. In: SILVEIRA, J. A.; DE ANGELO, C. F. *Varejo competitivo*. v. 6. São Paulo: Atlas, 2000.

ENGEL, G., et al. *Consumer behavior*. South-Western College Pub, 2000.

FESTINGER, L. *A theory of cognitive dissonance*. Stanford, CA: Stanford University Press, 1957.

GADE, C. *Psicologia do consumidor e da propaganda*. 2. ed. rev. ampl. São Paulo: EPU, 1998.

_____. *O comportamento do consumidor*. 4. ed. São Paulo: Cengage Learning, 2010.

GIGLIO, E. *O comportamento do consumidor*. 2. ed. rev. ampl. São Paulo: Pioneira Thomson Learning, 2002.

HAMEL, G.; PRAHALAD, C. K. *Competindo pelo futuro*: estratégias inovadoras para obter o controle do seu setor e criar os mercados de amanhã. Rio de Janeiro: Campus, 1995.

JURAN, J. M. *A qualidade desde o projeto*. São Paulo: Pioneira Thomson Learning, 1992.

SHETH, J. N. et al. *Comportamento do cliente*. São Paulo: Atlas, 2001.

ZAMBON, M. S.; BENEVIDES, G. Compra por impulso e dissonância cognitiva no varejo. In: GIULIANI, A. C. *Gestão de marketing no varejo*. São Paulo: OLM, 2003.

Ativismo digital e os não clientes

15

Marcelo Socorro Zambon

Ao final deste capítulo o leitor deverá ser capaz de compreender o sentido de 'não clientes' para as organização e a importância do acompanhamento de suas manifestações na internet, especialmente nas redes sociais, circunstância que pode interferir no comportamento dos clientes ativos. Nesse sentido, o leitor entenderá também sobre o marketing digital, as redes sociais na internet e ativismo digital.

Introdução

Nunca foi tão fácil para as pessoas, clientes ou não, manifestarem-se sobre o consumo de produtos e serviços, dar opiniões sobre empresas e governos, verificar e opinar sobre o comportamento socialmente responsável das organizações, criticar os desvios éticos e morais de conduta, enfim, parece que a aurora do tempo da razão, consagrada por Johannes Gutemberg (1398-1468) com a impressão dos primeiros livros, atingiu seu mais elevado nível, a razão construída em função do ato de manifestar-se exigindo uma conduta ideal daqueles com a capacidade de transformar ou interferir na realidade coletiva. Dar opinião ganhou proporções com a evolução dos meios de comunicação, em especial com a internet, o que ampliou não apenas o número total de opinantes, mas também o tipo de envolvimento de cada um sobre aquilo que é manifestado.

As pessoas tendem a dar opiniões sobre produtos, marcas, causas, empresas, mesmo sem estar diretamente relacionadas a elas. Por exemplo, muitos têm algo a dizer sobre a importância da reciclagem, em especial quando desejam praticá-la e não conseguem; outros falam sobre a importância do consumo consciente da água e reclamam com os órgãos reguladores e empresas sobre a demora no reparo de um vazamento de proporções significativas em uma rua de seu bairro. Na internet, as redes sociais amplificaram a capacidade de as pessoas participarem e sentirem-se envolvidas e, com isso, mais pessoas passam a ser consideradas como ativistas digitais.

É nesse contexto que o marketing busca compreender o comportamento das pessoas e a influência desse comportamento sobre as organizações alvo das manifestações no espaço cibernético. A principal preocupação do marketing sempre foi saber como 'pensam e como agem os clientes', porém, agora também é necessário saber o que pensam e como se comportam os 'não clientes', pois estes também podem interferir na aceitação, nas vendas e nos resultados das organizações.

Abordagem do não cliente

Não é de hoje que as organizações se preocupam com o que pensam e como se manifestam seus clientes, especialmente na medida em que há riscos de acidentalmente irritá-los, magoá-los e perdê-los e, consequentemente, prejudicar o volume de vendas. As opiniões registradas nas mídias sociais e em sites de reclamação estão elevando a preocupação dos gestores sobre como muitas pessoas compreendem um produto, uma marca ou empresa e o como elas se manifestam sobre tais itens. Essa preocupação é justificável, pois, ao que parece, sempre há alguém observando as ações tomadas pela organização e, mediante qualquer deslize, uma boa imagem institucional pode ser prejudicada; e, pior, com a internet, isso pode acontecer em questão de horas.

Nesse sentido, tem crescido também a preocupação das organizações com o que pensam e como se manifestam os seus 'não clientes', pois eles podem, facilmente, envolver-se em campanhas e manifestações on-line, dando sua opinião, fazendo críticas ou simplesmente retransmitindo ideias contrárias ou favoráveis a produtos e marcas. Entende-se por 'não cliente' aquele indivíduo que não compra de uma determinada organização (marca, produto ou ponto de venda), não é cliente dela e, talvez, sequer tenha potencial de vir a ser.

Todos os indivíduos, clientes ou não clientes, podem manifestar-se a favor ou contra qualquer ação promocional de uma organização. Sendo assim, é necessário discutir essas manifestações a fim de identificar o quanto elas ecoam, especialmente em ambiente virtual, ou seja, o quanto são relevantes a ponto de muitas pessoas se envolverem com elas.

Essa preocupação com as manifestações do público – clientes e não clientes – na internet não ocorre por acaso. Muitas vezes tais manifestações podem ser fortes o bastante para interferir negativamente nas vendas, por exemplo, fazendo com que certos clientes (ou muitos clientes) deixem de comprar. A esse ativismo dos clientes na rede mundial de computadores dá-se o nome de ativismo digital. Talvez para as organizações o principal perigo do ativismo digital seja seu poder de expansão e notoriedade. Na prática, uma determinada manifestação (ativismo) pode expandir-se de maneira extraordinariamente rápida e, em certos casos, prejudicar as vendas de um produto, de uma marca, de um ponto comercial etc.

O ativismo digital expôs as organizações a um novo paradigma que as leva a se preocupar não apenas com a opinião dos seus clientes cativos e clientes potenciais, mas também com a opinião daqueles que nunca compraram nada do que é produzido e comercializado por elas, e talvez nunca o façam. Porém, tais pessoas – os não clientes – se sentem no direito de dar sua opinião sobre a organização e, com isso, podem modificar o modo como alguns ou vários clientes cativos a compreendem. Um problema sério nesse contexto de ativismo digital de não clientes é o fato de que, como a abrangência da rede é praticamente ilimitada, fatos isolados podem expandir-se para outras áreas, nas quais as pessoas sequer tomariam conhecimento do ocorrido não fosse a utilização da internet.

Outro ponto preocupante é que, na rede, muitas informações ficam registradas por longos períodos de tempo e são revistas por meio de sites de busca (ou outros) mesmo quando muito tempo se passou da data do registro da ocorrência. O problema com isso é que, algumas vezes, dificuldades antigas e já solucionadas podem ressurgir ao debate ou como argumento, fazendo com que sejam lembradas as enrascadas nas quais a organização se envolveu, o que acaba expondo a marca a constantes comparações negativas.

O ativismo digital também pode ter abordagem positiva, claro, mas a preocupação que levou ao desenvolvimento desse capítulo está relacionada aos aspectos negativos do ativismo digital para a imagem de uma organização. Resumidamente: as visões positivas podem reforçar o que os clientes pensam sobre a empresa e seus produtos e fortalecer as motivações de se continuar como cliente da mesma, porém, as visões negativas podem interferir no modo como os clientes percebem a empresa e seus produtos, levando-os a deixar de comprar delas e migrar para outro fornecedor ou substituir o produto.

> Sinteticamente:
> Será que o ativismo digital dos 'não clientes' nas redes socais na internet podem influenciar negativamente a imagem da empresa (marca) e de seus produtos no mercado, levando centos indivíduos a evitá-los?
> Resposta: Sim.

Marketing digital

De acordo com Kotler e Keller (2012), o **marketing** envolve a identificação e a satisfação das necessidades humanas e sociais. Seguindo essa visão, o horizonte social do marketing é valorizado, pois considera como aspecto de natureza puramente social o envolvimento das pessoas nas redes sociais a fim de manifestarem-se sobre suas experiências ou sobre as experiências de terceiros quanto, por exemplo, ao varejo eletrônico, às marcas, às causas sociais, dentre outros.

Do marketing tradicional até o marketing eletrônico, muitas aplicações e entendimento foram necessários, porém, um dos que mais chamam a atenção é o **marketing interativo**, que, segundo Limeira (2007), corresponde ao conjunto de ações do marketing direcionado para a criação de interações entre os clientes e as empresas, interações nas quais os clientes têm papel ativo, por exemplo, dando sugestões e *feedbacks* para as empresas de tal forma que elas possam personalizar os produtos e oferecer serviços sob demanda.

Ainda de acordo com Limeira (2007), graças à evolução da tecnologia da informação e da comunicação, em especial o desenvolvimento da internet, os meios de comunicação inerentes ao marketing interativo evoluíram para o marketing eletrônico, em inglês *electronic marketing (e-marketing)*, conceito que está se consolidando como marketing digital. Reede e Schullo (2007) afirmam que esse desenvolvimento facilitou o desenvolvimento do comércio eletrônico.

Turchi (2012) aponta que, com o desenvolvimento da internet, o ambiente digital passou a ser visto pelas empresas como um terreno fértil com múltiplas oportunidades de exploração. A autora aponta que na visão dos gestores a internet é um ambiente caracterizado pela agilidade, condição vista quase sempre com base no potencial de retorno sobre o investimento (ROI). O problema é que a agilidade e a oportunidade não representam, necessariamente, mais vendas; na verdade pode ocorrer o contrário, pois mais visibilidade pode trazer maior número de críticas e até elevação dos números de evasão de clientes.

A presença no varejo eletrônico tem seu preço, que pode ser especialmente alto para aqueles que tratarem o comércio eletrônico apenas como mais uma porta de saída para os produtos. O comércio eletrônico precede de cuidado com o cliente que se atende, com a forma de atender, com o tipo de comunicação que se faz ou pretende fazer, com os registros históricos que ficam na rede, com a opinião de clientes insatisfeitos e, mais que nunca, com a opinião daqueles que prestam atenção à sua empresa, falam dela, mesmo sem nunca ter comprado nada do que a empresa tem a oferecer (os não clientes).

Em marketing, o não cliente, inativo como comprador, mas ativo como opinante, deve ser considerado pelas empresas que buscam atingir bons resultados não apenas de vendas, mas também de consolidação da imagem institucional. Clientes ativos, clientes potenciais ou não clientes, todos podem compor o grupo de ativistas digitais, porém, este último pode fazer parte de um grupo sobre o qual a organização pouco sabe.

Do ponto de vista da administração de marketing, as organizações costumam ter boa noção de quem são seus clientes ativos, afinal, já se relacionam com eles. Tais empresas ainda costumam ter boa percepção dos clientes potenciais, pois fazem parte dos que desejam atrair e cativar. Porém, de acordo com Torres (2009), os não clientes muitas vezes são desprezados pelos gestores, um erro que pode ser prejudicial para o negócio, pois, ao não considerá-los, perde-se de vista que eles podem ter opiniões desfavoráveis sobre os produtos e marcas e podem facilmente disseminar seus pontos de vista nas redes sociais na internet.

Redes sociais na internet

Para Santos et al. (2014), a expressão sociedade da informação demonstra um novo paradigma da sociedade contemporânea, na qual a informação possui um valor essencial na transformação social, agregando novos serviços e novas oportunidades em um ambiente sem fronteiras e transnacional, onde a soberania deixa de ser um fator importante nas relações que envolvem essa nova sociedade. Com a internet e também com a ajuda das redes sociais, o termo soberania ganha nova amplitude de sentidos. Por certo, muitos indivíduos diriam que ser soberano é poder acessar, democraticamente, o que se deseja na internet, onde e quando quiser, bem como dar sua opinião sobre o que desejar no espaço cibernético, especialmente nas redes sociais.

De acordo com Duarte et al. (2008) e também na visão de Recuero (2014), as redes sociais são compostas por indivíduos e por organizações que se conectam por um ou vários tipos de relações, mas centralmente, por partilharem valores e interesses comuns. Uma das características fundamentais das redes sociais, especialmente as existentes na internet, é a possibilidade de estabelecer relacionamentos não hierárquicos entre os participantes.

As redes sociais on-line podem receber diferentes classificações, como, por exemplo:

- Redes de relacionamentos, como Facebook, Google+, Skype, Orkut, MySpace, Instagram, Twitter, Badoo, Stayfilm e Onlyfreak.
- Redes profissionais, como Linkedin e Rede Trabalhar.
- Redes comunitárias, como redes sociais em bairros ou cidades.
- Ou quaisquer outras redes que se deseje criar.

Em geral, autores como Recuero (2014), Barger (2013), Bradley e McDonald (2012), Sponder (2011) e Vaynerchuk (2010) concordam que as redes sociais adquiriram inquestionável importância na sociedade moderna e são caracterizadas primariamente por sua descentralização.

Cipriani (2011) alerta para o fato de que a forma como a mídia social na internet é vista e comunicada passa uma ideia de resultados rápidos (sejam resultados organizacionais ou pessoais), de eficientes e de pouco esforço, mas a verdade costuma ser bem diferente: em termos de mídias sociais é necessária muita cautela. Sua soberania não pode e nem fica distante do arcabouço da justiça, e também, pelo menos por enquanto, vale também a justiça do homem, ou seja, dos indivíduos que participam da internet e impingem nela um pouco de seu estilo de vida, ética e moral, afinal, as redes sociais também servem de reflexo da humanidade.

Basicamente, nenhuma organização que vislumbra o crescimento contínuo pode se dar ao luxo de ficar fora da internet e das redes sociais nela presentes. Esta é uma condição instaurada e na qual clientes e não clientes manifestam-se de maneira ativa, favorável ou contrária, à conduta das empresas. As redes sociais na internet, portanto, potencializam o envolvimento e a manifestação, e dão a esse elemento um aspecto imediato, ou melhor, instantâneo ao disseminar para centenas, milhares ou milhões de pessoas opiniões em questão de minutos. O ativismo, intrínseco à liberdade de expressão do homem, tem em sua versão moderna o ativismo digital, com sua liberdade amplificada pelas redes sociais na internet.

Ativismo digital

A postura dos consumidores mudou; de acordo com Sheth et al. (2001), eles foram além do estágio de consumidores e se tornaram clientes, logo, estão mais exigentes e mais conscientes sobre o impacto gerado pelo processo de consumo, o que, segundo aponta do Instituto Akatu (2005), implica mudanças na responsabilidade social empresarial, que se torna mais focada no que os consumidores (clientes) esperam das empresas.

De acordo com Borges (2014, p. 107), os "modos de atuação e condução das empresas têm mudado profundamente"; o autor aponta que temas antes distantes do cotidiano organizacional agora figuram até mesmo como estratégicos. Alguns desses temas são: manifestações públicas, bem-estar coletivo, diversidade de opções, tolerância e respeito, consumo consciente e responsável, sustentabilidade, meio ambiente, cidadania, responsabilidade social empresarial, dentre outros. Tais temas refletem novos tempos e sobre como as pessoas entendem e se manifestam sobre sua realidade de consumo, ou seja, mostram um contexto no qual os indivíduos são qualificados com base em suas escolhas para consumo e não com base em seu poder de compra.

As escolhas de um consumidor ou grupo de consumidores têm ganhado amplo interesse dentro do departamento de marketing e na cúpula decisória das organizações. Isso ocorre por vários motivos, mas centralmente porque, muito mais que refletir o padrão de consumo dos clientes, elas podem refletir seu grau de interesse, envolvimento e posicionamento (principalmente crítico) sobre produtos, fabricantes e marcas. O entendimento de que os clientes estão mais exigentes, críticos e até mais informados ajuda as empresas mais atentas a compreenderem que precisam desenvolver suas ações visando atingir bem mais que um cliente potencial ou um consumidor ativo, mas sim, um cidadão.

O consumidor que parecia tão passivo, no aguardo de ter suas necessidades e desejos satisfeitos e atendidos pelas empresas, agora palpita, participa do processo criativo e de produção, interfere nas táticas de consumo e, mais do que reclamar da qualidade dos produtos ou serviços, denuncia as empresas que não correspondem aos princípios da cidadania, direitos humanos, bem-estar social e ambiental (Borges, 2014).

Na visão dos clientes, não é suficiente que a empresa diga que assume uma postura politicamente correta, é necessário manter intocável tal postura, bem como é necessário apresentar uma conduta que a sociedade seja capaz de acompanhar. Partindo de uma perspectiva de marketing, os gestores precisam ter consciência de que não basta seguir o caminho certo, mas é necessário mostrar isso para o público em geral e fazê-lo no momento adequado.

Dados do Ministério do Meio Ambiente/MMA, do Ministério da Educação/MEC e do Instituto de Defesa do Consumidor/IDEC (2005) já apontavam que a percepção dos indivíduos estava mudando: eles estão se tornando mais cientes de que, embora a abundância dos bens de consumo, continuamente produzidos pelo sistema industrial, seja considerada um símbolo do sucesso das economias capitalistas modernas, tal abundância tem recebido uma conotação negativa, sendo objeto de críticas dos que consideram o consumismo um dos principais problemas da sociedade atual. Essa percepção vem se fortalecendo e, com isso, mais e mais pessoas, mesmo não clientes, assumem uma postura crítica frente à conduta irresponsável de empresas e de outros consumidores, o que tem gerado maior participação nas redes sociais, com a geração de opiniões ou a disseminação de informações sobre comportamentos inadequados.

Contudo, é necessário esclarecer que o ativismo digital não é um traço do comportamento dos que criticam o consumismo, uma vez que muitos consumistas podem ser ativistas digitais absolutamente engajados; ou seja, não se deve afirmar que ativismo digital é exemplo de não consumismo, tampouco, que consumistas não sejam pessoas ativamente engajadas em causas sociais relevantes, ou em críticas e apontamentos sobre as empresas das quais jamais compraram.

A internet é, sem sombra de dúvidas, a maior potencializadora do ativismo, graças à comunicação instantânea, aos registros documentais, às declarações das pessoas, a conectividades e disponibilidade, dentre outros. Praticamente tudo que se faz pode ser divulgado na rede em tempo real e, com isso, o tempo de resposta dos que são favoráveis ou contrários pode ser imediato; em questão de minutos a imagem de uma organização pode ser seriamente afetada. Em um contexto semelhante, Klein (2002) discute a tirania das marcas em um planeta vendido, praticamente anunciando a necessidade de maior conscientização da população, a não aceitação passiva das imposições do comércio e o estímulo à pessoa em assumir seu papel de cidadão, visão que contribui com os alicerces do ativismo digital.

Uma visão geral sobre o ativismo é que qualquer pessoa pode estar observando sua empresa, cliente ou não cliente, e a qualquer momento pode apresentar uma opinião sobre a mesma, sendo esta opinião mais ou menos relevante, o que pode ser capaz de influenciar a visão de outras pessoas. O ativismo digital surge como um ativismo muito mais potente e imediato, principalmente porque as manifestações em terreno cibernético podem tomar proporções inimagináveis até bem pouco tempo atrás, e isso em questões de horas.

Considerações finais

O comércio eletrônico e nele o registro das opiniões dos clientes e dos não clientes é uma realidade que se encontra em desenvolvimento. Nesse sentido, com o forte aumento de ações de marketing digital focado em clientes, vem crescendo também a necessidade de ações de marketing destinadas a não clientes, não apenas porque o objetivo é transmutá-los em clientes no futuro, mas também para evitar que se tornem críticos da marca e dos produtos, o que pode influenciar negativamente clientes ativos, clientes potenciais e outros indivíduos, criando contraposição à organização.

A gestão do relacionamento com o cliente passa por um momento em que não apenas o marketing está criando novas estratégias e posicionamentos para melhorar os relacionamentos, mas também em que conhecer a percepção dos clientes e dos não clientes é fundamental. Com as novas tecnologias de comunicação e pesquisa, está ficando mais fácil acompanhar o comportamento e as manifestação dos diferentes clientes, grupos de clientes e não clientes, principalmente porque o palco de realização da maioria das críticas hoje são as redes sociais; portanto, de maneira simplificada, basta fazer um cuidadoso acompanhamento nelas para se saber sobre o que vem sendo "dito" sobre a organização, sua marca e seus produtos.

Talvez a maior finalidade de acompanhar a conduta ativista seja antecipar atos que poderiam gerar problemas para a organização e corrigi-los antes mesmo de serem executados (em termos de comunicação, antes de um campanha ser veiculada nos canais de comunicação, por exemplo). Outro ponto importante é que, ao se conhecer sobre o comportamento do público-alvo, pode ser possível o desenvolvimento de comunicações adequadas de tal forma a evitar conflitos ou críticas e, quem sabe, criar maior potencial de influenciar o comportamento do público em favor do negócio.

Embora o trabalho de monitoramento do comportamento de clientes e não clientes seja árduo, pelo menos é possível afirmar que, se bem realizado, a organização pode conquistar vantagem competitiva, principalmente vista à luz da melhoria do relacionamento com o público.

Resumo

O capítulo abordou o sentido de 'não clientes' em comparação aos clientes de uma organização, discutiu a importância de acompanhar as manifestações (críticas ou não) deles, sobretudo nas redes sociais na internet, verificando sua postura ativista e considerando o peso desse ativismo digital como influenciador de outros clientes, influência esta que, muitas vezes, é negativa. Portanto, o capítulo abordou os conceitos de marketing digital e ativismo digital e redes sociais.

Referências

AAKER, D. *Relevância da marca*: como deixar seus concorrentes para trás. Porto Alegre: Bookman, 2011.

BARGER, C. *O estrategista em mídias sociais*. São Paulo: DVS Editora, 2013.

BORGES, F. M. Consumidores indignados: ativismo digital e consumo consciente. *Revista da ESPM*, a.20, edição 91, n. 1, jan./fev. 2014.

BRADLEY, A. J.; McDONALD, M. P. *Mídias sociais na organização*. São Paulo: M. Books, 2012.

CIPRIANI, F. *Estratégia em mídias sociais*: como romper o paradoxo das redes sociais e tornar a concorrência irrelevante. Rio de Janeiro: Elsevier / São Paulo: Deloitte, 2011.

CONSUMO SUSTENTÁVEL: Manual de educação. Brasília: *Consumers International*/ MMA/ MEC/ IDEC, 2005. 160 p.

DUARTE, F.; QUANDT, C.; SOUZA, Q. *O tempo das redes*. São Paulo: Perspectiva, 2008.

INSTITUTO AKATU. Pesquisa – responsabilidade social empresaria: o que o consumidor consciente espera das empresas. Análise Nacional / Brasil 2005. Disponível em: <http://www.akatu.org.br/Content/Akatu/Arquivos/file/Publicacoes/7-pesq_6-Internet-Final.pdf>. Acesso em: 20 abr. 2015.

KLEIN, N. *Sem logo*. São Paulo: Record, 2002.

KLEIN, N. *No logo*: taking aim at the brand bullies. Montreal: Vingate Canada, 2000.

KOTLER, P.; KELLER, K. L. *Administração de marketing*. 14. ed. São Paulo: Pearson Education do Brasil, 2012.

LAKATOS, E. M.; MARCONI, M. de A. *Metodologia científica*. 5. ed. São Paulo: Atlas, 2011.

LIMEIRA, T. M. V. *E-marketing*: o marketing na internet com casos brasileiros. São Paulo: Saraiva, 2007.

LINDSTROM, M. *Brandsense*: segredos sensoriais por trás das coisas que compramos. Porto Alegre: Bookman, 2012.

RECUERO, R. *Redes sociais na internet*. 2 ed. Porto Alegre: Sulina, 2014.

REEDY, J.; SCHULLO, S. *Marketing eletrônico*: integrando recursos eletrônicos ao processo de marketing. São Paulo: Thomson Learning, 2007.

SANTOS, N. de F.; BELINAZZO, C.; MACEDO, J. C. B. As novas mídias e o ativismo digital na proteção do meio ambiente: análise do site Greenpeace. org. *Revista Eletrônica do curso de Direito da UFSM*. Universidade Federal de Santa Maria, 2013. Disponível em: <http://cascavel.ufsm.br/revistas/ojs-2.2.2/index.php/revistadireito/issue/view/448#.U3uc0CS5fIU> Acesso em: 20 maio 2014.

SHETH, J. N.; MITTAL, B.; NEWMAN, B. I. *Comportamento do cliente*: indo além do comportamento do consumidor. São Paulo: Atlas, 2001.

SPONDER, M. *Social media analytics*: effective tools for building, interpreting and using metrics. United States of America. New York/Chicago/San Francisco: McGraw-Hill, 2011.

TORRES, C. *A bíblia do marketing digital*. São Paulo: Novatec, 2009.

TURCHI, S. R. *Estratégias de marketing digital e e-commerce*. São Paulo: Atlas, 2012.

VAYNERCHUK, G. *Vai fundo*. Rio de Janeiro: Agir/Ediouro, 2010.

Clientes internos

16

Fábio Gomes da Silva
Marcelo Socorro Zambon

Ao final desse capítulo o leitor deverá ser capaz de compreender quem são os clientes internos e a correlação destes com as atividades comuns às áreas, setores ou departamentos da organização. Também deverá ser capaz de analisar suas necessidade e sua satisfação e a relação destas com o atingimento dos objetivos do negócio. A necessidade de um cliente interno é sempre maior que a pessoa, tarefa ou setor; na verdade, ela tem a ver com o resultado final da organização.

Introdução

Neste capítulo, o assunto "cliente-interno" é retomado com a finalidade de aprofundar seu entendimento. Com isso, é importante explicar que existem pelo menos duas abordagens possíveis dos clientes internos:

- **a primeira**, sob a óptica comercial, em que os clientes internos são vistos a partir da capacidade de serem compradores e usuários dos produtos que a organização produz (portanto, as organizações podem vender diretamente para eles e de maneira facilitada);
- **a segunda**, foco deste capítulo, é a óptica dos processos e suas relações interdependentes entre eles, cuja finalidade é chegar a um resultado final amplo (objetivo do negócio), visão na qual se entende que todos os setores do negócio, ao executar uma atividade, são de alguma forma clientes de outro setor.

Para que seja possível entender quem são os clientes internos de uma organização é importante relembrar que as organizações podem ser vistas como macroprocessos, formadas por vários processos menores de alguma forma inter-relacionados e que transformam entradas em saídas (produtos). Neste sentido, os produtos principais dos macroprocessos são destinados aos clientes externos, sendo que praticamente tudo o que acontece antes de os produtos serem produzidos e distribuídos para os clientes externos têm a ver com os clientes internos. O que se quer dizer com isso é que cada processo de apoio da organização, ou cada subprocesso de um processo principal, tem de ter seus respectivos produtos, e cada produto tem de ter seus respectivos clientes (internos e externos). Quando se diz que cada processo tem seu produto, está-se assumindo que "produto" é o resultado de um processo, podendo ser algo tangível ou intangível.

Quando o produto de um processo for destinado a alguma área interna, pessoa ou grupo de pessoas da organização, é possível dizer que ele é destinado a um cliente interno.

Quem são os clientes internos

O cliente interno é o mais esquecido dos clientes e, não por acaso, o primeiro em qualquer processo de vendas. Ele é um aliado e um elemento poderoso, que pode contribuir para que os objetivos (desde produtivos até de vendas) possam ser atingidos a contento. É através dos clientes internos que as organizações podem desenvolver-se. Sem eles, os termos progresso e sucesso, dentre outros, não teriam qualquer sentido.

Segundo Araújo (2008), é muito importante conhecer seu cliente interno. Na verdade, isso pode ser entendido pensando-se que, para cada atividade executada, é importante conhecer qual é a "área" da qual a área "x" é cliente. Toda área (setor ou departamento) é, de alguma forma, cliente de outra, portanto, a área "x" pode ser cliente da área "y" ou "z" ou mesmo de ambas. Neste sentido, é importante conhecer o trabalho (atividades realizadas) de cada área da qual se é cliente, afinal, o cliente do "setor de faturamento" é, por exemplo, o "setor de distribuição", e não o João da distribuição. (Claro que existem casos em que as pessoas são os clientes, como ocorre nos serviços de alimentação. Mas, atenção, esta não é a regra geral).

Para Araújo (2008), é importante manter seu cliente interno informado das atividades que podem interferir nas atividades dele. Por exemplo, sempre mantenha o seu cliente interno a par de como andam suas vendas e da solução dos problemas nos quais o departamento esteve envolvido. A satisfação do cliente externo é problema de todos os clientes internos.

É fato que a organização que deseja proporcionar satisfação aos seus clientes externos deve, em princípio, ser capaz de investir na formação, no desenvolvimento e na satisfação de seus clientes internos. Isso que dizer que a relação entre os clientes internos deve ser a mais competente possível e, portanto, fundamentada nas necessidades de cada área e no tempo de resposta a cada demanda, por exemplo.

Partindo de Griffin (1998), se a organização deseja obter a fidelidade dos clientes externos, ela deve potencializar a autonomia das equipes de quaisquer áreas, ou seja, potencializar a boa interação dos clientes internos sob o olhar de cada processo demandado.

São várias as formas para observar um cliente interno ou de defini-lo, por isso, uma organização pode identificar os tipos de clientes internos da seguinte maneira:

- **Áreas demandantes de serviços internos.** Incluem-se aqui as áreas (setores, departamentos, seções) que realizam demandas junto às áreas que cuidam dos processos internos de apoio, como os serviços de suprimentos (de material produtivo ou improdutivo), de recursos humanos, de finanças, de manutenção, entre outros.
- **Pessoas ou grupos de pessoas demandantes de serviços internos.** Incluem-se aqui as pessoas ou grupos de pessoas que realizam demandas individuais do tipo alimentação (nos casos de alimentação fornecida no ambiente de trabalho), banheiros suficientes e limpos, demonstrativos de pagamentos, segurança no trabalho e outras demandas que, como essas, independem da área em que ocorrem.
- **Processos demandantes de produtos de processos anteriores.** Neste caso, considera-se cliente a etapa seguinte de um processo. Assim, por exemplo, em uma indústria de confecções, o setor de costura é

cliente do setor de corte e o setor de acabamento é cliente do setor de costura.

Algumas áreas da organização têm como clientes outras áreas internas, como é o caso dos serviços de manutenção mecânica em indústrias metalúrgicas. Outro exemplo se dá no caso da área de recursos humanos, que tanto pode ter como clientes "áreas demandantes de serviços internos" como "pessoas ou grupos de pessoas demandantes de serviços internos". Pois, ao mesmo tempo que pode atender solicitações de recrutamento e seleção de determinadas áreas, também tem de atender pessoas ou grupos de pessoas em suas necessidades de informações, segurança ou alimentação. Já o tipo de cliente "processos demandantes de produtos de processos anteriores" só existe enquanto um macroprocesso envolve vários processos inter-relacionados, como é o caso, por exemplo, das linhas de montagem de automóveis ou de eletrodomésticos.

O fato é que, independentemente do tipo de cliente interno, cada setor deve saber se tem ou não clientes internos, quem são eles e quais são suas necessidades, para poder atendê-los adequadamente.

A esse respeito, o que pode ser sugerido é que os gestores estruturem uma matriz de "Clientes Internos e Fornecedores Internos" e nela identifiquem quem, internamente, é fornecedor de quem. Na sequência, deve-se inferir também o que é demandado pelos clientes internos identificados. Assim, por exemplo, pode-se identificar na Figura 16.1 que a "área 8" é cliente interno da "área 4", sendo que a pergunta posterior a ser respondida é: cliente do quê?

Portanto, deve ficar claro que cada fornecedor interno é assim identificado porque é capaz de executar uma atividade (tarefa) que, em determinados momentos e circunstâncias, é demandada por outra área (cliente interno). Sempre que houver demanda de produtos ou serviços de uma área por outra, ocorrerá a relação de clientelismo interno.

Na figura, fica claro por que cada cliente interno é assim definido, pois são conhecidas as atividades que executam e as atividades que demandam (ou demandarão) dos fornecedores internos (que, por sua vez, podem ser clientes internos de outros fornecedores).

Neste sentido, por exemplo, imagine que a "área 8" seja um departamento de embalagem de produtos acabados que serão destinados aos

FIGURA 16.1 – Matriz clientes e fornecedores internos.

Área1		Clientes Internos								
		Área 2	Área 3	Área 4	Área 5	Área 6	Área 7	Área 8	Área 9	Área 10
Fornecedores Internos	Área 1	■								
	Área 2		■							
	Área 3			■						
	Área 4				■				XXX	
	Área 5					■				
	Área 6						■			
	Área 7							■		
	Área 8								■	
	Área 9									■
	Área 10									

Fonte: Desenvolvida pelos autores.

revendedores e cliente interno da "área 4", que é um departamento de estocagem de matérias a processar (almoxarifado), do qual a área 8 solicita as embalagens que utilizará. Veja que a área 8 apenas poderá executar o processo de embalar os produtos fabricados pela empresa se a área 4 tiver as embalagens para fornecer a ela (isto é, à área 8). Em outras palavras, a visão de cliente interno ajuda a demonstrar a importância das atividades de cada setor para com outro (relação de interdependência).

Imagine ainda que a área 8, que demanda matérias da área 4, detecte um problema em um equipamento que auxilia no processo de fechamento das caixas (embalagens) após a acomodação do produto. Certamente, a área 8 se tornará cliente dos serviços de outras área, por exemplo, da "área 2", cuja finalidade é fazer a manutenção de máquinas e equipamentos de vários setores da empresa. A área 8 apenas poderá continuar suas tarefas se, na condição de cliente, for atendida pela área 2 (fornecedora interna).

Portanto, deve ficar claro que cada cliente interno é assim denominado porque demanda atividades (processos gerais ou de apoio) de outra área (fornecedora) em determinados momentos e circunstâncias, mas que o mesmo cliente interno, em certos casos, pode ser o fornecedor interno, o que transforma outros departamentos em seus clientes internos, por exemplo.

Portanto, é importante levar em consideração aqui o fato de cada cliente interno ser responsável ao seu tempo e condição pela execução do macroprocesso da organização, garantindo assim que o resultado final previamente objetivado por ela seja atingido.

Necessidades e desejos dos clientes internos

O cliente interno se refere às pessoas que de alguma forma estão relacionadas ao macroprocesso do negócio, ou seja, que trabalham para a sua existência e seu desenvolvimento. Assim como os clientes externos, os clientes internos também apresentam necessidades que podem potencializar o resultado final positivo do negócio ou prejudicá-lo. Como exemplo, imagine que o funcionário que faz o registro dos pedidos dos clientes externos diretamente no sistema que armazena e calcula tudo que deverá ser produzido nas próximas semanas fique inoperante porque seu computador travou. Neste momento, a necessidade dele é que o computador volte a funcionar para que possa continuar executando a tarefa.

Então, pense que, para ter seu computador operando novamente, ele precisa da ação de alguém do setor de Tecnologia da Informação (TI), que oferece suporte técnico de hardware e software e do qual ele acaba de se tornar cliente. Em tal condição, se a resposta do setor de TI não for ágil no atendimento ao setor de registro, poderá atingir negativamente mais do que o usuário cujo computador travou (cliente interno), mas o resultado final de toda a organização, já que ela poderá registrar um número menor que o realmente demandado para o período porque um de seus terminais ficou inoperante. Portanto, a necessidade que pode ser vista como exclusiva do indivíduo no setor mostra-se na realidade maior que isso, e acaba por esbarrar em todo o resultado final da organização.

> A necessidade de um cliente interno é sempre maior que a pessoa, tarefa ou setor. Ela tem a ver com o resultado final da organização.

No exemplo anterior, a relação está baseada nas atividades de cada setor e em como outro setor pode interferir na garantia da continuidade do processo normalmente. Isso quer dizer que a atividade não está baseada na pessoa (usuário), mas sim no processo que a área executa (o setor de registro é cliente do setor de TI). Isso aponta o comprometimento entre os diversos clientes internos – diversos porque o cliente interno de um setor pode ser o fornecedor interno de outro setor, logo, existe uma relação de corresponsabilidade entre as áreas, além da consciência de que isso pode afetar a capacidade produtiva e de atendimento dos clientes externos e, deste modo, o faturamento e o lucro do negócio.

Necessidades de áreas ou processos internos

À semelhança do que acontece no trato dos clientes externos da organização, após a identificação dos clientes internos, as áreas devem buscar conhecer suas respectivas necessidades, quando for o caso, só que com algumas diferenças. Enquanto a investigação das necessidades dos clientes externos leva as organizações a buscar meios de identificar e de atender não só as necessidades ou desejos verbalizados pelos clientes, mas também as necessidades e desejos que ainda não foram atendidos (ou atendidos insatisfatoriamente) para tentar superar as suas expectativas, a identificação das necessidades dos clientes internos está mais relacionada à identificação do que eles necessitam para cumprir suas respectivas missões e atingir os objetivos e metas organizacionais.

Quando os clientes internos de uma área (ofertante) são outras áreas ou processos, para que essa área possa buscar conhecer as necessidades deles, alguns passos devem ser seguidos:

i. Inicialmente, a área (ofertante) deve saber definir muito bem sua missão, como contribuinte da realização da missão da organização como um todo. As questões a serem respondidas são: por que e para que nossa área existe? No que contribuímos para a realização da missão da organização?

ii. Simultaneamente à definição da missão da área (ofertante) está à identificação dos clientes da área (demandantes), que tanto podem ser clientes internos como clientes externos. Assim, por exemplo, a área de costura de uma confecção de calças jeans terá de assumir que está a serviço dos clientes externos (compradores ou usuários das calças), mas também tem um cliente interno que é o setor de acabamento.

iii. O passo seguinte a ser dado pela área (ofertante) será o da identificação dos objetivos estratégicos da organização, como, por exemplo, penetração em novos mercados, aumento da competitividade via redução de custos, aumento do nível de satisfação dos clientes ou elevação da taxa de retorno de investimentos, entre outros. Se houver indicadores de desempenho e metas associados aos objetivos estratégicos, melhor ainda.

iv. Também deverão ser conhecidas as normas, políticas e diretrizes organizacionais que orientem as ações das diferentes áreas da organização (unidade produtora), como, por exemplo, o orçamento, as diretrizes relacionadas à formação de estoques, as diretrizes para ampliação do quadro de pessoal, as diretrizes para seleção de fornecedores, as regras para definição das remunerações, entre outras.

v. Conhecida a missão da área (ofertante), seus clientes (internos ou externos), os objetivos estratégicos e as normas, diretrizes ou políticas organizacionais, o passo a seguir será o da busca do conhecimento da missão e dos objetivos das áreas clientes (clientes internos) para que, com isso, se possa buscar compreender suas necessidades. Espera-se, é claro, que as necessidades e desejos dos clientes externos já sejam conhecidos.

vi. Por fim, resta a etapa da identificação daquilo que os clientes internos (áreas ou processos demandantes) necessitam que seja fornecido pela área ofertante. A esse respeito, as indagações a serem respondidas pela área (ofertante) são: no que podemos contribuir para que as áreas demandantes dos nossos serviços cumpram adequadamente suas respectivas missões e atinjam seus objetivos, respeitados os objetivos estratégicos? O que deveremos fazer para não atrapalhar o adequado funcionamento das áreas demandantes?

Essa preocupação de relacionar as necessidades das áreas demandantes ao conhecimento das missões dessas áreas, aos objetivos estratégicos e às políticas e diretrizes organizacionais ocorre porque normalmente não é possível que se atenda, a qualquer custo, a tudo que as áreas demandantes gostariam de ter. Assim, por exemplo, para que uma área de produção possa solicitar para a área de recrutamento e seleção a contratação de mais um funcionário, esta área primeiro precisará demonstrar que a vaga a ser preenchida está autorizada e, depois, deverá sujeitar-se à política salarial da organização.

Em outras palavras, uma área de recrutamento e seleção não pode atender a qualquer tipo de solicitação de contratação de pessoas (por exemplo, uma solicitação do setor de engenharia por um açougueiro/churrasqueiro para cuidar dos churrascos da turma nos finais de semana), muito menos pode atender aos possíveis desejos de que sejam contratadas pessoas com remuneração superior às já pagas para cargos similares já existentes. Da mesma forma, uma área de suprimentos não pode comprar tudo o que as áreas demandantes gostariam de ter, já que restrições orçamentárias devem ser obedecidas.

Ainda que as áreas (ofertantes) estejam sujeitas a limites para o atendimento das necessidades e desejos de seus clientes internos, isso não significa que não tenham espaço para atendê-los adequadamente. Para tanto, um fator é essencial: as áreas ofertantes têm de entender que existem para servir, e não para serem servidas. Isso significa atender a necessidades como:

- Facilitar o acesso dos clientes internos a solicitações. O contrário disso significa algo como deixar telefones fixos fora do gancho, telefones celulares desligados, não receber e-mails, não verificar caixas de entrada, não estar presente para solicitações pessoais.
- Simplificação (não burocratização).
- Atendimento atencioso e competente de solicitações, quando for o caso.
- A empatia (colocar-se no lugar do outro), aqui, é muito bem-vinda.
- Rapidez ao realizar as tarefas e ter em mente que o tempo do outro também é muito valioso.
- Cumprimento de cronogramas (como no caso de manutenções preventivas).
- Cumprimento de prazos.
- Atendimento de padrões de qualidade requeridos: precisão, exatidão, confiabilidade, aparência.
- Agir de maneira cordial e polida.

Em termos concretos, esse estar a serviço das áreas demandantes deve significar que:

- Uma área de manutenção deve desenvolver todos os esforços para que não ocorram interrupções não programadas na produção, motivadas por quebras nos equipamentos devidas à falta de manutenção preventiva.
- Na ocorrência de quebras, uma área de manutenção deve ser rápida e ágil para minimizar o tempo de parada.
- Um setor de recrutamento e seleção deve minimizar o tempo para preenchimento de vagas existentes.
- Um setor de TI deve cuidar para que os sistemas estejam sempre funcionando, evitando travamentos, lentidão e perda de arquivos.
- Um setor de contas a pagar não pode provocar atrasos nos pagamentos por erros de programação. Tampouco pode permitir o pagamento de valores indevidos.
- Os demonstrativos contábeis devem ser gerados com rapidez e precisão para permitir uma análise rápida e correta de variações patrimoniais e da rentabilidade.
- Um setor de treinamento deve preocupar-se com a eficácia dos treinamentos oferecidos.
- Um setor de separação de mercadorias para entrega deve fazer a separação correta.
- Os documentos fiscais emitidos pela área de faturamento devem ser precisos. Entregas não podem atrasar por demoras no faturamento.
- Os almoxarifados devem ser precisos e ágeis no atendimento das solicitações de materiais.
- Um setor de almoxarifado deve cuidar para que os controles de estoques sejam precisos, a ponto de se conseguir que os estoques registrados correspondam exatamente aos estoques existentes.
- Um setor de pintura deve entregar suas peças corretamente pintadas para um setor de montagem que venha na sequência.
- Um setor de qualidade deve ser preciso ao registrar uma não conformidade, que será encaminhada para o setor responsável pela produção da peça com defeito.

- Um funcionário de limpeza deve deixar as áreas adequadamente limpas para que as pessoas que do local necessitarão tenham como executar suas tarefas da forma apropriada.
- Um telefonista deve ser capaz de identificar corretamente o setor e o destinatário da ligação para então transferi-la corretamente.

Sob a óptica das áreas demandantes, o que se observa é que elas podem exercer, enquanto clientes, papéis semelhantes aos dos clientes externos, como é o caso dos papéis de comprador, usuário e pagante, tratados no Capítulo 1, ocorrendo, para esses diferentes papéis, diferentes necessidades. É claro que existem algumas diferenças:

a) Ao invés de exercer o papel de "comprador", no sentido de identificar quem adquire mercadorias ou serviços, um cliente interno pode ser muito mais um especificador daquilo de que necessita, ou simplesmente um solicitador de algo já especificado. Um cliente interno pode especificar como deve ser um relatório financeiro de que necessita, ou pode solicitar um determinado tipo de material de escritório para o almoxarifado, ou pode simplesmente esperar que um padrão de produção seja executado nos processos que antecedem ao seu (linha de montagem).

b) Os clientes internos dificilmente exercem o papel de pagantes, já que são raras as organizações (unidades produtoras) que conseguem atribuir preços internos nas relações entre clientes e fornecedores internos. Quando muito, nos casos de unidades produtoras que se dividem em centros de custos, os clientes internos podem ponderar sobre assumir ou não um determinado custo.

c) O papel de usuários, que, no caso dos clientes internos, varia de acordo com o tipo de produto ofertado. Assim, são usuários dos serviços de manutenção os setores que se beneficiam dos serviços de manutenção; são usuários dos serviços de treinamento os setores que enviam colaboradores para treinamentos, mas também são usuários os setores de uma linha de montagem que recebem os produtos elaborados nas etapas anteriores à sua.

Cabe, então, às áreas (ofertantes) saber entender seus clientes internos, nos vários papéis que desempenham, para que eles possam cumprir suas missões e colaborar para o alcance dos objetivos e metas estratégicos.

Necessidades de pessoas ou grupos de pessoas

Alguns dos processos internos não são voltados para atendimentos de necessidades de outras áreas ou processos, mas sim para o atendimento de necessidades das pessoas que trabalham na organização, como é o caso, por exemplo, das necessidades de sanitários, bebedouros, refeitórios ou de um ambiente de trabalho limpo e seguro.

Aqui, mais uma vez, as áreas (ofertantes) têm restrições para atender a tudo aquilo que as pessoas ou grupos de pessoas gostariam de ter. Fica difícil imaginar, por exemplo, fábricas com sanitários dotados de banheiras com hidromassagem, serviços de refeições à la carte regadas a vinhos conceituados, serviços de transporte com motoristas particulares ou outras mordomias afins. Mas, ainda que haja restrições, normalmente de caráter orçamentário, cabe às áreas (ofertantes) atender adequadamente aos requisitos desses clientes internos.

Em termos concretos o atendimento adequado pode ser representado por ações como:

- O cafezinho deve ser saboroso e servido nas horas combinadas.
- As refeições devem ser nutritivas, variadas e saborosas, ainda que não sofisticadas. Normalmente, a quantidade de sobras nos pratos dos colaboradores é um indicador do atendimento desses requisitos. Quando muita comida é jogada fora, ela não agradou.
- Os sanitários devem ser limpos e ter todas as suas partes (pias, vasos sanitários, descargas, espelhos, papéis higiênico e toalha) em condições de uso.
- A água dos bebedouros deve ser confiável e com pressão suficiente.
- Os caminhos internos devem ser seguros.
- Os demonstrativos de pagamentos devem ser claros. Eventuais dúvidas devem ser prontamente esclarecidas.

- Os informes de rendimentos, para fins de Imposto de Renda, devem ser corretos e entregues no prazo.
- Os ambientes devem ser claros, bem ventilados e com temperatura adequada ao trabalho.
- O mobiliário utilizado pelos funcionários durante a realização de suas tarefas deve ser ergonomicamente apropriado e apresentar-se dentro dos padrões esperados de conservação.

O que há de significativo em relação às necessidades das pessoas ou dos grupos de pessoas enquanto clientes internos é que, em comparação aos clientes externos, o papel que representam é somente o de usuários. Não exercem, portanto, os papéis de comprador (solicitante, especificador) ou pagante (a não ser nos casos em que pagam refeições ou algo similar). Isso significa que, para as áreas ofertantes, a investigação sobre as necessidades desses clientes deve envolver somente este papel (o de usuários).

Satisfação e insatisfação dos clientes internos

Assim como se espera que as unidades produtoras avaliem a satisfação e a insatisfação de seus clientes externos, é recomendável que também cuidem de estabelecer sistemáticas de avaliação da satisfação ou insatisfação dos clientes internos em relação a seus fornecedores também internos.

Essa prática, principalmente se estiver atrelada de alguma forma à participação nos resultados, deve servir para consolidar a cultura de foco no cliente que se espera que as áreas tenham. Trata-se da cultura de "servir ao invés de querer ser servido".

Essa avaliação da satisfação/insatisfação dos clientes internos certamente não deve ter a abrangência e a complexidade de uma avaliação de satisfação e insatisfação dos clientes externos. Porém, ainda que mais simples, deverá seguir padrões que garantam que seus resultados sejam realmente representativos daquilo que é percebido pelos clientes internos.

Considerando-se que, dependendo do tamanho da organização, pode-se ter uma multiplicidade de áreas internas (ofertantes) e uma grande gama de produtos ofertados (resultados dos processos dessas áreas), não se recomenda que pesquisas de satisfação de clientes internos levem em conta aspectos específicos relacionados aos produtos por eles demandados, visto que isto exigiria, praticamente, pesquisas específicas para cada produto. Em vez disso, na busca de um instrumento padrão, que possa servir como base para a avaliação da satisfação de todos os clientes internos, o que se recomenda é a aplicação de um instrumento de avaliação que contemple:

- Facilidade de conseguir o serviço: acesso.
- Atendimento dos funcionários: cortesia, gentileza, cuidado e receptividade.
- Capacidade dos funcionários: capacidade, conhecimento e competência.
- Serviço: confiabilidade, correção, segurança e credibilidade.

Considerações finais

Todas as atividades destinadas a aferir e melhorar a qualidade das relações entre os diversos públicos (no caso, entre os clientes internos ou sua interação com os clientes externos) pode provocar considerável melhoria nos resultados dos processos executados quando desenvolvidas sob o olhar do compromisso com os processos mais eficientes.

Nenhuma organização poderá atingir o sucesso que espera se não aprender a valorizar todos os envolvidos no processo, ou seja, os clientes externos e, sobretudo, os clientes internos. Lembre-se de que a ausência de clientes internos engajados significa operar bem abaixo de seu potencial.

A melhor maneira de se chegar a algum lugar é através da colaboração de outros. Os diferentes conhecimentos empregados a partir das pessoas no âmbito de suas tarefas (em cada setor da organização) pode ser o pano de fundo para o sucesso duradouro e reconhecido. Portanto, seja enquanto ofertante ou demandante de processos de apoio (por exemplo), cada setor precisa permanecer centrado no compromisso com o resultado final positivo.

Resumo

O presente capítulo objetivou despertar sua atenção para o assunto "cliente interno", pois, no geral, os demais capítulos fazem alusão à visão do "cliente externo". Entretanto, como seria de se esperar, as organizações apenas poderão ser bem-sucedidas se desenvolverem uma capacidade de interação entre os clientes internos de tal forma que seja potencializada a solução das diversas demandas e, ao mesmo tempo, que se garanta o adequado funcionamento da estrutura organizacional.

Exercícios

1. Explique o entendimento de "cliente interno" como estudado no capítulo para outras pessoas, então verifique se elas compreenderam o que de fato é um cliente interno.
2. Leia a afirmação: "É importante considerar a qualidade da interação entre os clientes internos como forma de melhor atender ao cliente externo". Agora disserte confirmando a veracidade da afirmação.
3. Você considera que acompanhar a satisfação dos clientes internos pode servir como base para analisar os níveis de satisfação dos clientes externos? Justifique sua resposta.

Referências

ARAÚJO, P. A venda começa com o cliente interno. 2008. Disponível em: <http://www.administradores.com.br/informe-se/artigos/a-venda-comeca-com-o-cliente-interno/24169>. Acesso em: 9 fev. 2011.
BEKIN, S. F. *Endomarketing*: como praticá-lo com sucesso. São Paulo: Pearson Prentice Hall, 2004.
CONSULTORIA NONATO SANTIAGO. Os fundamentos do endomarketing. Disponível em: <http://nonatosantiago.blogspot.com/2008/01/endomarketing-parte-i.html> .Acesso em: 9 fev. 2011.

GRIFFIN, J. *Como conquistar e manter o cliente fiel*: transforme seus clientes em verdadeiros parceiros. São Paulo: Futura, 1998.

MOREIRA, J. C. T.; PASQUALE, P. P.; DUBNER, A. G. *Dicionário de termos de marketing*. 3 ed. São Paulo: Atlas, 1999.